O QUE DÁ SENTIDO À SUA VIDA?

Como encontrar e deixar-se encontrar pelo sentido da vida

O QUE DÁ SENTIDO À SUA VIDA?

Como encontrar e deixar-se encontrar pelo sentido da vida

Canísio Mayer

Direção Editorial:
Marcelo Magalhães

Conselho Editorial:
Fábio E. R. Silva
José Uilson Inácio Soares Júnior
Márcio Fabri dos Anjos
Mauro Vilela

Preparação e Revisão:
Pedro Paulo Rolim Assunção
Thalita de Paula

Diagramação:
Tatiana A. Crivellari

Capa:
Rubens Lima

2ª impressão

Avenida São Gabriel, 495
Conjunto 42 - 4º andar
Jardim Paulista – São Paulo/SP
Cep: 01435-001
Televendas: 0800 777 6004
Editorial: (11) 3862-4831
vendas@ideiaseletras.com.br
www.ideiaseletras.com.br

Dados Internacionais de Catalogação na Publicação (CIP)
de acordo com ISBD

O que dá sentido à sua vida? Como encontrar e deixar-se encontrar pelo sentido da vida/Canísio Mayer.
São Paulo: Ideias & Letras, 2019.
384 p.; 16cm x 23cm.
Inclui bibliografia.
ISBN: 978-85-5580-058-0

1. Autoajuda. I. Título.

2019-249

CDD 158.1
CDU 159.947

Elaborado por Odilio Hilario Moreira Junior - CRB-8/9949

Índices para catálogo sistemático:
1. Autoajuda 158.1
2. Autoajuda 159.947

Dedico este livro ao meu grande e querido amigo, *Guga Kuerten*, e a uma amiga muito especial, *Laura Muller*, a grande incentivadora deste livro.

E dedico este livro *a você*:
Que está em busca do sentido da vida.
Que deseja dar mais sabor e saber ao seu viver.
Que sabe que tudo o que acontece na vida é da vida.
Que sabe fechar ciclos na vida e se abrir diariamente ao novo.
Que se renova diariamente na busca daquilo que significa o viver.

Sumário

SENTIDO DA VIDA E MÍSTICA CRISTÃ

SENTIDO DA VIDA E PARÁBOLAS

SENTIDO DA VIDA E SABEDORIA

SENTIDO DA VIDA E OUTROS SENTIDOS

SENTIDO DA VIDA E NOVAS RELAÇÕES

SENTIDO DA VIDA E LIBERDADE

SENTIDO DA VIDA E NOVAS POSTURAS

SENTIDO DA VIDA E NOVOS HORIZONTES

SENTIDO DA VIDA E SITUAÇÕES DA VIDA

Sobre o autor

Nasci na região das Missões em terras gaúchas e tenho um endereço fixo em São Paulo, mas meu coração mora em diferentes cidades e regiões do Brasil e do mundo. Aprendi desde cedo a amar a vida e saborear o que ela tem de melhor. Gosto de observar e aprender, gosto de esportes coletivos, de refletir questões importantes da vida.

Ao longo da minha vida cursei Filosofia e Teologia em Belo Horizonte (MG) e fiz meu mestrado em Paris (França), estando sempre envolvido em cursos. Já coordenei o Instituto da Juventude e o Colégio Anchieta, ambos em Porto Alegre, e atuei em diversos projetos de cidadania no Brasil, no México e na França.

Em minha jornada de vida me tornei educador, conferencista, coordenador de cursos, poeta, escritor e defensor da vida. Dou aulas em várias faculdades da Grande São Paulo, como a PUC, Unip, Unisal, Anhembi Morumbi, Unisantanna, e em outros centros educativos. Coordeno cursos de diversos temas, para diferentes públicos, tais como: dinâmicas de grupo, ética do viver e conviver, motivação e trabalho em equipe, pilares da educação, liderança e superação, autoconhecimento e motivação, trabalho em equipe e relações interpessoais, entre outros.

Ser escritor é um sonho com pés, mãos, coração, olhares, tela e teclado. É uma aventura fascinante que me envolve muito. Peguei o gostinho pela vida de escritor. Sou autor de inúmeros livros de diferentes gêneros: livros de dinâmicas de grupo, de roteiros de cursos, de poesias, livros didáticos sobre a importância de tomar decisões acertadas na vida, e este, sobre o que dá sentido à vida.

O meu maior desejo é que o meu trabalho ajude as pessoas a viverem melhor e desperte o que há de mais bonito nelas. Que esse meu desejo me impulsione ainda mais a estudar, escrever e aprender para ministrar palestras sobre diversas temáticas e coordenar vários cursos de formação.

Apresentação

Uma pessoa carinhosa, gentil e querida, com um propósito de vida autêntico e genuíno, em quem, desde nosso primeiro encontro (e aí se vão uns vinte anos) percebi obstinação em investigar, conhecer e compartilhar nosso papel como ser humano e a função que exercemos em um universo tão grandioso, cheio de diferenças, semelhanças, desavenças e conveniências, que fazem de cada um de nós elementos únicos e, ao mesmo tempo, relacionados com bilhões de indivíduos, mentes e espíritos.

Das lindas lembranças juntos, duas tem sabores especiais, repletas de alegria e celebrações. A primeira foi uma data marcante: o casamento do meu irmão mais velho, Rafa, com a Leticia – que, aliás, foram responsáveis por apresentá-lo a mim e também estavam conosco naquela aventura absurdamente inusitada (e segundo momento marcante), sua visita a Roland Garros em 1997, quando acompanhou de perto a reta final no bicampeonato desse charmoso torneio de Tênis, sendo considerado por todos o nosso talismã naquele título inesquecível.

Além do famoso pé-quente, uma cabeça determinada a semear coisas boas, recheada de pensamentos positivos e com uma crença absoluta – A VIDA –, Canísio segue escrevendo belas páginas em sua caminhada, despertando novos sonhos.

Nas páginas aqui escritas aparecem alguns conselhos, sussurros, abraços – como quiser chamar –, que podem nos incentivar a continuar em sintonia com o otimismo, a esperança e a felicidade dessa alma tão bondosa, meu querido amigo Canísio.

Aproveitem e curtam cada página deste livro.

Beijos.

Guga Kuerten[1]

1 Gustavo Kuerten, o Guga, é tricampeão de Roland Garros (1997, 2000 e 2001) e o maior tenista brasileiro de todos os tempos.

Introdução

Sedentos de vida com sentido

"Chegará o dia em que, depois de utilizar o espaço, os ventos, a maré e a gravidade, o homem vai implorar a Deus para utilizar a energia do amor. E, neste dia, pela segunda vez na história do mundo, teremos descoberto o fogo."
(Teilhard de Chardin)

Está em suas mãos um livro que tenta refletir o sentido da vida sob uma ótica prática, reflexiva, ética e poética. O livro, de fácil leitura, apresenta inúmeras reflexões nas quais o sentido da vida deseja nos encontrar.

Folhear as páginas deste livro ajudará a folhear sentimentos, histórias, valores, atitudes, sonhos, comportamentos e questionamentos. Ajudará a curtir as páginas da vida, virar algumas delas e escrever outras.

Faça bom proveito. Sugira este livro aos seus amigos. Presenteie quem você ama, pois ajudar alguém a incendiar motivações, orientar intenções, aquecer corações e assumir novas ações são movimentos de vida de quem deseja que todos vivam plenamente.

"Livros não mudam o mundo, quem muda o mundo são as pessoas.
Os livros só mudam as pessoas."
(Mário Quintana)

Canísio Mayer

SENTIDO DA VIDA E CONSIDERAÇÕES INICIAIS

1. Primeiras palavras

É muita ousadia!

É muita ousadia escrever sobre o sentido da vida, temática esta que costuma ser objeto de reflexão das ciências, artes, religiões, teologia, filosofia, etc., ao longo de toda a história humana.

Foram inúmeros e diferentes os sentimentos que experimentei em relação à admissão, reflexão e sistematização deste livro. Foi um belo exercício de interpretação e discernimento. Em todos, senti a orientação para que seguisse confiante na costura das reflexões que constituem este livro.

A história desta obra começa em uma conversa com minha amada amiga, jornalista, psicóloga e sexóloga, Laura Muller. Em meio aos nossos sonhos de novos livros e trabalhos, ela me disse com bastante clarividência que eu deveria escrever um livro sobre o sentido da vida. Foi algo tão surpreendente, genuíno e forte que fiquei sem palavras quando ela me falou isso com a sinceridade que lhe é peculiar.

Por algumas semanas fui digerindo essa provocação e, aos poucos, esse incentivo desafiante foi sendo admitido e internalizado como possibilidade real, e o sonho foi criando fisionomia e fazendo o coração vibrar sempre mais forte.

Fui percebendo dentro de mim um encontro revelador: eu me rendendo e acolhendo esse novo desafio e, ao mesmo tempo, a vida com tudo o que lhe dá sentido foi me escolhendo. Portanto, escolhi e fui escolhido. "Todos correm atrás da felicidade sem perceber que a felicidade está nos seus calcanhares", diz Bertolt Brecht.

Fazem parte da história desse livro: a coragem e as dúvidas superadas; o mergulho em incontáveis reflexões e a projeção de árvores que hoje ainda são sementes; as palavras de provocação e incentivo da querida Laura Muller; a paixão que sinto em refletir temáticas que tocam o coração das pessoas e o cerne do viver; a realidade de muitas pessoas sem orientação no existir e o desejo sincero de outras que querem aprofundar mais as dimensões da própria arte de viver; a minha formação de décadas em estudos acerca da excelência humana, de filosofia e teologia; as profundas experiências de vida que a história me proporcionou; o privilégio de ter vivido em muitos países, convivido com diferentes realidades e culturas, aprendido variadas crenças e sensibilidades.

Clarice Lispector, em suas palavras, nos convida a uma experiência única: "Renda-se, como eu me rendi. Mergulhe no que você não conhece como eu mergulhei. Não se preocupe em entender, viver ultrapassa qualquer entendimento". Render-se à ousadia foi um exercício de discernimento que me fez mergulhar em mares, rios e fontes nunca antes imaginados; me fez pisar em terrenos seguros e em outros um tanto quanto escorregadios; me fez voar e rasgar horizontes com coragem e humildade, e me fez exercitar a empatia e a sincera compaixão.

A palavra *sentido* tem a ver com a faculdade de sentir ou perceber, de compreender e de apreciar. Tem a ver com relevância, importância, com essência e consciência. A capacidade de dar sentido é um privilégio e, ao mesmo tempo, tarefa da nossa liberdade.

> "Para que as luzes do outro sejam percebidas por mim devo por bem apagar as minhas, no sentido de me tornar disponível para o outro." (Mia Couto)

Tentei basear minhas reflexões em diversas fontes.

Observação de textos e contextos de vida – A nossa vida pessoal é um texto que está sendo escrito diariamente dentro de um contexto maior. Sempre fui um observador de pessoas, seja na rua, no transporte, no lazer, na vida social, nas festas, no esporte, nas dores e nas buscas diárias. Nestes dois últimos anos eu não só tentei observar, mas também contemplar tudo em minha volta: olhares, medos, iniciativas, novidades, gestos, omissões, perplexidade e paradoxos. Tudo isso dentro do horizonte daquilo que pudesse projetar luz sobre o sentido do viver. Essa contemplação – ver, deixar-se tocar e respirar a sua força – foi importante para as reflexões do presente livro.

Questionamentos sobre o sentido – Outra fonte inspiradora foi um levantamento sobre o que dava sentido à vida, que fiz com dezenas de pessoas, de vários lugares, sensibilidades, trabalhos, contextos, idades, culturas, religiões, estados de vida, países... Confesso que me surpreendi positivamente com as respostas. A grande maioria respondeu de forma concisa, mas tocando dimensões essenciais onde o viver acontece e se realiza. As respostas colhidas nesse levantamento e a sua interpretação constam ao longo do livro.

Interpretação da história pessoal – Escrever um livro sobre sentido sem colocar-me no movimento do viver resultaria em uma obra sem coração e sem paixão. Desde sempre exercitei a revisão da vida como exercício de discernimento. Considerei e refleti a minha história pessoal, o espaço da família, a convivência social, o contato com diferentes sensibilidades humanas e culturais, os aprendizados internalizados em forma de lições de vida. Essa escuta do mundo externo e do tipo de sentimentos que isso provoca dentro de nós é uma fonte inesgotável de sabedoria. E como o que nós vamos experimentando internamente pode projetar luz e brilho sobre a realidade externa, ao mesmo tempo em que tentei me escutar, tive o cuidado de não me projetar nas páginas do livro. A minha história é apenas um ponto de partida dessas páginas que seguem.

Sábios pensadores – Outra fonte são as reflexões e a sabedoria de pensadores, psicólogos, filósofos, teólogos, poetas, músicos, antropólogos, místicos, sábios de diferentes nações, idades e contextos. Foi uma experiência prazerosa ler e compreender pensamentos parecidos e diferentes sobre a temática do sentido da vida. E aqui não sigo apenas o pensamento de um autor, mas persigo um caminho original, a partir de tudo o que li, compreendi e refleti. Ao longo do livro, eu cito autores que dizem que a vida não tem sentido, outros que questionam esse sentido e outros que o afirmam positivamente. Essas citações dão leveza ao livro e enriquecem as suas reflexões.

Dimensão poética – Esta é outra fonte inspiradora central. "A poesia abre os olhos, cala a boca e estremece a alma" (Charles Bukowski). O mundo precisa de mais poesia e as pessoas de mais lirismo e serenidade no viver. O livro é perpassado por essa veia poética, pois o que dá sentido à vida traz consigo beleza, sabor, motivação, questionamentos e poesia. "Lutam melhor aqueles que têm sonhos belos. Somente aqueles que contemplam a beleza são capazes de endurecer sem nunca perder a ternura. Guerreiros ternos. Guerreiros que lêem poesias. Guerreiros que brincam como criança" (Rubem Alves).

Histórias de sabedoria – Outra fonte que ajuda a refletir o sentido da vida são histórias que a vida contou e conta. Cito algumas ao longo do livro como fontes de inspiração. Elas trazem, por si mesmas, uma força reflexiva desafiadora. Trazem em suas linhas muitos aprendizados e lições de vida.

Epitáfios – Parece curioso e, de fato, é, mas eu fui pesquisar epitáfios, isto é, frases deixadas em seus túmulos por pessoas anônimas e de personalidades famosas. Foi uma experiência surpreendente: compreender e interpretar essas frases dentro do objetivo do livro. Essas frases resumem, de certa forma, o que dava sentido ao viver de quem hoje descansa.

Importantes perguntas – O homem pergunta e se questiona: quem sou eu? De onde vim? Para onde vou? O que dá sentido à vida? O fato de se colocar esses questionamentos já é positivo porque revela um homem dinâmico, em busca. Atrás das perguntas que fazemos já existe um indício de resposta. O livro recorre a essa forma pedagógica de buscar sentido. Vai atrás, por exemplo, das perguntas que Jesus fazia durante a sua vida pública. Tanto as perguntas como a busca das respostas estão no horizonte norteador de tudo o que pode significar o viver.

Fontes inusitadas – Na medida em que o livro foi adquirindo forma, novas fontes foram surgindo: diálogos com pessoas conhecidas e desconhecidas, encontros com pessoas na rua que passeavam com os seus cachorros, reflexões em redes sociais, *happy hours*, rodas de chimarrão, rodas de cerveja, jantares. Todas as pessoas querem viver uma vida que vale a pena, de forma que buscam criar espaços e modos de viver que ajudam a significar esta dádiva maior que é a vida.

Na fonte do horizonte – Existe uma fonte que valorizo demais: você, leitor ou leitora. A leitura, reflexão e vivência daquilo que o livro apresenta será, com certeza, uma das mais lindas fontes desse livro. Fonte esta capaz de irrigar novos sonhos. Nessa perspectiva, a presente obra adquire o seu clímax e carimba a sua importância, pois ela foi feita para você. Mesmo não conhecendo a sua vida, a sua história e os seus sonhos, devo dizer que senti a sua presença em cada página desse livro, e me perguntava, enquanto adotava uma linguagem simples e acessível a todos: que bem este livro pode fazer para quem está folheando as suas páginas? Por isso, as reflexões têm conotação aberta e são provocativas, para que sejam uma fonte de vida em sua vida, e na vida de todos os que você encontrar.

"Uma das qualidades que mais convém que o homem prático desenvolva é a de saber pensar à medida que age, a de ir construindo num caminho a própria direção do caminho. Isso tem a desvantagem de ser absurdo, e a vantagem de ser verdadeiro." (Fernando Pessoa)

O desejo desse livro não é buscar fundamentações científicas, nem fazer um tratado sobre uma temática tão relevante como esta, mas deseja refletir, provocar, desafiar, apontar horizontes onde o sentido da vida se deixa abraçar.

O desejo mais sincero de todas as páginas deste livro não é somente a sua leitura, mas a sua vivência. Pode haver dia certo para o início de sua leitura, mas não haverá dia para terminá-la.

A vantagem de ser um livro é o fato de podermos parar na página que estamos e dar o tempo necessário para a reflexão. Não siga a leitura sem antes tirar todo o proveito de cada frase, conteúdo, palavra e sentido que tocar o seu coração. O mais importante não é ler muito, mas internalizar ao máximo; não é a quantidade de páginas lidas, mas o saborear da beleza e da força que podem dar sentido ao viver.

"O homem realiza-se na mesma medida em que se compromete no cumprimento do sentido da sua vida." (Viktor Frankl)

2. No fundo do baú

No fundo do meu baú sinto profundas raízes e algumas cicatrizes.
Navego por comportas e as janelas têm portas.

No fundo do meu baú há uma memória costurada por várias histórias e
Escuto a sonoridade de muitos pronomes, nomes e sobrenomes.

No meu baú, brinco com sorrisos e me surpreendo com suspiros, e
Convivo com coisas velhas que proporcionaram experiências sérias.

No fundo do meu baú tem fotos de criança e uma liberdade de confiança.
Existem diversas lentes, pessoas contentes e um escudo transparente.

No meu baú estão minhas digitais e a possibilidade de vários canais.
Existe um porto seguro refletindo alguns pontos escuros.

No fundo do meu baú desfilam imagens e uma constelação de coragem.
Sei que existem possibilidades desconhecidas e uma saudade perdida.

No meu baú convivem olhares perdidos e sentimentos ressentidos.
Existem livros com momentos relatados e existe um livro inacabado.

No fundo do meu baú a gratidão está nas exclamações e nas interrogações.
Aprendo na persistência e se abre um novo ciclo nas reticências...

No meu baú existe um pássaro olhando para cima e em posição inquieta.
Ele está dentro de uma gaiola com as janelas e portas abertas.

Canísio Mayer

3. Tríplice pretensão

Fazer a pergunta sobre o que dá sentido à vida não é um desperdício, mesmo que nós sejamos a resposta a essa questão. O desafio é compreender como o homem pode dar sentido à vida e como uma vida pode ser significativa. "Os dois dias mais importantes da sua vida são: o dia em que você nasceu, e o dia em que você descobre o porquê", alerta Mark Twain.

Este livro não é um compêndio de conselhos, nem uma coletânea de dicas de autoajuda. É um ponto de referência que deseja refletir, compreender as pessoas em suas histórias, realidades e sonhos.

"Você não pode ensinar nada a um homem; você pode apenas ajudá-lo a encontrar a resposta dentro dele mesmo." (Galileu Galilei)

O livro quer trazer à luz, compreender, acolher e desafiar o que pode ser significativo no viver. O famoso método Socrático – a maiêutica – projeta luz sobre isso: ajudar a dar luz ao que já carregamos dentro de nós em potencial; trazer à luz o que deseja ser humanidade, sabor, prazer, realidade e esperança. O livro é uma *provoca-ação* que aprofunda reflexões, aponta possibilidades e desafia liberdades. Resumidamente, podemos dizer que o livro tem uma tríplice pretensão:

1. **Ser uma oportunidade:** "Há três coisas que nunca voltam atrás: a flecha lançada, a palavra pronunciada e a oportunidade perdida" (Provérbio chinês).
2. **Ser um impulso:** "Todo impulso é cego se é sem sabedoria e toda a sabedoria é vã sem ação. Toda ação é vazia sem amor. E trabalhar com amor é vínculo com os outros, conosco mesmos e com Deus" (Khalil Gibran).

3. **Ser uma chave:** "Para você me conhecer é preciso que conheça meus sentimentos. Minhas emoções são a chave para a minha pessoa. Quando lhe dou essa chave, você pode entrar e compartilhar comigo o que tenho de mais precioso para lhe oferecer: eu mesmo" (John Powell).

Esse horizonte norteador está bem resumido na linda citação de Hermann Hesse que segue: "Nada lhe posso dar que já não exista em você mesmo. Não posso abrir-lhe outro mundo de imagens, além daquele que há em sua própria alma. Nada lhe posso dar a não ser a oportunidade, o impulso, a chave. Eu o ajudarei a tornar visível o seu próprio mundo, e isso é tudo".

4. Partir da realidade

Se a ideia desse livro é provocar reflexões, desafio você, leitora e leitor, para um exercício reflexivo. Reserve algum tempo para aprofundar as questões abaixo. Elas vão dar mais força às reflexões que seguem, além de desafiar o seu pensamento sobre as pretensões do livro.

1. O que, de fato, dá sentido à sua vida e à vida de sua família?
2. Que tipo de opiniões você escuta em sua volta sobre a vida e sobre o que dá sentido ao viver?
3. O sentido da vida vem de dentro ou de fora de você? Ou nos dois sentidos? Como você explicaria isso a uma criança e a um jovem?
4. Onde o sentido da vida não se deixa encontrar e onde ele costuma pedir passagem e mostrar sua face amiga?
5. Se é pelos frutos que conhecemos a árvore, onde é perceptível que a sua vida faz sentido? E onde não faz sentido?
6. O que você faria, perguntaria ou refletiria com uma pessoa que diz que a vida não tem sentido?
7. Qual a importância da família, dos amigos, dos grupos e do trabalho em relação ao sentido do viver?
8. Que relação existe entre Deus e o sentido da vida?
9. Se você pudesse representar o sentido da vida em um símbolo ou em algum objeto, qual seria? Se ele tivesse uma forma, ou sentimento, ou imagem, qual seria? E qual poesia, filme, texto, pintura, música, ou outra representação, ajuda a entender o sentido da vida?
10. O que você gostaria que seus amigos, filhos e conhecidos falassem de você no dia de sua morte em relação ao que fez sentido no seu viver?

É importante colocar-se essas perguntas. Reserve o tempo necessário para uma reflexão aprofundada. Vai ser bom e a sequência do livro terá outra conotação. Não queira respostas matemáticas, exatas ou conclusivas. O mais importante é o que essas perguntas provocam em sua vida. Creio que está aí o melhor capítulo desse livro: você se colocar essas questões e buscar refletir sobre as mesmas.

O filósofo Immanuel Kant ajuda a entender os frutos que este livro deseja alcançar quando reflete: "O adolescente que acabou sua formação escolar estava acostumado a aprender. Ele pensa que, de agora em diante, vai aprender filosofia, o que, porém, é impossível, pois agora ele deve aprender a filosofar".

Aprender a filosofar trata-se de pensar, refletir, buscar respostas e, acima de tudo, colocar-se novos questionamentos que provocam novos dinamismos de vida. Uma atitude de aprendizado perante a vida é inerente a pessoas diferenciadas.

Este livro é, no fundo, um "aprender a filosofar", isto é, refletir o sentido da vida a partir de tudo o que vimos e vivemos, sofremos e compreendemos, perdemos e aprendemos, a partir de tudo o que ignoramos e abraçamos, a partir de tudo o que amamos e desejamos.

5. Ingredientes que dão sentido

"O meu olhar é nítido como um girassol, tenho o costume de andar pelas estradas, olhando para a direita e para esquerda, e, de vez em quando, olhando para trás. E o que vejo em cada momento é aquilo que nunca tinha visto, e assim, sinto-me nascido a cada momento." (Alberto Caeiro)

Quando comecei a projetar este livro, busquei escutar inúmeras pessoas, de todas as idades, lugares, sensibilidades, sobre o que dava sentido às suas vidas. Resumi as respostas que me foram dadas, sem repeti-las, pois muitos colocaram a família, os amigos, o trabalho, entre outros, como importantes no que tange ao sentido da vida. Segundo essas pessoas, o sentido da vida está:

1. "No equilíbrio financeiro que proporciona tranquilidade";
2. "Nos amigos; mesmo que não sejam em grande número, são fundamentais. Eles tornam a vida mais leve, incentivam, estendem a mão e são fiéis";
3. "Na coragem de viver o que o dia nos oferece. O importante é acordar e esperar que as coisas aconteçam";
4. "Na vida profissional que traz realização, satisfação, conquistas e segurança";
5. "No perdão como forma de dissipar energias negativas represadas tanto de quem perdoa como também de quem pede perdão";
6. "Na aprendizagem junto aos pais para criar uma estrutura sólida de vida, de boa educação. Sem conhecimento as dificuldades são maiores";

7. “Na felicidade e realização dos filhos”;
8. “Na sensação de ter feito boas escolhas nas encruzilhadas da vida”;
9. “Na percepção de que a luz do dia é mais forte que a escuridão da noite, isto é, que os momentos de superação e de alegrias são maiores que a tentação do desânimo e da tristeza”;
10. “Na escolha da pessoa certa como companheira de vida, nas alegrias e nas dificuldades, nos domingos e nas segundas-feiras”;
11. “Em render-se à experiência do amor, isto é, amar de todas as formas, realizar-se profissionalmente, sentir-se útil, fazer algo por outra pessoa ou por muitas pessoas”;
12. “Em saber que existem pessoas que nos amam e, ao mesmo tempo, levantar a cabeça porque muitas pessoas seriam menos felizes sem a nossa existência e sem a nossa amizade”;
13. “Em cuidar de mim mesmo. Sim, me faz bem cuidar de mim”;
14. “Em fazer uso da criatividade, trabalhar com amor e gostar de tudo o que se faz”;
15. “Em buscar harmonizar vida amorosa e vida profissional. Uma possibilita e incentiva a outra”;
16. “Em amar e ser amado. Isso faz todo sentido na minha vida: união, comprometimento, cumplicidade, reciprocidade, parceria”;
17. “Em namorar, conhecer, beijar, fazer amor com amor. Não ter medo da vida”;
18. “Na arte de aprender a lidar com pessoas, comigo mesmo, com novos desafios, com as vitórias e com as derrotas”;
19. “Na arte de descomplicar a vida, isto é, deixar que ela seja linda, leve, bonita e bem vivida”;
20. “Na grandeza de me sentir artista. Dirigir um carro, andar de bicicleta, de esqueite, fazem muito sentido”;
21. “Em saber lidar com as coisas e usá-las como meios, estabelecer relações sadias com as pessoas e, sobretudo, aprender a lidar comigo mesmo. Saber gerenciar os diferentes dentro de mim, conectar e abraçar o que agrega valor e proporciona uma unidade interna”;
22. “Em ajudar instituições ou pessoas que precisam, seja em trabalhos de voluntariado, seja em trabalhos de comunidade. É bom demais ajudar a colorir os dias de muita gente!”;

23. "Em sentir-me chamado e viver intensamente a vocação";
24. "É muito simples o que significa o meu viver: escutar música, dançar, ler, sentir o vento, a brisa do mar, andar pela praia, sentir o sol, contemplar noites de luar, degustar comidas saborosas";
25. "Parece estranho, mas mergulhar no sentido positivo da solidão faz muito sentido na minha vida. Além de fazer sentido, proporciona encontros de profunda qualidade";
26. "Em buscar a qualidade de vida em todos os sentidos: alimentação, atividades físicas, qualidade de pensamentos, tipos de investimentos";
27. "Em fazer tudo com prazer";
28. "Em sentir-me em processo de transformação no trabalho de transformar matéria-prima em obra de arte";
29. "Em deixar que a natureza configure a minha natureza: sentir o cheiro da terra, a força das sementes na terra, a beleza da água que fertiliza, inebriar-me em sua beleza, render-me aos seus encantos";
30. "Em ser amigo e contar com um vasto círculo de amigos, que me trazem muitos momentos de alegria e bem-estar";
31. "Em ter uma boa saúde, alimentada e cuidada diariamente";
32. "Em sentir que minha vida tem um sentido maior, possibilitada por um sentido absoluto";
33. "Em saber que existe bondade no mundo, que existe amor, carinho, fé e honestidade";
34. "Em saber que existe o amanhã como uma nova oportunidade de viver, sonhar, acreditar e alcançar!";
35. "Em viver de tal forma que não tenha que pedir perdão por nada no final de um dia";
36. "Em acreditar numa força superior, a família, a beleza da natureza que fascina";
37. "No sucesso adquirido e reconhecido pelo trabalho diário";
38. "Em acreditar no ser humano, na força da solidariedade";
39. "Em ter, sentir e promover a paz";
40. "Em cuidar de tudo, de todos, e ser cuidado";
41. "Em sorrir, porque faz bem e cria um ambiente bom em nossa volta, sendo a arma mais poderosa do mundo";
42. "No privilégio de viver e conviver com pessoas queridas";

43. “No tipo de trabalho que deixa marcas na história. A consciência de ter dado filhos ao mundo que manterão vivos os valores vivenciados em família”;
44. “Na paz como resultado de uma vida justa, com amizades sinceras, com relações vividas na reciprocidade. Isso traz harmonia”;
45. “Na grandeza de sonhar e na coragem de realizar sonhos”;
46. “Em contemplar o que é belo na vida, mesmo com todas as dificuldades que ela traz! Esse é o verdadeiro sentido do viver”.

Essas são algumas das respostas. Em tudo o que foi respondido distingo três grupos: os pouquíssimos que responderam não ver sentido na vida; os poucos que disseram não saber o que dá sentido ao seu viver; e a grande maioria que respondeu positivamente – “a vida tem sentido” – e apontou espaços, horizontes e momentos do viver nos quais esse sentido é encontrado.

Claro que essa não é uma pesquisa científica, apenas um ensaio. Faço algumas ponderações a partir das respostas obtidas com o intuito de aprofundar a nossa temática.

Simplicidade de vida – O denominador comum nas respostas é dizer que o sentido da vida está na simplicidade do dia a dia, está nas coisas pequenas, no jeito humilde de ser e nos detalhes. A simplicidade faz ver a vida com novas lentes e traz consigo a coragem para enfrentar os desafios. O poeta Mário Quintana pinta lindamente esse estilo de vida: “Na simplicidade aprendemos que reconhecer um erro não nos diminui, mas nos engrandece, e que as pessoas não existem para nos admirar, mas para compartilhar conosco a beleza da existência”.

A dimensão da paixão – Tudo o que é vivido com amor e paixão faz todo o sentido. Trabalhar e festejar com paixão, viver e conviver com paixão, e encarar o dia a dia com paixão faz toda a diferença naquilo que significa a vida. O escritor Graciliano Ramos diz: “acho medonho alguém viver sem paixões”.

Fé na vida – Um olhar místico como algo que tempera e dá sentido ao viver, ao conviver e ao se comprometer com a vida. A fé exerce uma força central em relação a tudo, porque, por meio dela, as dificuldades e os momentos difíceis encontram acolhida, significado e conforto. "A fé é o pássaro que canta quando a alvorada ainda está escura", afirma Rabindranath Tagore.

Rejuvenescer nos sonhos – A dimensão prospectiva do viver. Fomos criados para seguir, movidos por sonhos e pelas lições de vida adquiridas ao longo da vida.

O melhor espaço – A questão do espaço é relevante e sublinhada por muita gente. O sentido da vida precisa de lugares: casa, trabalho, natureza, viagens, entre outros. Ele está no trabalho e na forma de trabalhar. Está no tipo de relação vivida em família O sentido da vida tem muito a ver com o espaço do amor vivido na amizade e em grupos.

A sabedoria de vida como capacidade de escolha do bem viver. Faz sentido escolher, priorizar e mergulhar no que é capaz de dar sentido ao viver. A sabedoria ensina a desapegar ou mesmo ignorar o que não agrega valor. Não basta viver, é preciso saber viver.

A reciprocidade – As relações de reciprocidade, o duplo movimento de fazer o que se ama e amar o que se faz são dimensões que significam o viver de muita gente; saber dar e receber; amar e deixar-se amar; silenciar para escutar e falar para aprender. Ninguém permanece onde não existe reciprocidade.

Os sentidos – O sentido da vida tem muito a ver com o que é sensorial, artesanal e vivencial. Os sentimentos são, sem dúvida, uma das linguagens mais lindas do ser humano. Cuidar das emoções, cultivar bons sentimentos e participar da vida em tudo o que ela nos deseja dar de bom faz todo o sentido.

O protagonismo – A dimensão de ser sujeito criativo sobressai nas respostas. Faz todo sentido saber-se protagonista da vida e sujeito das decisões. Aprender a tomar a vida nas mãos, abrir seu próprio caminho, entender que as opiniões dos outros são apenas considerações. Ser motorista do viver, isto é, aprender a decidir e dirigir os desafios que a vida apresenta.

O altruísmo – A dimensão do altruísmo, isto é, a grandeza de olhar para fora, para os outros, é sublinhada como dimensão importante. Saber-se útil e viver olhando mais para os outros do que para si mesmo, o que não significa anulação de sua própria identidade e originalidade. O sentido mais profundo é compreender a vida como serviço: você recebeu de graça, dê, portanto, de graça. O amor em forma de serviço gratuito faz todo o sentido na vida de muita gente.

Saber decidir – O sentido passa pela capacidade de decidir pelo que é bom e justo, não só pelo que preenche o dia a dia, mas pelo que plenifica o viver. É inerente ao ser humano decidir pelo que o torna mais livre, mais leve e mais verdadeiro. Não é possível viver sem decidir. Por isso é tão importante decidir bem. "Se não quiser adoecer, tome decisão. A pessoa indecisa permanece na dúvida, na ansiedade, na angústia. A indecisão acumula problemas, preocupações, agressões. A história humana é feita de decisões. Para decidir é preciso saber renunciar, saber perder vantagem e valores para ganhar outros. As pessoas indecisas são vítimas de doenças nervosas, gástricas e problemas de pele" (Dr. Dráuzio Varella).

A família – Eis o ambiente, por excelência, em que o sentido mostra seu rosto amigo. Muitos responderam dizendo que é a família que faz sentido, traz sentido ou ajuda a encontrar o verdadeiro sentido da vida. É na família onde mais se ama e, paradoxalmente, onde também muito se sofre. E isso não é contraditório, pois quando se mergulha em tudo o que é da vida, tudo pode fazer sentido. A família é o espaço da vivência e da convivência onde os valores como verdade, coerência, honestidade, respeito, participação, crítica comprometida, cidadania, ética, partilha, diálogo, perdão, entre tantos outros, recebem sua primeira configuração, expressão e afirmação.

Superação – Outra característica forte na forma de compreender o sentido está na atitude e na arte da superação. A pessoa se descobre mais forte do que imaginava e sente a presença de mãos amigas e de incentivos que superam todos os desafios. "Sei que vou encontrar muitas pedras no caminho, uma flor e dez espinhos, mas não posso me curvar, pois o guerreiro de verdade é dentro da adversidade" (Chimarruts).

Presente como presente – Outra caracaterística forte é estar mergulhado no único tempo que está diante dos nossos olhos: o tempo presente. E, nesse tempo, a gratidão traz uma dimensão central à leveza do viver. O sentido está na vivência do dia a dia, na vida agradecida como dádiva, consciência de saber-se dom e tarefa.

A dimensão do prazer é outro ingrediente muito comum em muitas respostas. O sentido é parceiro do prazer, de encontros, trabalhos, festas, leituras, comprometimentos, momentos todos perpassados pelo prazer. Os amigos são as pessoas que ajudam a proporcionar esses momentos de prazer. Eles costumam ter gratidão nos lábios, abraços nas mãos e olhares de compreensão; cultivam um astral bem-humorado, uma profunda fé no futuro e uma satisfação envolvente no presente; os verdadeiros amigos têm delicadeza nos gestos, sutileza na fala e gentileza na ação; eles costumam ter firmeza nos passos, asas nos sonhos, raízes na realização.

Esses tópicos são apenas reflexões que tentam compreender onde está o sentido da vida para diferentes seres humanos. A pessoa não acredita na derrota, mas confia na vitória, em si mesma, em Deus, em mãos solidárias, no amor.

A pretensão nessa interpretação das respostas recebidas não é colocar um ponto final, mas três pontos. "As reticências são os três primeiros passos do pensamento que continua, por conta própria, o seu caminho" (Mário Quintana).

SENTIDO DA VIDA
E
VIDA COM SENTIDO

1. Nos encontros significativos

Neste capítulo vamos refletir sobre uma das dimensões mais importantes do viver: a qualidade dos nossos encontros. Em um olhar retrospectivo percebemos que os momentos mais importantes da vida aconteceram nos encontros: com familiares e amigos, encontros com a fé e confiança, encontros esperados e surpreendentes, encontros com a natureza e com nós mesmos. É nos encontros, de todos os tipos e qualidades, que a nossa vida faz sentido.

Tudo na vida pode fazer sentido. O sentido está nas pessoas que vivem no tempo e no espaço, que têm endereço, e vivem em diferentes contextos. Ele ama pessoas livres, criativas e apaixonantes. Ele se deixa encontrar por sensibilidades que têm histórias e sonhos, por pessoas que carregam flores em suas mãos e mapas em suas cicatrizes.

O sentido da vida tem tudo a ver com os nossos encontros, sobretudo com o tipo e a qualidade dos mesmos. O que proporciona sabor está em tudo o que é vivido e sentido. Por isso é tão importante valorizar, solenizar e propiciar belos encontros.

Se olharamos para a nossa história de vida, veremos que ela foi tecida, pintada, costurada, poetizada e conectada por encontros.

"Não havíamos marcado hora, não havíamos marcado lugar. E, na infinita possibilidade de lugares, na infinita possibilidade de tempos, nossos tempos e nossos lugares coincidiram. E deu-se o encontro." (Rubem Alves)

Seria bom analisar o que os nossos mais belos encontros nos ensinam sobre os encontros que podem e desejam acontecer hoje e no futuro.

A filósofa existencialista francesa Simone de Beauvoir nos ajuda a refletir esta dimensão do viver: "A impressão que tenho é de não ter envelhecido, embora eu esteja instalada na velhice. O tempo é irrealizável. Provisoriamente, o tempo parou para mim. Provisoriamente. Mas eu não ignoro as ameaças que o futuro encerra. Como também não ignoro que o meu passado é que define a minha abertura ao futuro. O meu passado é a referência que me projeta e que eu devo ultrapassar. Portanto, ao meu passado eu devo o meu saber e a minha ignorância, as minhas necessidades, as minhas relações, a minha cultura e o meu corpo. Que espaço o meu passado deixa para a minha liberdade hoje? Não sou escrava dele. O que eu sempre quis foi comunicar da maneira mais direta o sabor da minha vida, unicamente o sabor da minha vida. Acho que eu consegui fazê-lo. Vivi num mundo de homens guardando em mim o melhor da minha feminilidade. Não desejei e nem desejo nada mais do que viver sem tempos mortos".

Vejamos algumas lições de vida deixadas pelos mais belos encontros. Eles, além de fazerem bem à memória, podem projetar luz sobre todos os encontros que querem acontecer.

Uma lição que podemos aprender com os mais belos encontros que aconteceram em nossa vida é a decisão e a confiança de **estar inteiramente presente nos momentos**. Não só estar como expectador, mas como ator. Não observar o que se passa diante dos olhos, mas saber-se participante ativo de tudo o que acontece e da forma como isso se desenvolve. Ver uma bela dança é encantador, mas pode ser mais lindo ainda se dançarmos junto com os demais. Estar presente pode significar descer da arquibancada e jogar o jogo de cada partida em vez de ficar assistindo passivamente. Os encontros mais lindos da nossa vida foram aqueles em que estivemos presentes de corpo e alma, mergulhados na dinâmica do que, ali, era vivido por todos. "O amor é a vida acontecendo no momento: sem passado, sem futuro, presente puro, eternidade numa bolha de sabão" (Rubem Alves).

Outra lição, ligada à primeira, é **vivenciar o momento**: estar e sentir, viver e curtir, mergulhar e experenciar o melhor de cada momento. Essa dimensão vivencial supõe um "desarmamento", isso é, não estar preso ao que os outros possam pensar, nem ao que já passou e, muito menos, em ser calculista na forma de participar. Vivenciar é render-se ao momento. Não é exagero dizer que tem hora que é preciso perder-se para encontrar-se melhor.

> "Na convivência, o tempo não importa. Se for um minuto, uma hora, uma vida. O que importa é o que ficou deste minuto, desta hora, desta vida. Lembra que o que importa é tudo que semeares, colherás. Por isso, marca a tua passagem. Deixa algo de ti, do teu minuto, da tua hora, do teu dia, da tua vida." (Mário Quintana)

Outro aspecto comum em todas essas experiências significativas é o exercício da **liberdade**, em um duplo movimento: ou nós escolhemos mergulhar no momento ou somos escolhidos pelo que está acontecendo. Existem acontecimentos, festas, encontros, eventos para os quais somos convidados, e outros são organizados por nós. A vida valoriza as duas formas.

A vivência do **afeto**, em todas as esferas da vida, traz um bem enorme e faz muito sentido. Ele desperta confiança, encoraja a esperança e faz abrir as mãos e o coração. O afeto é como a seiva que leva vida para todas as extremidades de uma árvore; é como a água que fertiliza a terra que nos dá o alimento; é como o amor feito gesto, olhar, carinho e ternura.

As experiências **em comunhão** trazem uma forte dimensão mística da vida e proporcionam um verdadeiro sentido à vida. Comungar trabalhos, encontros e iniciativas em mutirão traz em seu bojo uma dimensão libertadora tanto para quem o realiza como também para quem é privilegiado com essa ação coletiva. O pedagogo Paulo Freire situa muito bem essa postura de *comum-união*: "Pois, ninguém liberta ninguém, ninguém se liberta sozinho: os homens se libertam em comunhão".

Estar atento e desfrutar cada **detalhe**. São nessas situações, acontecimentos, olhares, gestos – aparentemente pequenos – em que se esconde e se encontra a grandeza e a beleza do viver. Isso pode ser uma palavra amiga, um elogio, um presente, um convite, uma mensagem, uma flor, um olhar compreensivo... O conjunto dos detalhes e a vivência dos mesmos é que tornam o momento tão especial. "Viver é acalentar sonhos e esperanças, fazendo da fé a nossa inspiração maior. É buscar nas pequenas coisas, um grande motivo para ser feliz" (Mário Quintana).

Os mais belos momentos da vida são, na sua quase totalidade, encontros com pessoas que queremos bem. Estar em **boa companhia** faz sentido e ajuda a encontrar o sentido do viver. Estar em boa companhia tem duas versões: (a) estar com pessoas que queremos bem, que sonham juntas, que compartilham momentos de vida. Mas também tem a ver com (b) estar bem consigo mesmo, que pode ser a melhor companhia. O filósofo alemão Friedrich Nietzsche diz: "Eu sou vários! Há multidões em mim. Na mesa de minha alma sentam-se muitos, e eu sou todos eles. Há um velho, uma criança, um sábio, um tolo. Você nunca saberá com quem está sentado ou quanto tempo permanecerá com cada um de mim". Nós temos a capacidade de encontrar, dentro de nós mesmos, o elo que unifica os diferentes.

Os momentos vivenciados na liberdade e em boa companhia costumam envolver o maior número possível dos **nossos sentidos**. Daí a importância de dar voz, vez, tato, cor, olfato, vibração, audição, paladar, a tudo o que fazemos com prazer. Os melhores momentos são, sem dúvida, os que tocam o maior número dos nossos sentidos.

Os encontros são belos quando cada um **vive a sua vida** e não a vida dos outros, nem da moda e nem das aparências. Os encontros podem ser vividos na coletividade, mas sentidos cada um na sua individualidade. E serão tanto mais significativos quando mais forem nossos. Viver às custas dos outros ou movidos por opiniões alheias proporciona um constante vazio interior. Não podemos esquecer que nós temos um jeito único de ser e, quanto mais formos nós mesmos, mais sentido a vida poderá encontrar dentro de nós.

"Amar é deixar aqueles que amamos serem eles mesmos e não tentar moldá-los segundo nossa própria imagem. Caso contrário, amaríamos apenas o reflexo de nós mesmos." (Thomas Merton)

Que essas dimensões, entre outras, nos ajudem a criar e projetar novos momentos. Que sejam belos e possam ser vistos no futuro com saudade profundamente agradecida.

***

O francês Auguste Rodin não só era escultor de obras de arte, mas também nos ajuda a entender melhor como a nossa vida pode ser uma obra de arte: "Uma arte que tem vida não reproduz o passado; ela dá continuidade a ele".

Dentro dessa mesma perspectiva, o filósofo francês Jean-Paul Sartre provoca a nós e à nossa temática quando diz que: "A vida não tem sentido, *a priori*. Antes de começarmos a viver, a vida, em si, não é nada. Mas nos cabe dar-lhe sentido, e o valor da vida não é outra coisa senão o que escolhemos".

São palavras que soam como despertadores e brilham como lamparinas. O filósofo Sartre diz que o sentido não existe *a priori*, mas no envolvimento com um jeito de ser e de viver, isto é, quando decidimos viver e entramos na dinâmica da vivência que faz sentido. Se muitas pessoas apenas vegetam e outros apenas existem, o sentido não está aí, mas na capacidade de viver e isso demanda vivências e decisões. A vida deseja e precisa ser vivida como valor e não como uma necessidade. É impossível viver sem decidir. Que as nossas escolhas sejam livres e conscientes.

2. O sentido está no ineditismo

"Tenho apenas duas mãos e o sentimento do mundo."
(Carlos Drummond de Andrade)

Existem certas experiências que valem uma vida. São vivências tão significativas e marcantes que dão sentido e unidade a toda uma existência. Creio que todos nós já vivemos encontros dessa natureza, conversas que transcenderam qualquer tentativa de compreensão racional.

A ciência, a arte, a filosofia e a religião tentam buscar uma resposta sobre o que dá sentido à vida. Tentam responder sobre o porquê da nossa existência. A ciência tenta explicar "como" existem as coisas, isto é, tenta refletir o funcionamento das coisas. Já a filosofia, a arte e a religião tentam responder aos "porquês" das coisas e da vida. E não pode existir oposição e nem competição entre elas, pois todas são importantes, necessárias e complementares.

São buscas significativas e dinâmicas, pois quando pensam que encontraram o sentido, ele escorre por entre as mãos como a água mais límpida que nasce das fontes.

O humanista Michel de Montaigne diz que "a melhor coisa do mundo é saber ser você mesmo." A frase em si parece simples, mas no confronto com a realidade, ela nos desafia e nos coloca nos trilhos.

Todo homem nasceu original, único. Seria triste viver sem ser ele mesmo. Seria deprimente despedir-se, na morte, de alguém que negou a sua originalidade de ser, que se adulterou pelas opiniões alheias e que perdeu o melhor de sua vida pela imitação de algo ou de alguém que não foi ele. Afirma Wayne W. Dyer que "ninguém é, nem mesmo remotamente, parecido com você em termos de sentimentos íntimos, pensamentos, desejos. Se aceitar essa ideia, vai também se perguntar seriamente por que deveria usar o exemplo de alguém como motivo para fazer ou deixar de fazer alguma coisa".

Nós somos únicos e a vida é inédita. Ela revela o que nunca foi visto, sentido ou vivido. O ineditismo tem a ver com originalidade. Não é uma receita e não tem manual de instruções. A nossa vida e o viver são diariamente originais, são inéditos porque nós nunca os vivemos e nunca somos os mesmos. A captação do viver sempre é diferente e a forma como tudo isso ressoa dentro de nós também é inédito. O filósofo Heráclito já dizia que "é impossível tomar banho duas vezes no mesmo rio. Porque o rio nunca será o mesmo nem nós seremos os mesmos".

A felicidade é original em cada pessoa e a intensidade do sentido da vida também é única na forma de sentir porque somos todos originais, únicos e inéditos. A felicidade não exige nada, apenas sintonia: com as manifestações de vida, com o que nos impressiona por dentro e por fora, com o que nos cativa, nos emociona, nos toca a alma. Dentro dessa perspectiva, "não possuir algumas das coisas que desejamos é parte indispensável da felicidade", afirma Bertrand Russell.

Vejamos outra reflexão dentro desse horizonte. Trata-se de um profundo e contundente depoimento de Marla de Queiroz:

"Não quero falar de reencontros, mas de encontros inéditos. As pessoas, as de antes, não permaneceram as mesmas e eu, com meu olhar novo, também trouxe o ineditismo no (re) conhecimento. Eu me reergui de dores muito fundas sendo apenas eu a minha bagagem e tendo somente meu corpo como casa. Entendi plenamente o que é morar no caminho. Precisei me desfazer de coisas: tantos acúmulos de vaidade. Precisei arejar minha alma e limpar meu coração todos os dias e trazer uma manhã viva para cada passo. Nos momentos em que tive a sensação de perder o chão, tive que flutuar na coragem e encontrar fé mesmo quando não tive

onde me segurar. Tive que me tornar leve para construir não a estrada, mas a pegada. Cambaleei até encontrar firmeza e fui explorar novas paisagens: internas, externas. A alegria, o entusiasmo, tive que permitir que chegassem, que permanecessem. Tive que entender que o mundo não me deve nada e que tudo me é ofertado: e escolhi minhas experiências como quem escolhe as sementes das flores que serão plantadas. Hoje eu colho a clareza. Fui abrindo porta a porta até me libertar da clausura do medo. E entendi que suporto e supero qualquer perda: tenho em mim todos os recursos. Hoje eu vejo que não sobrevivi a nada: eu apenas renasci. Apesar de tudo."

Essas palavras não são reflexões teóricas. Elas têm coração e paixão, suor e poeira, cor e calor, noites e auroras. Trata-se de uma experiência compreendida com lucidez: é isso que faz a vida ser inédita, as pessoas inéditas, os caminhos inéditos, os sonhos inéditos, o dia a dia inédito e cada um de nós, inéditos. Viver no ineditismo é o que traz sentido ao viver.

A mesma música escutada em contextos diferentes nunca é a mesma; a mesma prece feita em situações e tempos variados nunca é igual, o mesmo mar contemplado em situações diferentes sempre é outro mar. Essa eterna novidade que somos e esse jeito atualizado e generoso de viver fazem a vida ser inédita.

Uma das razões pelas quais algumas pessoas se frustram quando voltam para certos lugares que foram inéditos em outros tempos reside no fato de quererem sentir as mesmas sensações de outrora. E isso não é possível pelas razões descritas.

Agora, todos os novos encontros com pessoas, com lugares significativos podem continuar sendo inéditos: desde que acolhidos, sentidos e vividos dentro do contexto atual da pessoa e dentro da atmosfera que faz respirar no presente. Isso é possível. Basta "dar a cada emoção uma personalidade, a cada estado de alma uma alma" (Fernando Pessoa).

Viver dentro do espírito desse conceito do ineditismo faz toda a diferença. Faz com que cada amanhecer seja novo, único, diferente e inédito. Torna cada saudação inédita, cada olhar único, cada pessoa especial, cada conquista nobre. Nada é igual e tudo pode ser novo, sempre de novo.

A vida pode ser, ao mesmo tempo, divertida e séria, inquietante e pacífica, boa e justa, realista e utópica e tudo em *comum-união*.

Ela deseja ser inédita porque somos capazes de torná-la assim. No fundo, o nosso dia a dia é costurado por vivências e encontros inéditos: com as pessoas, com o mundo, com nós mesmos, com o mistério... no ineditismo.

Tudo pode ser especialmente inédito: fotos e fatos, olhares e mares, amanheceres e saberes, saudações e soluções, lampejos e beijos, conhecimentos e momentos, cores e sabores, tropeços e recomeços, elegância e tolerância, imagens e paisagens, livros e trilhos, poesias e travessias, estradas e explanadas, colheitas e receitas, represas e surpresas, amores e atores, laços e abraços, cantos e mantos, danças e mudanças, estações e ações...

> "O amor suaviza a crueza do mundo. As histórias de amor seguem sendo escritas com a tinta que fertiliza potências em cada um dos poros dos envolvidos. Haverá muitas geografias para percorrer, aventuras a dois, cujo grau de intimidade continuará tirando o chão debaixo dos pés e colocando num espaço inimaginado. Seguir saltando... Flutuando... Qual o sentido da vida? Saltar! Saltar para estarmos sempre perto daquilo que amamos." (Gi Vasconcelos)

O ineditismo está exatamente em não existir fórmula pronta para ser seguida, nem roteiro preestabelecido, mas está no jogar-se ao momento, está na imaginação criativa e na liberdade que pode decidir sempre, no aqui e agora, no que deseja e pode ser inédito.

> "Um dia de chuva é tão belo como um dia de sol. Ambos existem, cada um como é." (Fernando Pessoa)

A vida é uma dádiva e um compromisso que deseja ser vivido de forma inédita. A frase que segue resume o que desejei refletir nestas poucas linhas: "Vivo cada dia como se fosse cada dia. Nem o último, nem o primeiro, simplesmente o único" (Pablo Neruda).

3. Na perspectiva antropológica

Para avançar nossa reflexão, vamos colocar uma questão de fundo: o que é o homem? Quando, de fato, ele é pessoa, no sentido pleno do termo?

Esse olhar antropológico é fundamental para compreendermos o sentido da vida e para nortear e fundamentar, ainda mais, as nossas ponderações. Vejamos algumas caracterizações que podem ser relevantes diante da pergunta acima.

O homem como ser único em relação

Em todo o mundo não existem pessoas iguais. Não encontramos nenhum fato que torne a nossa existência necessária e, no entanto, nós existimos. É verdade que somos apenas um grão de areia na imensidão do mar ou, como afirma Teresa de Calcutá: "O que eu faço é uma gota no meio de um oceano. Mas sem ela, o oceano será menor". E Albert Camus vai mais longe quando diz que "o homem não é nada em si mesmo. Não passa de uma probabilidade infinita. Mas ele é o responsável infinito dessa probabilidade".

Sabemos que milhões de outras pessoas poderiam ter nascido em nosso lugar e não nasceram. Quem teve o privilégio da existência fomos nós. Nós nascemos vencedores porque vencemos a primeira olimpíada da vida, porque o espermatozoide que nos formou chegou primeiro e se juntou ao óvulo.

Mais: nós não escolhemos o país nem os nossos pais, nem o sexo e, no entanto, estamos vivos, temos pais e estamos numa história que é somente nossa. Somos pessoas agraciadas, únicas, irrepetíveis e originais.

> "Ninguém nunca foi como você e ninguém mais será como você, você é simplesmente único, incomparável. Aceite isso, ame isso, celebre isso – e nessa celebração você começará a ver a singularidade dos outros, a incomparável beleza dos outros. O amor só é possível quando há uma aceitação profunda de si mesmo, do outro e do mundo. Aceitação cria um ambiente em que o amor cresce, cria o solo em que o amor floresce." (Osho)

Além disso, temos o privilégio de viver em meio a milhões de pessoas, todas elas também únicas e agraciadas pelo milagre da vida. Portanto, ser pessoa é saber que não existe uma pessoa igual a nós, é acolher-se como dom e como ser privilegiado. Dessa forma, mais importante que ser igual, é ser original. Mais importante que ser famoso, é ser raro. Mais importante que ser sincero, é ser verdadeiro. Mais importante que saber, é crescer. Mais importante que compreender, é acolher. Toda pessoa é única em relação ao todo da vida.

O homem como ser de comunhão

Somos únicos e originais em meio à diversidade de seres vivos. Você está no mundo, faz parte do cosmos que te dá o oxigênio, a água, o fogo, a terra, os alimentos e sobre o qual você é corresponsável.

No fenômeno fundamental da experiência humana, o homem se encontra no meio de uma realidade complexa: em meio às coisas, em diferentes estações, no tempo e no espaço, compartilha e comunga de uma cultura, leis e civilização.

Portanto, o homem é homem no sentido profundo da antropologia – e não apenas na aparência de homem nem nos personagens que pode adotar – quando se acolhe em meio a todos os seres no mundo e quando assume uma missão de corresponsabilidade sobre a vida em todas as suas manifestações. Nós precisamos das pessoas e elas precisam de nós.

"Notei um lugar vazio na roda. Lentamente fui ocupá-lo. Surgiram todos os rostos, iluminados." (Carlos Drummond de Andrade)

O homem como ser histórico

O homem está em relação com os outros com os quais entra em contato. Ele não é, originariamente, um sujeito puro, a-histórico, não se encontra numa consciência de si.

Ele sempre se encontra numa rede ilimitada de relações e estruturas responsáveis por situá-lo no "aqui e agora", que exercem sobre ele uma série de condicionamentos, os quais ele tem o poder de transformar. Bem ou mal, sempre nos encontramos numa realidade efetiva e estrutural já feita, na qual estamos inseridos e com a qual interagimos.

O homem está em uma relação dialética com o mundo. Ambos se condicionam e determinam. O homem, que é interioridade e sujeito ativo do mundo, realiza e objetiva seus próprios planos e ideias, metas e projetos através da ação livre e da obra que introduz no mundo. O homem só se realiza na história.

Nascemos na história, fazemos história e somos corresponsáveis por ela.

"Não quero olhar para trás, lá na frente, e descobrir quilômetros de terreno baldio que eu não soube cultivar, calhamaços de páginas em branco à espera de uma história que se parecesse comigo. Não quero perceber que, embora desejasse grande, amei pequeno." (Ana Jácomo)

O homem como ser capaz de dar sentido

O homem que se descobre único, vive em comunhão e faz história é o mesmo homem capaz de dar sentido. Ele tem um modo próprio de ser com os outros no mundo, isso é, ser radicalmente aberto. Isso coloca ao homem a tarefa de realizar sua vida por ação própria.

Como tal, ele procura uma orientação, uma compreensão que mediatize a sua integração com os outros no mundo. A linguagem é essa mediação fundamental da realização porque nela se desdobra e se realiza o sentido de ser do homem.

> "Uma das principais características da existência humana está na capacidade de se elevar acima das condições biológicas, psicológicas e sociológicas, de crescer para além delas." (Viktor Frankl)

O homem quer liberdade, autonomia, garantias profissionais, relações afetivas, mas quer, acima de tudo, vontade de sentido, isso é, ele não quer apenas fazer, projetar, correr, vencer, mas quer significar toda esta atmosfera que constitui o seu viver. Ele traz, dentro de si, o desejo e a necessidade de sentido da vida. Trata-se de um impulso especificamente humano.

É inerente aos humanos duas perguntas essenciais no que tange ao sentido da vida: por que existimos e para que vivemos?

São questões que buscam razões na origem (por quê?) e razões no sentido (para que?). Existir é uma dádiva. Viver é tarefa da liberdade.

Portanto, existir humanamente é existir na forma de linguagem, isto é, com sentido. Todas as ações humanas são mediadas linguisticamente. Ser homem é interpretar a vida, os acontecimentos, os sentimentos e, nessa vivência, encontrar o sentido.

O homem como ser livre

As pessoas não querem apenas amar e serem amadas, ajudar e serem ajudadas, compreender e serem compreendidas, mas trazem consigo uma aspiração e um desejo genuíno de compreender a vida e de serem profundamente livres. O pensador francês Jean Cocteau contextualiza esse sonho: “Mantenha-se forte diante do fracasso e livre diante do sucesso”.

Faz parte da liberdade como experiência de vida a capacidade de dizer "não" ou "sim" quando um ou outro for necessário.

Essa mesma liberdade sabe se comprometer para construir espaços onde a liberdade possa ser real; espaços intersubjetivos que acolham e possibilitem as liberdades das pessoas; espaços de vida onde a liberdade seja uma experiência que liberte a todos. A minha liberdade também tem que desejar a liberdade dos outros. E, dentro desse contexto, a citação de Artur da Távola faz muito sentido: “O novo não é o contrário do velho. O novo é o oposto das prisões que nos impomos” e das prisões que impomos aos outros.

Mesmo condicionados por uma cultura, por um código genético, por limitações humanas, ser livre é possível. Sou livre quando as pessoas ficam sempre mais livres e eu menos escravo; quando a minha liberdade vale mais que o dinheiro e todos os bens deste mundo; quando a minha liberdade liberta o outro e a liberdade do outro me torna sempre mais livre.

Que as belas palavras de Miguel de Cervantes nos ajudem a sermos amigos incansáveis da liberdade. Ele diz: “A liberdade é um dos dons mais preciosos que o céu deu aos homens. Nada se iguala, nem os tesouros que a terra encerra no seu seio, nem os que o mar guarda nos seus abismos. Pela liberdade, tanto quanto pela honra, pode e deve aventurar-se a nossa vida”. A liberdade traz esse duplo movimento: ser livre realmente e o sentir-se livre.

Somos livres quando as liberdades constroem ou reconhecem espaços onde todas as liberdades sejam reconhecidas.

“Eu nutri o ideal de uma sociedade democrática e livre, na qual todas as pessoas vivem juntas em harmonia e com oportunidades iguais. É um ideal que espero viver para alcançar. Mas, se for preciso, é um ideal pelo qual estou preparado para morrer.”
(Nelson Mandela)

Quanto mais construímos liberdade, mais cresce a possibilidade real de sermos livres.

O homem como ser que (se) transcende

O homem sempre é mais! Não se deixa enquadrar em conceitos nem em crenças, mas é capaz de transcender e de se transcender. Ele é capaz de se elevar acima de situações momentâneas e procurar as razões em tudo o que toca a sua vida.

Quando ele não consegue dar uma resposta adequada, ou uma orientação de vida diante dos muitos porquês, a frustração tende a mostrar a sua crueza e até mesmo o seu pessimismo.

O conhecimento é libertador, as atitudes de vida são determinantes, os valores são importantes, a realização é imperativo categórico, mas a busca de sentido da vida ultrapassa a todos.

É importante se desfazer de valores sem consistência, eles são transitórios. Já os valores estáveis são consistentes e parceiros daquilo que é capaz de significar o viver.

Mahatma Gandhi ajuda a contextualizar esse conceito da transcendência: "O homem participa da profundidade do mar, do peso da terra e da imensidão do céu. A ele cabe silenciar, gritar e cantar. Porém, ao homem privado de transcendência, somente lhe sobra a capacidade de gritar".

O homem, mesmo sendo único e original, não consegue viver só. Ele tem uma importância central sobre a vida dos outros e sobre a preservação da vida no mundo. Essa vida é mais forte na história quando é vivida e defendida em comunhão, por homens e mulheres livres, comprometidos e que fazem uso da sua capacidade peculiar de interpretar tudo.

Somos capazes de transcender situações, contextos, dores, momentos. Somos, também, capazes de nos transcender pela compreensão, pela revisão de vida e por meio de um novo olhar sobre nós e sobre a nossa prática diária.

Esse olhar sobre o homem não é algo concluído, mas algo vivencial, participativo e dinâmico. O homem só será homem no sentido bonito do termo quando ele mergulhar neste movimento aqui refletido. As palavras otimistas de Cora Coralina fecham este capítulo:

> "O tempo muito nos ensinou. Ensinou a amar a vida, não desistir da luta, recomeçar na derrota, renunciar as palavras e pensamentos negativos. Enfim, acreditar nos valores humanos. Ser otimista!"

4. A realização do nosso potencial

Pensar sobre o sentido da vida é tomar nas mãos a própria vida, é tomar consciência que somos nós que vivemos e significamos o viver, somos nós que temos a capacidade de interpretar tudo o que nossos sentidos captam no dia a dia.

Afirma William James que "não existe ser humano mais miserável do que aquele em que a única coisa habitual é a indecisão". Muitas pessoas se comportam como filhos da indecisão, o que é terrível para quem vive assim e não compreende que isso também é uma decisão, isto é, a decisão pela indecisão, afinal não é possível viver sem decidir.

É bom lembrar que somos nós que estamos ao volante para dirigir, decidir, mudar as marchas, desviar dos obstáculos, diminuir a velocidade nas curvas, acelerar, frear, abastecer, regular a calibragem, limpar os para-brisas, trocar o óleo... Somos nós que devemos decidir por nós e de forma livre e responsável. Não é saudável deixar que os problemas, as frustrações e, muito menos, o passado decidam por nós. É perigoso passar o volante das nossas decisões a outras pessoas ou, o que pode ser pior, deixar que sentimentos como a raiva, a fúria, o ciúme, os medos decidam por nós.

O poeta popular Sérgio Vaz usa uma imagem que ajuda a compreender a força que devemos ter diante dos desafios, problemas, e em nosso dia a dia. Ele recomenda: "Enfia o dedo na cara do seu dia, e diz: hoje vou ser feliz, quer você queira ou não".

Porém, isso não é tão fácil, pois em nossa vida existem noites bem escuras, sofríveis e aparentemente intermináveis, como também existem vales pedregosos e subidas cansativas. A vida não é só de jardins em flor e de noites de luar, nem de primaveras e de beira-mar.

O "milho de pipoca que não passa pelo fogo continua a ser milho de pipoca, para sempre. Assim acontece com a gente. As grandes transformações acontecem quando passamos pelo fogo. Quem não passa pelo fogo fica do mesmo jeito, a vida inteira", diz Rubem Alves.

A vida exige que passemos por todas as situações que precisam ser vividas. É preciso ter fé, força de vontade e coragem para atravessar certos desertos da vida. Sem a vivência da travessia, não vamos sentir a intensidade, o prazer de tudo que constitui o viver.

"Há três grandes nascimentos na vida do homem: sair do ventre da mãe, para existir perante ela e perante o pai; sair do ventre da família, para existir na sociedade; e sair do ventre da terra, para existir completamente perante Deus." (Michel Quoist)

Compartilho aqui uma reflexão comum de vários pensadores que dizem que um dos grandes catalizadores do sentido da vida são as crises, sobretudo pela forma como as compreendemos, enfrentamos e crescemos. As crises aperfeiçoam as motivações e purificam os valores.

Seria estranho alguém desejar crises. O que faz parte da vida é sabermos que elas se manifestam em diferentes circunstâncias e momentos. Não se trata de buscar crises, mas aprender a enfrentá-las dentro de uma história de vida na qual os sonhos estão em ação.

"Assim como as pedras são polidas por atrito, as provações tornam os homens brilhantes." (Provérbio indiano)

Existem crises de todos os tipos: de ordem amorosa, familiar, relacional, de fé, existenciais, etc. Elas nascem no coração da vida porque o viver e o conviver desejam ser mais livres, mais intensos e mais verdadeiros. Costumam ter dois sentidos:

> **Primeiro sentido – *Sinal que escolhemos mal*:** uma crise contínua e sofrível pode revelar que escolhemos mal e precisamos mudar a direção e os rumos da escolha feita: tipo de trabalho, parceiro no amor, lugar de moradia, aquisições feitas, entre outros exemplos. Quando esse tipo de crise parece não ter fim, é bom abrir os olhos e admitir que ela pode ser reflexo de uma escolha mal feita e sinaliza para mudar de rumo.
>
> **Segundo sentido – *Sinal que escolhemos muito bem*:** existem crises que sinalizam exatamente o oposto, isso é, que escolhemos muito bem e que paramos no tempo e na atualização criativa das escolhas feitas. Nesse caso é preciso atualizar, reinventar e reconfigurar o que foi escolhido. É preciso voltar a regar a plantinha, colocar mais adubo, expor a planta ao sol e cuidar dela. A crise mostra suas garras porque a atualização afetiva e criativa ficou no passado. Existem casais que se amam, mas que deixaram para trás a capacidade de reinventar a arte de amar. Outros vivem em crise no trabalho porque as motivações não são genuínas. Sempre é possível reconfigurar a vida.

Portanto, a interpretação desse catalizador em nossa vida deve ser discernido e orientado. E, dentro dessa capacidade que temos de compreender, tem hora que é preciso mudar de lugar, de trabalho, de parceiro, de casa... e tem hora que é preciso recriar a própria vida e o jeito de viver no presente da realidade.

O ser humano não é um sistema fechado, mas aberto. Somos um projeto infinito. O homem se realiza na medida em que ele ativa e reorienta as suas relações. Quanto mais se relaciona, mais se descobre e mais se enriquece e cresce.

No fundo nós não sabemos, matematicamente, quem nós somos. Encontramos referências, desafios, oportunidades e espelhos de nós mesmos por todas as partes por onde andamos e eles ajudam a nos ver e a nos compreender. E que bom que não cabemos em definições lógicas!

Saber quem somos e para onde nos dirigimos são duas tarefas diárias. Elas não acontecem no antes (autoconhecimento) e no depois (para onde vamos), mas na própria caminhada e no jeito de fazer o caminho.

A vida não é um problema, mas uma oportunidade. As crises não deveriam ser problemáticas, mas sintomáticas. Elas desejam despertar o novo que anseia irromper em cada estação da nossa vida. Por isso é tão importante não conceber a vida como um problema, mas como um mistério que se revela na medida em que nela mergulhamos.

Vejamos algumas formulações de autores diferentes, um tanto quanto pessimistas sobre o viver. Ou seriam eles realistas?

"Viver significa pensar sobre o passado, lamentar sobre o presente e tremer diante do futuro." (Rivarol)

"Um pouco de trabalho, um pouco de sono, um pouco de amor, e tudo acabou." (Mary Roberts Rinehart)

"Viver é um corredor empoeirado, fechado de ambos os lados." (R. Campbell)

"Nunca vivemos, mas sempre temos a expectativa da vida." (Edmund Cooke)

Cito essas frases para mostrar os dois lados em relação a uma mesma temática. São retratos vivos que fotografam visões, experiências e crenças.

Continuo insistindo que o sentido da vida se deixa encontrar. Não tem endereço e costuma surpreender. Tem a ver com ser sujeito da vida, protagonista de atitudes livres e libertárias frente a opiniões alheias. Estas são apenas opiniões e não a totalidade da sua vida. Quando nós desistimos de nos preocupar com o que os outros pensam de nós, quando abrimos as asas para alçar voos que nos levam para aquilo que deseja o nosso coração, quando assumimos o nosso jeito único de ser, estamos dando passos importantes na dinâmica da liberdade e no movimento de tudo o que pode dar sentido ao viver.

"E aqueles que foram vistos dançando foram julgados insanos por aqueles que não podiam escutar a música." (Friedrich Nietzsche)

Para uma criança que tira as panelas do armário e as transforma em bateria, isso faz todo sentido para ela. Muitos adultos costumam adverti-la. Por que? Porque não escutam a mesma musicalidade que ressoa dentro da criança.

Seria um equívoco pensar que essa postura de inteireza e de verdade em tudo o que se faz é uma qualidade apenas das crianças. Isso deveria ser uma postura de todas as pessoas, em todas as idades e em todas as situações da vida.

Pensando bem, o objetivo de uma criança não é ser jovem nem adulto, mas 100% criança. Da mesma forma, o objetivo de um jovem é ser corajosamente jovem e de um adulto é ser plenamente adulto. É um erro grave sacrificar fases em vista da seguinte. O bom do viver é estar inteiramente presente em cada fase da vida e não viver em função da próxima fase.

"A infância não é um tempo, não é uma idade, uma coleção de memórias. A infância é quando ainda não é demasiado tarde. É quando estamos disponíveis para nos surpreendermos, para nos deixarmos encantar." (Mia Couto)

Afirma um provérbio árabe que "a vida é como um tapete. A cor e o tecido já vêm prontos, mas é você quem vai tecê-lo". Essa bela imagem tem a ver com a capacidade da imaginação de criar o novo, com a força de explorar o mundo, com a sabedoria de compreender a natureza e com a capacidade de escolher o pincel, as tintas e a obra de arte que será a sua vida.

O escritor português Mário Corredor aprofunda a questão de identidade original de cada pessoa: "Perdoa-me essa incompetência... de não ser como queres, e sim como eu sou. É latente em mim não negar-me de mim... por devaneio posso até estar onde queres, mas não demorarei por lá... minha natureza me trará de volta ao meu lugar sem percebermos, é uma sedução de mim por mim mesmo e disto não há como me livrar; eu sou o que nasci". A vida traz em seu bojo esse dinamismo que só não é vivido e afirmado quando fugimos de nós mesmos, quando nos escondemos, quando endeusamos as aparências e quando não somos o que somos.

Já o psiquiatra chileno Claudio Naranjo projeta uma forte luz em forma de reflexão sobre o sentido da vida. Segundo ele "é muito normal não encontrar sentido na vida quando se está muito condicionado pelo mundo a não reconhecer como valor fundamental o único que pode dar-lhe sentido à vida, que é a realização de nosso potencial. Em primeiro lugar é necessário o desejo de buscar, de honrar o espírito da busca porque é intrínseco à natureza humana. Estamos na vida para sermos nós mesmos, e sermos nós mesmos é crescer. É buscar o progresso rumo à liberdade, mas buscá-lo com sua própria consciência e não com sua polícia interior. Devemos nos libertar dessa polícia interior, porque se formos boas pessoas, não será às custas da vigilância policial. Somos como plantas que estão destinadas a florescer, e não só a florescer, mas também a dar frutos".

Concluo este capítulo fazendo cinco ponderações em cima da reflexão feita pelo psiquiatra chileno. Existem vários desafios presentes em suas palavras e que podem nos ajudar no desejar, no buscar e no viver com sentido:

> **Sermos nós mesmos** – Ter consciência que não só existimos, mas que podemos deixar a nossa marca por meio do nosso jeito único de ser. Para isso é importante resistir à tentação de sermos fotocópia dos outros e imitações alheias. Sermos nós mesmos é sermos livres frente às opiniões alheias, frente às coisas, frente às pessoas, ao passado. O segredo da vida é descobrir e assumir a nossa originalidade.

Desejar viver o sentido – Os desejos em nossa vida são como o motor para um carro. Um carro sem motor só sai do lugar se for empurrado ou puxado. A nossa vida deseja ser vivida e será bem significativa quanto mais ela for desejada, buscada e amada. E, se ainda não tivermos o desejo de buscar o melhor, que busquemos tê-lo. São os bons desejos que colorem nossa motivação e são eles que não nos deixam envelhecer prematuramente. "O desejo faz todas as coisas florirem" (Marcel Proust).

Libertar-se dos condicionamentos – É verdade que o mundo externo pode nos condicionar em diferentes níveis, mas não podemos ser escravos ou dependentes desses condicionamentos. O sentido da vida consegue entrar em casas cujas portas estão abertas ao novo, ao diferente e ao que deseja ser significativo. Libertar-se significa compreender que não existe pessoa igual e, portanto, seria injusto passar pela vida sem deixar que os nossos desejos mais sinceros não consigam ser vividos dentro de uma originalidade e de forma livre. "Querer-se livre é também querer livres os outros" (Simone de Beauvoir).

Realizar o nosso potencial – Está aqui o farol, a bússola, a orientação do viver com sentido. É importante conhecer, acolher e dar voz e vez ao nosso potencial. Não se trata de fazer o que outros fazem, mas descobrir o que deseja ser real por meio do nosso jeito de ser, de desejar e de viver. O potencial de vida de uma pessoa não é o mesmo de outra, mesmo sendo parente, amigo, ou até mesmo um irmão gêmeo. Realizar o potencial é descobrir a árvore que deseja florescer e produzir frutos, mas que hoje ainda é uma semente ou um rebento.

Sermos movidos por valores – É importante produzir bons frutos, com cores e sabores variados. Porém, que estas buscas e conquistas não sejam movidas pelo medo ou pelo simples dever, mas por valores e motivações livres, realistas e positivas. Albert Einstein diz que "o homem erudito é um descobridor de fatos que já existem, mas o homem sábio é um criador de valores que não existem e que ele faz existir". O homem pode transformar necessidades em valores, obrigações em momentos de prazer e a vida em uma obra de arte. "Quando aprendemos a usar a inteligência e a bondade juntos, todos os atos humanos passam a ser construtivos" (Dalai Lama).

5. Em todas as circunstâncias

O sentido da vida pode ser encontrado em todas as circunstâncias da vida, sobretudo quando se tem um propósito de vida. "Quando a circunstância é boa, devemos desfrutá-la; quando não é favorável devemos transformá-la, e quando não pode ser transformada, devemos transformar a nós mesmos" (Viktor Frankl). Essa forma de proceder nos coloca no verdadeiro eixo do viver, pois cabe a nós a capacidade de interpretação de tudo o que se passa dentro e fora de nós.

Sugiro algumas reflexões feitas por dois personagens históricos e que podem nos ajudar a compreender e aprofundar o sentido da vida.

O psiquiatra Viktor Frankl

O psiquiatra austríaco Viktor Frankl (1905-1997) é um sobrevivente de Auschwitz que conseguiu encontrar sentido para sua vida em um campo de concentração, depois de perder tudo e todos. Ele ajudou muitas pessoas a compreenderem a sua vida dentro de uma ótica que projeta luz sobre a nossa vida. Onde está o sentido da vida? Vejamos algumas dicas em forma de pistas. Ele é categórico ao afirmar que o fator determinante pode estar:

> **Na coragem constante de tomar decisões**, apesar de todas as circunstâncias. É fundamental fazer uso da liberdade e escolher pelo que se quer. Viktor dizia que "tudo pode ser tirado de uma pessoa, exceto uma coisa: a liberdade de escolher sua atitude em qualquer circunstância da vida".

Na grandeza de reconhecer que as pessoas são livres, que elas não são algo, mas alguém. Ser alguém é ser visto como gente. É a pessoa que deve ter este olhar para com ela mesma: de ser e de se acolher como pessoa. Acolher as pessoas como sujeitos e não como objetos.

No sofrimento e nas tragédias é possível encontrar sentido. Ambos podem ser compreendidos como um triunfo pessoal, mas dentro de uma perspectiva de quem sabe onde deseja chegar e como alcançar tal meta.

Na urgência do viver – A morte pode servir como estímulo para uma vida responsável. Se fôssemos imortais, tal constatação tiraria a necessidade da urgência do viver e facilmente adiaríamos as coisas.

Na sensatez – Mesmo diante de nossa impotência e consciência de pequenez, ainda assim é possível acreditar no sentido maior. O austríaco dizia: "Se não está em suas mãos mudar uma situação que te causa dor, sempre poderá escolher a atitude com que encara esse sofrimento".

Escolher decidir – A liberdade, mesmo limitada nas condições históricas, sempre está ao nosso alcance. Se não for possível mudar a situação, sempre é possível mudar de atitude frente a ela.

Tocados, mas não quebrados – Ter uma deficiência ou quebrar algo em nós não significa deixar-se quebrar.

Na dimensão paradoxal – Segundo Viktor Frankl, a finitude iminente da vida, ou seja, quanto mais perto da morte, maior costuma ser a consciência do sentido da vida.

O rabino Hilel

Há mais de 2000 anos o rabino Hilel pronunciou estas sábias palavras, verdadeiros desafios que, ainda em nossos dias, podem ressoar forte em nossas vidas: "Se eu não fizer, quem o fará? Se não for agora, quando? Se sou somente por mim, quem sou eu?".

Atrás desses sábios questionamentos existe uma compreensão do ser humano enquanto capaz de se indagar. Existe um convite ao protagonismo, à vivência do momento que está em nossas mãos, portanto, toca a questão da temporalidade e do viver com os outros no mundo. A liberdade se afirma na cotidianidade do viver e no toque de mãos amigas. O sentido da vida não está no olhar egoísta de satisfações pessoais, mas traz uma conotação de comprometimento com as pessoas.

O horizonte é descortinado pelas decisões tomadas no tempo. É a liberdade que decide sobre o que é bom, possível, importante e para todos. Isso traz a pulsação capaz de dar o verdadeiro sentido à vida.

O que nos faz felizes e o que faz sentido não têm uma lógica matemática nem podem ser controlados. Os fatores que determinam a felicidade são bastante subjetivos e podem variar de geração em geração. Porém, é importante que o homem acredite e cultive a consciência de que a vida pode ser significativa e deseja fazer sentido.

Temos que imaginar e admitir o melhor, buscar o espaço onde a liberdade consiga decolar novos voos. "Três paixões, simples, mas irresistivelmente fortes, governam minha vida: o desejo imenso de amar, a procura do conhecimento e a insuportável compaixão pelo sofrimento da humanidade" (Bertrand Russel). Uma vida sem paixão é como uma comida sem tempero. Precisamos de paixões para produzir ondas para que as vibrações dos nossos sonhos e desejos cheguem ao coração do Criador.

Faz parte da vivência e de uma busca, sempre maior, do sentido da vida, transcender o aqui e agora, lançar um olhar para aquilo que desejamos ser despertado pelas nossas práticas cotidianas.

> "Se você quer construir um navio, não reúna as pessoas só para tarefas e trabalhos: ensine-as a almejar a infinita imensidão do mar." (Saint-Exupéry)

É no sonho da imensidão que as tarefas, trabalhos, o pequeno e o particular adquirem um sentido e uma nova compreensão.

Certa vez, o rei Dom João visitando Mafra, em Portugal, encontra uma obra em construção. Nela trabalhavam três operários. Alternadamente pergunta a cada um dos trabalhadores: "O que você está fazendo?". O primeiro responde: "Estou quebrando pedras". O segundo diz que está lixando madeira. E o terceiro, o mais simples dos três e que fazia cal, assim responde: "Estou construindo uma catedral". Três profissionais e duas posturas distintas. Novamente nos encontramos no horizonte das motivações que fazem todo sentido.

> "Roube da primavera o seu aroma, do verão a sensualidade, do outono a transformação, do inverno o recomeço e reconstrua-se." (Viviane Basso)

SENTIDO DA VIDA E NOVOS PARADIGMAS

1. Textos e contextos

Nenhuma semente acorda árvore no dia seguinte.

"Paciência: o intervalo entre a semente e a flor." (Ana Jácomo)

O sentido da vida gosta de pessoas leves, livres, exigentes, focadas e confiantes. Dentro desse quadro é possível afirmar que existem situações, vivências e contextos nos quais o sentido da vida não é experimentável e não se deixa encontrar.

Assim como o semeador prepara a terra, confia na chuva, planta a semente, algo semelhante acontece em nossa vida no tocante ao seu sentido. Vejamos sete reflexões dentro desse contexto.

Quem tudo idealiza e pouco realiza

Com certeza não é nesta perspectiva aérea que a vida encontra ressonância, visibilidade e sentido. Afinal, o sentido deseja acontecer na história humana, nas relações humanas, nos encontros, nos tipos de relações e na terra de humanos.

"Um idealista é um homem que, partindo do fato de que uma rosa cheira melhor que uma couve, deduz que uma sopa de rosas teria também melhor sabor."
(Ernest Hemingway)

Essa tentação que tudo idealiza pode ser uma forma de fugir da realidade. Hoje as facilidades em termos de conexões, de comunicação e de infinitas possibilidades podem reforçar essa visão de vida e esse jeito de viver alienado da realidade. A mesma lógica é perceptível:

No desejo de viver apressadamente: pressa em correr e fazer, pressa em chegar e comer, pressa em comprar e pagar, pressa em encontrar e partir. Em vez de vivermos apressadamente seria bem melhor vivermos velozmente. A pressa provoca confusão, tensões e correrias geralmente desorganizadas. Ela costuma cansar, estressar e não produzir os frutos desejados. Um exemplo disso pode ser o time de futebol que tenta apressar tudo em campo e, por isso, tudo dá errado. Agora, viver velozmente pode revelar habilidades, precisão e foco. Pode ser um modo de agir interessante em tempos de metas e resultados.

"Não precisa ter pressa. Não há necessidade de brilhar. Não precisa ser ninguém além de si mesmo." (Virginia Woolf)

Os sentimentos de culpa e nostalgia podem levar as pessoas para terrenos confusos e sofridos. Ambos podem nos afastar do melhor da vida. Ambos nos lançam ao passado e têm uma força que nos imobiliza diante dos desafios na vida presente. Seus contrários, o sincero arrependimento e a saudade, reconhecem o que já passou, têm um olhar realista e nos lançam ao novo, para uma forma mais humana e realista de viver o dia a dia. O arrependimento reconhece o erro ou a omissão e se reconcilia, e este gesto não só nos humaniza, como também nos faz mais completos.

Sentir saudades deveria nos fazer gratos. Não há dúvida que ela deixa marcas, aperta o coração, mas não nos imobiliza, nem nos joga para o passado como é próprio da nostalgia ou o sentimento de culpa.

As pessoas que vivem idealizando tudo costumam se alienar da realidade, costumam sofrer e fazer sofrer.

O sentido da vida não está na alienação, mas na vida que acontece na convivência afetiva, nas escolhas bem feitas, na realidade do dia a dia, no convívio, na participação alegre e envolvente. Ele mostra a sua face amiga na terra onde nos movemos, onde acontecemos e onde nascem e crescem as sementes.

Quem vive "ensimesmado"

Existem pessoas tão fechadas em si mesmas que não conseguem escutar o que as outras pessoas querem dizer, não sabem o que é viver uma relação gratuita de amor ou de amizade. Vivem em um mundo fechado cujo único horizonte visível é o do seu próprio umbigo, dos seus interesses.

São pessoas que não aceitam ser contrariadas em seus pontos de vista. Costumam se esconder nelas mesmas e reagir agressivamente quando questionadas com ideias diferentes daquelas que configuram o seu mundo fechado. Em suma, não vivem relações de reciprocidade.

O Papa Francisco projeta luz sobre este tipo de pessoas e comportamentos: "Quando a vida interior se fecha nos próprios interesses, deixa de haver espaço para os outros, já não entram os pobres, já não se ouve a voz de Deus, já não se goza da doce alegria do seu amor, nem fervilha o entusiasmo de fazer o bem".

As pessoas "ensimesmadas" costumam viver em dois tipos de mundos: ou fechadas, quietas, sozinhas e buscando tudo o que vai ao encontro de seus interesses, porém sem muito barulho; ou se revelando indelicadas e cheias de chavões para legitimar o seu estado egocêntrico. Não têm autoestima verdadeira nem são movidas por valores consistentes. Elas costumam ser intolerantes e intransigentes.

Por que nesse horizonte não se consegue viver com sentido? Porque essa forma de proceder agride o axioma antropológico de que as pessoas são essencialmente relação; são configuradas pelas outras pessoas e não pelo próprio espelho. O sentido ama o novo, o surpreendente, o inusitado e se deixa encontrar nas posturas de altruísmo sincero e de compaixão verdadeira.

O voltar-se para o outro, enquanto outra realidade a ser descoberta, desafia a falsa aparência das pessoas ensimesmadas, as quais preferem só dissimular ser uma semente bonita do que deixar-se plantar na terra e romper a casca dura que as envolve.

É uma pena ver pessoas com essa visão da vida e esse tipo de comportamento. Elas não conseguem sentir o verdadeiro prazer do viver que pode estar no outro, no relacionar-se com as novidades, na abertura ao diferente, na grandeza de se colocar na pele do outro. Perdem a oportunidade de encontrar, nesse tipo de relação, o seu verdadeiro eu, a sua verdade, que é essencialmente relação.

O sentido da vida está na abertura radical do homem ao outro, à transcendência e à capacidade de vivenciar o que a vida deseja realizar nele e por meio dele.

Quem domina e quem se deixa dominar

A beleza da vida deseja ser visível e palpável na horizontalidade do viver, isto é, no dia a dia, nas relações humanas, na vivência da reciprocidade.

Esse horizonte que significa viver é obstruído quando, entre as pessoas, existe dominação e submissão. Quem domina o seu semelhante não é livre porque é dominador e quem se deixa submeter também não é livre porque vive uma relação de submissão.

Seria muito triste ver um casal dormir na mesma cama, vivendo como dois escravos, nessa falsa relação dominação-submissão.

É verdade que a dimensão do poder está presente em todas as esferas da vida, mas ela não pode obstruir as relações sadias. Afinal, o verdadeiro poder é serviço e não autoridade sobre os outros.

> "Conhecer os outros é inteligência, conhecer-se a si próprio é verdadeira sabedoria. Controlar os outros é força, controlar-se a si próprio é verdadeiro poder." (Lao-Tsé)

O sentido da vida passa longe de quem domina e de quem se submete. O que dá cor ao viver é saber a importância da hierarquia na escola, no trabalho, na família e nos grupos, mas essa forma de governar deve ser um movimento de liderança e não de dominação.

Reflitamos a citação de Carl Jung: "Onde o amor impera, não há desejo de poder; e onde o poder predomina, há falta de amor. Um é a sombra do outro". O amor e a dominação são duas possibilidades de viver e de ser, mas não podem ser colocadas no mesmo nível, pois um é a sombra do outro.

Quem for "morno"

Vamos contextualizar e refletir essa questão. "A vida é muito curta para ser pequena", afirma Benjamin Disraeli, de forma provocativa. Já no Novo Testamento da Bíblia, precisamente no último livro chamado de Apocalipse, no capítulo terceiro, versículos 15 e 16, encontramos uma afirmação forte e mundialmente conhecida: "porque você não é frio nem quente, Deus vomitará".

Infelizmente, encontramos pessoas que não são quentes nem frias. São mornas no trabalho, na família, nas amizades, nos diálogos, nas relações afetivas, na vida de forma geral. São pessoas "mais ou menos": no casamento, na comunidade, na política, nas relações, na educação, nos passeios, nos encontros.

Não é possível ser mais ou menos e querer que a vida faça sentido. Viver plenamente, isso é, com sentido, é próprio de pessoas que são inteiras e vivem de forma intensa. Isso não é privilégio de crianças, adolescentes e jovens, mas também de pessoas que se dizem experientes.

O padre e pensador português Antônio Vieira dizia que o peixe começa a apodrecer pela cabeça. Muita gente faz jus a essa afirmação: cabeça fraca, valores sem consistência, pessimismo forte, comportamento morno.

Há pessoas que morrem em vida e outros no final dela. Há pessoas que são importantes, mesmo que não sejam famosas. E há pessoas famosas que não são importantes. A fama passa, mas a importância fica. Ser quente é fazer a diferença no dia a dia.

A pessoa importante é aquela que permanece. Assim como um amigo importante é aquele que permanece, mesmo quando todos se afastam. Pessoas importantes são pessoas importadas para dentro e que permanecem vivas no nosso cotidiano.

As pessoas mornas não servem. Só servem para serem vomitadas. Ou congelam (sejam frias), ou pegam fogo (sejam quentes).

Quem não orienta a inteligência para o bem

As ciências humanas nos ajudam a superar certas compreensões e visões um tanto quanto dualistas.

Falo, por exemplo, da fácil tentação em classificar tudo como coisa boa ou má. E não é bem assim, pois é uma visão que atrofia a compreensão e o viver: entre o bem e o mal existe, por exemplo, o natural.

Inúmeros sentimentos, *a priori*, não são bons nem maus, são da natureza. Por exemplo, a raiva, a atração por outra pessoa, a fúria, entre outros, são naturais. Naturais no sentido de aparecerem naturalmente dentro de contextos precisos. Porém, são sentimentos que devem passar pelo filtro do nosso discernimento e pelas nossas escolhas.

Está em nossas mãos transformar essa energia natural. Trata-se de um potencial que pode ser usado para o bem ou para o mal. Portanto, sentir raiva não é bom nem ruim, mas da natureza humana. O bem e o mal estão naquilo que o homem fizer com a raiva.

A inteligência pode ser enquadrada, de certa forma, dentro dessa mesma perspectiva. Ela é um exercício de aprendizagem e pode ser usada tanto para o bem como para o mal. Conhecemos muitas pessoas inteligentes, mas que não são boas nem justas. São capazes do ponto de vista do saber, mas são uma negação do ponto de vista ético. E conhecemos outras sem tanta ciência, mas com um coração tremendamente generoso, amável, justo, bom e sábio. O verdadeiro inteligente não busca dominar os outros e ser melhor que eles, deseja apenas melhorar para crescer.

"Nenhuma pessoa inteligente está interessada em dominar os outros. Uma pessoa inteligente está interessada em conhecer a si mesma." (Osho)

Na verdade, nós não conhecemos uma pessoa quando ela fala de si mesma, mas quando fala dos outros e na forma como fala dos outros. Conhecemos as pessoas e a nós mesmos observando algumas reações, sobretudo em duas situações:

a. **Tempos de controvérsia** – Como nos comportamos em tempos de controvérsia e em situações de crise: quando falta dinheiro, ou a saúde está comprometida, quando o seu time perde, quando a oposição vence eleições. Essas crises podem ser de diferentes naturezas. Outro "termômetro" que ajuda a conhecer as pessoas é ver como se comportam em...
b. **Tempos de poder** – Como exercemos o poder: como pais, educadores, gerentes, coordenadores, presidentes, diretores, entre outros. O exercício do poder em todas as suas formas, contextos e situações revela muito do nosso caráter.

A inteligência, quando é desprovida de valores éticos e de uma orientação séria de vida pode ser perigosa. Um texto encontrado após a Segunda Guerra Mundial em um campo de concentração nazista ajuda a entender essa ambivalência da inteligência:

"Prezado Professor, sou sobrevivente de um campo de concentração. Meus olhos viram o que nenhum homem deveria ver: câmaras de gás construídas por engenheiros formados, crianças envenenadas por médicos diplomados, recém-nascidos mortos por enfermeiras treinadas, mulheres e bebês fuzilados e queimados por graduados de colégios e universidades... Assim tenho minhas suspeitas sobre a ***educação****. Meu pedido é: ajude seus alunos a tornarem-se humanos. Seus esforços nunca deverão produzir monstros treinados ou psicopatas hábeis. Ler, escrever e saber aritmética só são importantes se fizerem nossas crianças mais humanas."*

É uma carta chocante e muito triste. E não vamos pensar que essas crueldades só aconteceram no passado. Hoje, muitas pessoas usam a sua inteligência para explorar, ou usam a capacidade persuasiva em discursos para enganar. Uma das injustiças mais covardes que algumas pessoas cometem, ainda em nossos dias, é usar o discurso religioso para extorquir bens de pessoas humildes.

É bom entender que o texto bíblico "dai a César o que é de César e a Deus o que é de Deus", não é um convite à submissão. Pelo contrário, o texto é claro no uso do verbo dar, entregar a César o que é de César. Logo, o que ele quiser cobrar de forma injusta, não deve ser entregue a ele. Está em jogo um conceito de justiça e nenhum governante pode cobrar mais do que lhe é devido cobrar. Hoje temos que prestar atenção aos lobos travestidos de ovelhas. Eles devem ser desmascarados.

O sentido da vida não está na destruição da mesma, não está na exploração, não está no uso da inteligência para criar atmosferas de ódio ou de vinganças, próprio de meios de comunicação social: mais movidos por interesses do que pela ética que ama comunicar a verdade dos acontecimentos.

Em suma, o sentido da vida não tem nenhuma parceria com a desumanidade nem com nada que agride ou destrói a vida.

"Eduque a criança e não será necessário castigar o adulto." (Pitágoras)

Quem anda na contramão

Falar do lado sombrio da pessoa é acionar uma dimensão, ao mesmo tempo, delicada e cruel do ser humano. É um terreno que pode condicionar comportamentos ambíguos e atitudes desumanas.

Eu acredito que toda pessoa nasce boa. Não dá para dizer que uma criança, que acaba de nascer, é metade boa e metade má. Mas, na medida em que a criança cresce e vai convivendo com pessoas adultas, em contextos ambíguos, desonestos, em meio a atitudes desumanas, ela começa a admitir essas posturas em sua forma de ser, de pensar e de agir.

É Nelson Mandela quem melhor ajuda a compreender essa dimensão quando diz: "Ninguém nasce odiando outra pessoa pela cor de sua pele, por sua origem ou ainda por sua religião. Para odiar, as pessoas precisam aprender... E, se podem aprender a odiar, podem ser ensinadas a amar".

O motivo de muitos enganos está no fato de que muitas coisas ruins podem trazer algum benefício. A desonestidade, por exemplo, é um mal. Porém, a sua aplicação pode trazer ganhos fora dos parâmetros da justiça ao desonesto.

"Ganhar sem trabalhar pode ser bom para o bolso, mas é péssimo para o caráter."
(Antônio Ermírio de Moraes)

Quando se fala em andar na contramão é compreender e desmascarar pecados que se apresentam sob aparência do bem. Em nossa vida diária, nas relações, negócios, grupos, empresas, existem muitos lobos travestidos de ovelhas.

Outra reflexão dentro desse quadro de andar na contramão da vida é compreender que o homem traz consigo tendências: de vida e de morte, de amor e de egoísmo, do bem e do mal. São tendências que podem ser reais. Elas desafiam a liberdade e a importância do bem decidir.

Existe um provérbio dos índios norte-americanos que faz entender melhor essa nossa questão: "Dentro de mim há dois cachorros. Um deles é cruel e mau. O outro é amigo e muito bom. Os dois estão sempre brigando. O que ganha a briga é aquele que eu alimento mais frequentemente". Vence essa batalha o cachorro a quem damos comida.

Existe um paralelo grande com a nossa vida: se cultivamos e alimentamos o ódio, a raiva, os ressentimentos, o ciúme, a injustiça, a corrupção, entre tantos outros, eles vão adquirindo um tamanho gigantesco dentro de nós e vão se afirmando. Para muitos, chega a ser considerado "algo normal", sobretudo em pessoas desprovidas de valores éticos consistentes e de senso de justiça.

O mesmo vale na alimentação e no cultivo da generosidade, do perdão, da compreensão, do altruísmo, da cidadania, do respeito, entre tantos outros "cachorros bons". Cabe ao homem decidir a quem dar o alimento.

O sentido da vida não se encontra na maldade e não faz música em pessoas que adotam esse lado sádico e desumano para com os seus semelhantes.

A escritora Tati Bernardi diz que há uma falsidade velada no coração de certas pessoas. "Deus me proteja de mim, e da maldade de gente boa e da bondade de gente ruim". O problema está nessa dubiedade, e o nosso desafio está no desmascaramento desse tipo de pessoas.

O poeta inglês John Milton vai além e tenta compreender a própria maldade. Ele diz que "toda a maldade é fraqueza" não acolhida e assumida. Já Victor Hugo aponta para o rosto da maldade: "Mentir é maldade absoluta. Não é possível mentir pouco ou muito; quem mente, mente. A mentira é a própria face do demônio".

Esse lado sombrio ou o movimento da maldade ou de maldades não está somente no lado individual, mas também pode ter uma dimensão corporativa: em grupos, empresas, classes. O brilhante intelectual Rui Barbosa já alertava que "de tanto ver triunfar a maldade, de tanto ver crescer as injustiças, de tanto ver agigantar-se o poder nas mãos dos homens, o homem chega a desanimar-se da virtude, a rir-se da honra e ter vergonha de ser honesto". É uma constatação que ressoa forte em nossas vidas, contextos e realidades. O homem deve viver se vigiando porque existe uma tentação fácil de cair nessa lógica. Hualas Brandão afirma uma força que nasce de dentro para fora quando diz: "Cresci em meio a maldade, aprendi com a realidade, e vou vencer pela verdade".

A verdade, o amor e a honestidade são digitais que não podem ser adulteradas. Elas nos colocam no lado certo da vida e da história. E é nesse tripé que o sentido da vida mostra a sua face amiga.

2. Ética e cosmética

As pessoas éticas podem negociar, dialogar, debater, aprender, crescer; porém, a ética não se negocia. Ou somos éticos ou não somos. Muitas pessoas confundem ética com oportunismo, confundem atitudes de vida com gestos isolados, confundem caridade com amor. Não existem mulheres "mais ou menos" grávidas, ou elas estão ou não estão.

> "Meias verdades, meias vontades, meias saudades. Viver pela metade é ilusão. Tire suas meias e ponha os pés no chão." (Augusto Barros)

As pessoas que falam demais sobre ética costumam denunciar, com essa prática exagerada, o que costumam não viver. Geralmente condenam publicamente os erros dos outros e na vida particular fazem o mesmo ou até coisas piores, são exigentes com os outros e relaxadas com elas mesmas, entre outras contradições.

> "Fizemos dos olhos uma espécie de espelhos virados para dentro. Com o resultado, muitas vezes, de mostrarem eles sem reserva o que estávamos tratando de negar com a boca." (José Saramago)

A moral nos ensina que aquilo que criticamos exagerada e doentiamente é o que mais queremos para nós, e aquilo que falamos em demasia e insistentemente é o que menos vivemos. Miguel Unamuno nos dá uma chave de interpretação maravilhosa, sobretudo no que tange ao autoconhecimento: "Geralmente, quando detestamos alguma coisa nos outros é porque a sentimos em nós mesmos. Não nos aborrecem os defeitos que não temos" (Miguel de Unamuno). E Carl Jung nos aponta um caminho de superação e de crescimento dentro dessa perspectiva quando diz: "Tudo o que nos irrita nos outros nos leva a um melhor entendimento de nós mesmos".

Tudo o que é exagero, soa estranho. É claro que temos que falar, comunicar, estreitar relações, sermos críticos, mas isso só terá credibilidade se tiver comprometimento e coerência na vida prática. "Quanto mais a sociedade se distancia da verdade, mais ela odeia aqueles que a revelam", afirma George Orwell.

Segundo o professor Mário Sérgio Cortella, a "ética é o conjunto de valores e princípios que usamos para responder a três grandes questões da vida: quero? Devo? Posso? Nem tudo que eu quero eu posso; nem tudo que eu posso eu devo; e nem tudo que eu devo eu quero. Você tem paz de espírito quando aquilo que você quer é ao mesmo tempo o que você pode e o que você deve". A compreensão dessa definição fica mais clara na medida em que projeta luz sobre situações reais do nosso dia a dia.

A ética deseja que todos possam viver com dignidade e justiça, que todos tenham acesso ao que é de todos. Somente pessoas justas, verdadeiras e éticas vivem na paz.

> "Porque eu só preciso de pés livres, de mãos dadas e de olhos bem abertos."
> (Guimarães Rosa)

A ética é o único elemento que garante a nossa liberdade e a liberdade de todos. Da mesma forma como as leis tornam todos iguais em uma sociedade de diferentes, a ética torna a vida fluente e em espaços garantidos como sendo de todos.

Mário Sérgio Cortella esclarece dois conceitos importantes e que tocam verticalmente a questão do sentido da vida. São reflexões que nós facilmente confundimos em nossa vida diária: "Não devemos confundir o essencial com o fundamental. O **essencial** é aquilo que não pode não ser, pois dá sentido à vida. O **fundamental** é o que nos ajuda a chegar ao essencial. Dinheiro não é essencial, mas sim fundamental. Sem ele as dificuldades são imensas, mas ele por si nada representa na essencialidade. Carreira é fundamental, mas de nada adianta se nos afasta do essencial".

O essencial é o que dá sentido à vida. Algumas imagens que podem ajudar a entender o que é significar o viver. Podemos dizer que o sentido é para a nossa vida:

O que é o céu para o pássaro,
O que é a terra para a semente,
O que é a luz em cada amanhecer,
O que são os temperos para a comida,
O que é o sentimento para o apaixonado.
O sentido é para a vida...
O que é a água para o peixe,
O que são as flores para o jardim,
O que é o oxigênio para a respiração,
O que é a competência para o médico.
O sentido é para a vida...
O que é chuva para a plantação,
O que é a esperança para o peregrino,
O que são as tintas e o pincel para o pintor,
O que são os instrumentos musicais para a orquestra.

Uma vida sem sentido é uma existência vazia, sem coração, sem musicalidade, sem paixão, sem tempero. Viver eticamente é mais do que se revestir de um verniz. A ética é mais que cosmética. Ela nos mostra a sua verdade mais profunda para além das aparências.

Sempre é possível crescer no espírito ético. Esse crescimento é perceptível em pessoas que se acolhem como únicas e em relação, que assumem ser sujeitos de suas decisões e corresponsáveis pela história, que tomam a vida em suas próprias mãos, que são livres em relação às opiniões alheias, que crescem no autoconhecimento e na autoestima, que conseguem se alegrar com as alegrias e o sucesso dos outros, que são capazes de chorar por algo que vale a pena, que encaram o amor à verdade como mais importante que a tentação de apenas agradar, que não dão ouvidos às fofocas, que crescem no senso de cidadania, na dimensão ética e no amor à liberdade.

É fato que é mais fácil ter competência técnica do que ter coerência ética; é mais fácil julgar e condenar do que compreender e pensar; é mais fácil insistir e reagir do que interagir e sorrir; é mais fácil fazer e amar do que confiar e deixar-se transformar; é mais fácil ser chefe autoritário do que líder democrático; é mais fácil criar receitas de veneno do que tornar o convívio mais sereno.

Viver eticamente supõe valores bem fundamentados e atitudes consistentes. Pressupõe que "todo ser humano carrega dentro de si a humanidade inteira" (Michel de Montaigne).

3. O engano nas comparações

O escritor e psicólogo Lee Jampolsky alerta sobre um perigo que ronda pais, crianças, jovens, famílias e a sociedade, isto é, a tentação da comparação. "É trágico que na maior parte das vezes nossa cultura comece a ensinar as crianças desde cedo a comparar-se aos outros para verificar não só como estão se saindo, mas até mesmo para saber quem são. As escolas dão notas, os times esportivos são escolhidos e alguém sempre fica por último. Os grupos dos incluídos se formam".

Portanto, a onda da comparação sobre a qual muitos surfam é traiçoeira e injusta. A possibilidade de tombo é iminente e o risco de naufragar também é forte.

Marco Aurélio alerta para certas armadilhas que podem limitar o nosso viver: "Muito mais respeito temos por aquilo que os nossos vizinhos possam pensar de nós do que por aquilo que pensamos a nosso próprio respeito".

Pensando bem, a lógica da comparação é vazia, inconsistente e inconsequente. Além de injusta, ela não valoriza a originalidade singular de cada pessoa, limita o protagonismo.

Outro mal nas comparações é o fato de elas dividirem ou classificarem as pessoas e admitirem a possibilidade real da exclusão; porque reforçam sentimentos traiçoeiros de culpa ou de superioridade; porque impossibilitam a gratidão na sua mais pura expressão; porque são uma lógica que não agrega valor e não nos faz mais livres, nem mais verdadeiros e nem mais felizes; porque nivelam a pessoa a partir dos outros e não a partir do jeito inédito de ser de cada um. E, como se isso não bastasse, vale afirmar que pessoas de bom senso não gostam de serem comparadas porque sabem do seu potencial e convivem com as suas fragilidades.

Outras pessoas esquecem o que lhes é original ou ignoram o que é unicamente delas. O desejo de ser fotocópia em vez de ser sujeito é a constatação de um grande equívoco na compreensão do sentido da vida, pois este não é nivelado nem classificado, mas vivido e compartilhado.

Dessa forma, significar o viver é um risco, é uma escolha de gente diferenciada, é abrir um novo caminho – à imagem e semelhança dos sonhos e intuições únicos e pessoais – que se torna o nosso caminho.

Por isso é tão importante mergulhar no nosso eu mais profundo e descobrir o que ele quer para cada momento da vida. Não assumir esta novidade é renunciar ao melhor da vida.

Steve Jobs faz sugestivos questionamentos e nos convida a escutar duas fontes decisivas: "O tempo é limitado, então não gaste seu tempo vivendo a vida de outro. Não fique preso no dogma que é viver como os outros pensam que deveria viver. Não deixe que as opiniões dos outros calem sua voz interior. E o mais importante, tenha coragem para fazer aquilo que mandam seu coração e intuição".

O tempo dissipa a escuridão, desmascara o que são meras aparências, revela mentiras e mostra o verdadeiro caráter. Não é possível viver e conviver para sempre "não sendo".

O escritor norte-americano Lee Jampolsky alerta para uma outra dimensão atrofiante que decorre dessa falsa necessidade da comparação. Segundo ele, isso pode acabar com um sentimento genuíno de gratidão. "Resista à tentação de comparar-se com os outros para descobrir se deve ser grato ou não. A comparação pode destruir a gratidão. O ódio, a inveja e o ciúme vêm da comparação e tornam difícil a gratidão".

Mas, pergunta Lee Jampolsky, onde está o jeito original de ser de cada pessoa? Está nela mesma. "Pergunte a si mesmo o que é realmente importante. Então, tenha coragem e sabedoria para construir a sua vida dentro da sua resposta".

O olhar para os outros, e não o comparar-se com eles, pode ter um sentido positivo: sentido de inspiração e de coragem, sentido de aprendizagem e motivação para despertar, desafiar e até mesmo para autenticar a nossa originalidade de ser, de sonhar e de fazer as coisas. Não podemos ignorar as possibilidades presentes no tempo, nem desperdiçar oportunidades e muito menos comprometer a nossa autonomia na vazia tentação das comparações.

Se olhamos para todos os inventos ao longo da história, frutos da criatividade de homens e mulheres, percebemos que eles não foram imitações, mas frutos de um coração e de uma intuição que souberam admitir e sonhar.

Aí está a grande originalidade de cada pessoa: saber-se único, não melhor nem pior, saber escutar o que deseja irromper através da imaginação criativa, do empreendedorismo e do protagonismo. É isso que dá o verdadeiro sentido ao viver, sentido este que sempre é original em cada momento do viver.

Concluo estas linhas com mais uma importante citação daquele que inspirou este capítulo, Lee Jampolsky: "A felicidade não tem absolutamente nenhuma relação com o que você possui e tem tudo a ver com o quanto você é grato pelo que possui".

4. Não temos um corpo

Existem diferentes compreensões sobre o corpo ao longo da história, passando de uma visão negativa em Platão (corpo como cemitério da alma) para um dualismo em Descartes entre corpo e alma. Essas perspectivas têm a ver com a visão de pessoa, visão de mundo; têm a ver com o contexto cultural, com as crenças e graus de conhecimento em cada momento histórico.

Hoje podemos dizer, com a ajuda das ciências, que nós não temos um corpo, mas somos um corpo: que abraça, chora, ri, descansa, desperta, avança, dança, sente, vive, mergulha, atravessa a vida e é atravessado por ela. O corpo não é uma gaiola, mas uma viola.

O poeta Rubem Alves diz que "a viola só existe para fazer música. Sem o tocador a viola fica muda. A viola, para ser boa, tem de fazer a música que está na alma do tocador. Pois o corpo é assim mesmo: como uma viola... Há muita gente, viola boa, saúde 100%, que é como viola desafinada, sem tocador. Não faz música. Ninguém é amado por ter saúde boa. Há pessoas de boa saúde cuja companhia ninguém deseja. E, ao contrário, há pessoas de corpo doente que são fontes de beleza. Muita viola velha faz beleza de fazer chorar... Beethoven estava completamente surdo no fim da vida. E foi dele que saiu a Nona Sinfonia".

Já Eduardo Galeano afirma que "o corpo é uma festa". A nossa presença no mundo se dá através do nosso corpo. Além de termos sido criados, segundo o livro do Gênesis, à "imagem e semelhança pelo Criador da vida", o apóstolo Paulo diz que somos "templos do Espírito Santo". Somos pessoas movidas pelo mesmo espírito que deu vida a tudo: deu o sopro de vida na Criação; deu coragem e força para os profetas falarem em nome de Deus na dupla dimensão do anúncio e da denúncia; é o mesmo espírito que moveu as atitudes e gestos de tantos mártires capazes de darem suas vidas; é o mesmo espírito que ressuscitou Jesus dentre os mortos; e é a mesma força divina que, ainda em nossos dias, dá coragem, entusiasma corações e transforma a solidariedade em gestos de vida e de amor. Se este espírito é capaz de fazer isso, como não será nossa força vital diante de problemas e dificuldades de menor relevância?

Portanto, não é qualquer coisa que nos move e perpassa, mas é a força divina que transforma os medos em coragem, resistências em ousadias, inseguranças em confiança e morte em vida. É a força divina agindo, dando sentido ao humano.

A seiva em uma árvore e o sangue em um corpo fluem bem quando não existem veias ou artérias que obstruem o seu fluxo. Cabe a nós fazer com que a vida possa fluir e irrigar os ramos, as folhas, as flores e os frutos.

Uma compreensão positiva, realista e saudável faz toda a diferença em relação ao corpo. Nós não temos um corpo, mas somos um corpo.

> "Minha alma é um bolso onde guardo minhas memórias vivas. Memórias vivas são aquelas que continuam presentes no corpo. Uma vez lembradas, o corpo ri, chora, comove-se, dança... O que a memória amou fica eterno." (Adélia Prado)

O teólogo latino-americano Gustavo Gutiérrez nos situa sobre o desejo dessa presença amorosa e profética do Espírito de Deus. Ele diz que "a força do Espírito nos leva a amar a Deus e aos outros e não à realização de prodígios". O *Evangelho de Lucas* afirma que ser habitado e perpassado pela ação do Espírito de Deus não é um privilégio, mas uma missão: "O Espírito do Senhor está sobre mim. Ele me escolheu para anunciar a Boa Nova aos pobres e me enviou para anunciar a liberdade aos presos, dar vista aos cegos, pôr em liberdade os que estão sendo maltratados, e anunciar o ano em que o Senhor vai salvar o seu povo" (Lc 4,18-20).

Uma das pessoas que fez jus à ação de Deus em sua vida foi Madre Teresa de Calcutá. Ela deu voz e vez aos desejos do Deus da vida na história humana. Como é bom ler, reler e refletir sobre algumas pérolas de vida que ela nos deixou! Como é bom mergulhar na força de tudo o que dá sentido à vida!

"Tua força interior e tuas convicções não têm idade. Teu espírito é o espanador de qualquer teia de aranha. Atrás de cada linha de chegada há uma de partida. Atrás de cada triunfo, há outro desafio. Enquanto estiveres vivo, sinta-te vivo. Se sentes saudades do que fazias, torna a fazê-lo. Não vivas de fotografias amareladas. Continua, apesar de todos esperarem que abandones. Não deixes que se enferruje o ferro que há em você. Faz com que em lugar de pena, te respeitem. Quando pelos anos não consigas correr, trota. Quando não possas trotar, caminha. Quando não possas caminhar, usa bengala. Mas nunca te detenhas!"

O amor criador e recriador de Deus em nossas vidas faz-nos fortes, únicos e transbordantes em esperança. Ele sempre nos convida a seguir, a persistir e a colocar em movimento os nossos sonhos, que são como sementes. Elas precisam ser semeadas e contém tudo dentro delas: as folhas e as flores, as raízes e os ramos, o sabor de muitos frutos.

O nosso corpo é morada de Deus. Rubem Alves diz que o corpo "é como um jardim onde florescem flores e frutos... Cresce o rio, a generosidade, a compaixão, o desejo de lutar, a esperança, a vontade de plantar jardins, de gerar filhos, de dar as mãos e passear, de conhecer.... Nesse corpo tão pequeno, tão efêmero, vive um universo inteiro e, se ele pudesse, bem que daria a sua vida pela vida do mundo. No nosso corpo se revela o desejo de Deus. Afinal de contas, o que nos segreda a doutrina da encarnação é que Deus, eternamente, quis ter um corpo como o nosso. Você já pensou nisso?".

"Se há alguma coisa sagrada é o corpo humano." (Walt Whitman)

O teólogo Rubem Alves continua poetizando ao dizer que "somos belos como os desejos de Deus. Tão belos que Ele nos criou para que fôssemos espelhos... Que em nós se refletisse sua imagem e semelhança. E nos fez amor, em amor, por amor. Destinados a andar de mãos dadas, sensíveis à beleza, à verdade: nosso corpo se animou ao sopro do seu Espírito".

A pessoa humana é um ser finito impulsionado por um dinamismo infinito. Portadora de um potencial criativo e transformador inigualável. Somos centelhas divinas, capazes de criar e recriar continuamente.

Cada um com o dom único de ser feliz. Cada um com histórias, desejos, sonhos, pensamentos diferentes. Cada um pode dizer: eu me sinto feliz! Eu sou único. Não há outro eu igual a mim. Nunca mais haverá outro. Eu sou eu, uma vez para sempre, na eternidade. Tenho meu corpo. Mais: sou corpo. Tenho meu próprio nome, meus dons e capacidades, minhas preferências, minha maneira de encarar as coisas. Sou dono de meus atos e pensamentos. Sei que eu sou eu! Sou responsável pelo meu destino. Sou uma pessoa humana livre: sou gente. Por isso tenho muito valor, sou importante. Cada pessoa humana é muito importante!

Falar do outro em nossa vida seria como recitar uma poesia: uma revelação de Amor. Em sua natureza mais íntima, o ser humano é feito para se relacionar: o EU jamais saberá quem é sem a presença de um TU. Descubro-me como único porque há outros.

A pessoa só consegue viver "convivendo", relacionando-se com os outros. Nesse relacionamento está todo o segredo de ser feliz ou infeliz; de ser realizada como pessoa humana, ou não; de crescer e desenvolver-se ou diminuir, despersonalizando-se. O crescimento é custoso: "Crescer custa, demora, esfola, mas compensa. É uma vitória secreta, sem testemunhas. O adversário somos nós mesmos" (Martha Medeiros).

O laço de relacionamento, na sua maior profundidade, se chama AMOR. Trata-se daquela realidade que faz as pessoas se abrirem para as outras e se aproximarem para a troca gratuita e mútua de suas riquezas no cara a cara imediato, sem outros interesses senão a entrega gratuita de si mesmo. É o amor em sua mais pura forma, propiciando prazer, realização e felicidade sem fim.

O amor compartilhado hoje é nossa paz amanhã. O abraço dado hoje será nossa força amanhã. O conhecimento adquirido hoje será nossa segurança amanhã. A pessoa defendida hoje será nosso espelho amanhã. A verdade defendida hoje será nossa consciência em paz hoje e amanhã.

Somos uma presença importante no mundo e na mística de um corpo. O nosso corpo é o sorriso que contagia, é o colo que acolhe, é o braço que abraça, é o ouvido que escuta, é o coração que entusiasma, é a mão que se estende, são os olhos que conectam. O nosso corpo é a surpresa diária e uma presença eternamente surpreendente.

É neste corpo real e histórico que fazemos a travessia na história buscando e realizando o sentido da vida. É ele que sente, proporciona, realiza, vibra, se emociona com o que significa o sabor de viver. E é este corpo que deseja que esses momentos bons nunca acabem.

5. Ter razão ou ser feliz

O escritor e poeta Augusto Branco constata que "raríssimos são os que querem ouvir opinião. Alguns poucos só querem dizer o que pensam. E outros mais só querem ter razão". Não é só no tipo de relações com os outros que as pessoas se encontram ou se perdem, mas, também, é a forma como se relacionam com a sua verdade que as torna ou livres ou escravas.

Vejamos uma situação real que aconteceu e que ocorre, em facetas diferentes, na vida de muita gente, de amigos, de casais. A história não é de hoje, mas pode ser uma bela fonte de aprendizados:

Oito da noite, numa avenida movimentada. O casal já está atrasado para jantar na casa de uns amigos. O endereço é novo e ela consultou no mapa antes de sair. Ele conduz o carro. Ela orienta e pede para que vire, na próxima rua, à esquerda. Ele tem certeza de que é à direita. Discutem.

Percebendo que além de atrasados, poderiam ficar mal-humorados, ela deixa que ele decida. Ele vira à direita e percebe, então, que estava errado. Embora com dificuldade, admite que insistiu no caminho errado, enquanto faz o retorno. Ela sorri e diz que não há nenhum problema se chegarem alguns minutos atrasados. Mas ele ainda quer saber:

— Se tinhas tanta certeza de que eu estava indo pelo caminho errado, devias ter insistido um pouco mais...

E ela diz:

— Entre ter razão e ser feliz, prefiro ser feliz. Estávamos à beira de uma discussão, se eu insistisse mais, teríamos estragado a noite!

Essa pequena história foi contada por uma empresária, durante uma palestra sobre simplicidade no mundo do trabalho. Ela usou a cena para ilustrar quanta energia nós gastamos apenas para demonstrar que temos razão, independentemente de tê-la ou não.

Diante do espírito dessa história é bom se perguntar, com muita franqueza, se o que se quer é ser feliz ou ter razão, e questionar-se também sobre o tipo de ganhos ou de crescimento que adquirimos em sempre desejar ter a última palavra. Além disso, seria bom mergulhar nas motivações que causam tal postura e perceber quais as inseguranças, ou medos, ou sentimentos de inferioridade se escondem nessa ânsia de algumas pessoas em pensar que a verdade sempre está do seu lado.

Não é por acaso que a bibliografia e os comentários nas redes sociais sobre esse tipo de pessoas chatas são sempre mais fartos. Um exemplo típico disso é Rubem Alves, que manifesta o desejo de muitos quando diz: "Quero viver do lado de gente humana, muito humana; que sabe rir de seus tropeços, não se considera eleita antes da hora, não foge da sua mortalidade e deseja tão somente o que é justo".

O nosso dia a dia é uma oportunidade para repensarmos a qualidade das nossas relações, compreendermos as causas de posturas equivocadas, ler mais livros, entender a realidade, perceber mais os contextos de vida e, acima de tudo, ouvir mais: "O homem precisa ouvir mais do que ver. Ninguém ouve ninguém. O que nós chamamos de diálogo é, na maioria dos casos, um monólogo cuja resposta é outro monólogo. Por isso, a nossa vida é a busca desesperada de um ouvinte", constata Nelson Rodrigues.

Não podemos confundir aqui o que chamamos de processo de individuação, que tem uma conotação positiva e decisiva no que tange ao sentido da vida. Neste movimento a pessoa vai se conhecendo, se acolhendo e crescendo na humildade, na sabedoria, no altruísmo, na generosidade e na solidariedade. Ou seja, é exatamente o processo inverso de pessoas individualistas, que se consideram como o centro do mundo e querem todo o resto orbitando em volta delas.

As pessoas egoístas engessam sentimentos, desconectam possibilidades, afastam vivências, distorcem os fatos, culpam os outros, atrapalham o fluir natural das coisas. Essas pessoas obstaculizam uma das dimensões mais importantes do viver que é a reciprocidade, a qual acaba não tendo espaço porque a alteridade de uma pessoa egoísta é ela mesma e não outro enquanto outro. Pessoas movidas pelo egoísmo e pela ambição conseguem transformar as suas vidas em um verdadeiro naufrágio.

Bom mesmo é construir boas relações porque é no seu âmago que a vida acontece. E que essas relações sejam bem-humoradas, leves e recíprocas.

Ter bom humor não significa ser engraçado. Muitas pessoas tentam ser engraçadas e acabam piorando as coisas. O humor deve ser usado com moderação, para aliviar tensões e criar um ambiente favorável. Ele faz bem à saúde, favorece o aprendizado, facilita os relacionamentos, aumenta a produtividade e fertiliza a criatividade. Já o mau humor dá muito trabalho: faz mal à saúde, atrapalha as relações humanas, enruga a testa, desgasta o coração e não combina com o tom da pele de ninguém.

O bom humor, por sua vez, colabora com a autoestima, reduz o estresse e diminui as tensões no trabalho e na vida pessoal. Ele contagia as pessoas em sua volta e estimula a coragem inovadora. É uma excelente maneira de dizer coisas sérias de forma leve.

SENTIDO DA VIDA
E
MÍSTICA CRISTÃ

1. Sentido da vida na mística cristã

"A memória guardará o que vale a pena. A memória sabe de mim mais que eu; e ela não perde o que merece ser salvo." (Eduardo Galeano)

No Novo Testamento da Bíblia, os *Evangelhos* – *Marcos*, *Mateus*, *Lucas* e *João* – narram a vida e missão de Jesus Cristo. Uma das forças da Boa-Nova, presente nesses quatro *Evangelhos*, é o fato da pessoa de Jesus não ser separada de sua missão. Existe uma *comum-união* entre ambas. Jesus é o enviado do Pai que veio morar no coração da humanidade com uma missão de testemunhar e revelar um novo jeito de ser e de viver com sentido. Ele quis fazer a sua tenda na terra: onde a semente é plantada e regada, onde brota a vida e esperança. Ele se fez gente não para trazer normas, exigir disciplina, cobrar leis ou impor regras, mas ele veio para revelar o coração do Pai.

A pessoa e a missão d'Ele têm muito a nos dizer sobre o que uma vida deve ter para valer a pena, isso é, o que vale a pena na vida na hora de viver.

Vejamos sete orientações em forma de reflexões. Não são conclusivas e nem teóricas, mas terão mais sentido quanto mais forem internalizadas e inculturadas dentro do nosso jeito de ser e de viver.

É uma vida dedicada aos outros

"Amai-vos uns aos outros como eu vos tenho amado, assim também vós deveis amar-vos uns aos outros. Nisto todos conhecerão que sois meus discípulos, se vos amardes uns aos outros." (Jesus Cristo – *Evangelho de São João*)

Um dos traços essenciais na vida de um cristão é seguir a pessoa de Jesus Cristo, transformando a sua própria vida em missão. Trata-se de uma entrega que proporciona vida, que faz o outro se sentir importante e sujeito de sua vida. O nome e o sobrenome do amor é "serviço", totalmente gratuito e generoso. Servir é o que vale no viver.

"Se percebemos que a vida realmente tem um sentido, percebemos também que somos úteis uns aos outros. Ser um ser humano é trabalhar por algo além de si mesmo." (Viktor Frankl)

Uma das frases que mais ressoa e desafia a vida dos cristãos é um tipo de síntese que Jesus fez de sua própria missão quando diz: "Eu vim para servir e não para ser servido". Trata-se de uma inversão de valores na vida de muita gente. O servir está na frente, no coração e na ação. Servir é uma atitude *ad extra*, isso é, para fora, para o outro, para o bem de todos e para o que é justo. Mahatma Gandhi diz que "quem não vive para servir, não serve para viver".

Outras importantes citações acenam para essa dimensão e atitude de vida em relação ao servir. Augusto Branco diz: "Inclua em teu trabalho o objetivo de servir e fazer o bem aos demais e conhecerás o que é trabalhar com felicidade". Já Tagore faz um jogo de palavras que é, na verdade, um círculo de vida: "Adormeci e sonhei que a vida era alegria. Acordei e vi que a vida era serviço. Servi e vi que o serviço era alegria". Não é por acaso que até empresas estão recuperando essa perspectiva do trabalho enquanto serviço e com bons resultados, como a leveza de vida que essa postura proporciona às pessoas que transformam o trabalho em serviço.

Para a nossa reflexão aqui é bom entender o serviço não como um dever ou obrigação moral, mas como resposta de amor a um amor primeiro de um Deus que ama, chama e acompanha a vida de cada pessoa. Está aí o cerne daquilo que o cristianismo sugere como caminho de vida que dá sentido à existência. "O maior bem que podemos fazer aos outros não é oferecer nossa riqueza, mas levá-los a descobrir a deles", afirma Louis Lavelle. Todos podem ajudar, todos podem ser ajudados e toda pessoa pode servir. Não são necessários diplomas universitários e nem falas perfeitas. O importante é ter o diploma do amor e as concordâncias verbal e nominal em forma de solidariedade.

A alegria é de todos

O seguimento de Jesus Cristo é um modo de vida, isso é, um jeito de ser e de proceder na história. É uma forma de conviver e de buscar a vida, a alegria e a justiça de todos. O pensador e religioso Pedro Arrupe certa vez assim profetizou: "Enquanto tiver uma pessoa, no mundo inteiro, passando fome, a nossa comunhão com Deus será incompleta".

Aceitar e confessar Jesus como enviado e como ungido do Pai é compreender que Ele está encharcado pelo Espírito Criador da vida, pelo Espírito do amor de Deus Pai que o enviou. Ser cristão no mundo implica segui-lo. Isso significa compreender que o Cristo que ressuscitou e venceu a violência e a morte é o mesmo Jesus histórico, que se encarnou e fez tenda no coração da história humana. Em sua vida e pregação – que constituem uma unidade inseparável – estão sistematizados os critérios, o sentido e a perspectiva de seguimento. Vejamos cinco qualidades que vão nos desafiar e que devem perpassar a nossa missão como discípulos na terra da história:

1. **Prioridade** – No *Evangelho de Lucas* 6,20-26 pulsa fortemente o coração de Deus Pai na ação evangelizadora de seu filho Jesus Cristo e de todo cristão: os excluídos e condenados da terra são os preferidos de Deus. Essa opção perpassa todas as páginas dos *Evangelhos*.
2. **Inseparabilidade** – No *Evangelho de Mateus* 25,31ss fica claro onde se situa o verdadeiro amor a Deus, ou seja, tudo o que fazemos às pessoas é feito ao próprio Deus. Não existe separação entre amar a Deus e às pessoas. Mais do que isso, é no amor comprometido às pessoas – imagem e semelhança do próprio Deus – em que se revela o grau de amor ao próprio Deus.

3. **Sacralidade** – No primeiro dos quatro *Evangelhos* – *Marcos* 2,27-29 – é sublinhado, de forma contundente e desafiadora, que o ser humano está acima de todo o sagrado. Não só a vida é sagrada, mas todo ser humano.
4. **Verticalidade** – Novamente, no *Evangelho de Mateus* 5,38-43, Jesus deixa claro que quem quiser segui-lo deve perdoar e amar os inimigos.
5. **Radicalidade** – O Evangelista *Marcos* 10,17ss afirma com profunda lucidez e coragem que não é possível amar a Deus e ao dinheiro. Existe uma incompatibilidade entre Deus e as riquezas. Não é possível ter dois mestres absolutos na vida.

Esses horizontes são luzes projetadas sobre a prática cristã e devem pautar o modo de ser, de compreender e de agir dos discípulos. Decidir viver nessa perspectiva traz consequências sérias e um profundo sentido para a vida. Não se trata de um jeito de contemporizar situações, mas um modo de viver que dá um novo sentido a tudo o que envolve uma existência com sentido, e que faça sentido a todos.

Se não for dentro desse jeito de viver, não é possível confessar-se cristão. A confissão de fé não pode estar dissociada da prática de vida.

"Por mais incompreensível que pareça, Deus é o infinitamente distante, o incrivelmente próximo e o profundamente íntimo." (José Ignacio González Faus)

Certa vez, uma senhora me disse que Jesus era tão humano, mas tão humano, que Ele só poderia ser Deus. A extrema humanidade é a afirmação viva da divindade na história. Ser humano é adotar um estilo de vida que contribua para que todos tenham condições humanas de vida, ou seja, que todos os humanos sejam inteiramente humanos.

Deixar-se conduzir pelo espírito que moveu os passos e as opções de Jesus Cristo é viver comprometido com tudo o que constrói vida. Segui-lo não é fuga do mundo nem de seus grandes desafios, mas é ser sal, luz, fermento e perfume no coração da humanidade. É ser lamparina que aquece corações, que entusiasma decisões e que desafia novas ações.

O cristão não segue uma ideia, nem uma crença, nem um personagem, nem uma foto de parede, nem alguém que viveu no passado, mas segue uma pessoa viva, ressuscitada, presente e atuante por meio do espírito vivificador que atua em nossas escolhas, compromissos e jeito de viver. A fé é uma adesão e é seguimento de Jesus no presente da nossa história.

"Fé ideológica adora um Deus que não possui as chagas dos irmãos."
(Papa Francisco)

"Deus não existe para ficar tirando a gente de apuros. É para dividir prazeres e alegrias." (Amyr Klink)

Deus nos capacita e nos acompanha para que sejamos criativos e persistentes na superação dos apuros.

Seguir os passos do Mestre é inverter a lógica antiga que dizia que somos parecidos com Deus quando sofremos. Na verdade, nós somos semelhantes a Ele quando amamos e quando fazemos da nossa vida um serviço aos demais para que também encontrem a direção e o sabor em suas vidas.

"Encontrei o significado da minha vida ajudando os outros a encontrarem o sentido das suas vidas." (Viktor Frankl)

Livres para amar

A referência e o sentido da vida estão no seguimento criativo, atual e histórico de Jesus Cristo. O cristão segue uma pessoa, que é o filho de Deus. O jeito de ser cristão está embasado, movido e esperançado no jeito de Jesus ser, viver e decidir.

"O sol há de brilhar mais uma vez. A luz há de chegar aos corações. Do mal será queimada a semente. O amor será eterno novamente." (Nelson Cavaquinho)

Seguem alguns trechos de um texto sugestivo e reflexivo de Pedro Arrupe. Ele ajuda a compreender o modo de ser e de proceder de Jesus com textos que projetarão luz sobre o nosso próprio modo de ser e de proceder:

"Senhor, meditando sobre o modo nosso de proceder, descobri que o ideal de nosso modo de proceder é o teu modo de proceder. Por isso fixo em Ti meus olhos, os olhos da fé, para contemplar tua irradiante figura tal como aparece no Evangelho...

Dá-me, sobretudo, o sensus Christi que Paulo possuía; que eu possa sentir com teus sentimentos, os sentimentos de teu Coração, com que amavas o Pai e os homens...

Que eu aprenda de Ti teu modo de comer e de beber, como tomavas parte nos banquetes; como te comportavas quando tinhas fome e sede, quando sentias cansaço depois das caminhadas apostólicas, quando tinhas que repousar e dar tempo ao sono.

Ensina-me a ser compassivo com os que sofrem: com os pobres, com os leprosos, com os cegos, com os paralíticos; mostrai-me como manifestavas tuas profundíssimas emoções até derramar lágrimas, ou como quando sentiste aquela angústia mortal que fez suar sangue e se fez necessário o consolo do anjo. E, sobretudo, quero aprender o modo como manifestaste aquela máxima dor na cruz, sentindo-te abandonado pelo Pai...

Eras duro, é verdade, para com os que tinham más intenções; mas é certo também como tua amabilidade atraía as multidões até o ponto de se esquecerem de comer; que os enfermos estavam seguros de tua piedade para com eles; que teu conhecimento da vida humana te permitia falar em parábolas, ao alcance dos humildes e dos simples; que ias semeando amizade entre todos, especialmente entre teus amigos prediletos, como João, ou aquela família de Lázaro, Marta e Maria; que sabias preencher de serena alegria uma festa familiar, como em Caná. Teu contato constante com teu Pai na oração, antes do amanhecer, ou enquanto os outros dormiam, era consolo e alento para pregar o Reino.

Ensina-me teu modo de olhar, como olhaste a Pedro para chamá-lo ou para levantá-lo; ou como olhaste para o jovem rico que decidiu não te seguir; ou como olhaste bondosamente para as multidões apinhadas em torno de ti; ou com ira quando teus olhos se fixavam nos falsos.

Quisera conhecer-te como és... Desejaria ver-te como Pedro, quando colhido de surpresa, após a pesca milagrosa toma consciência de sua condição de pecador, em tua presença...

Faze que aprendamos de ti nas coisas grandes e pequenas, seguindo teu exemplo de total entrega ao amor do Pai e aos homens, nossos irmãos, sentindo-nos muito próximos de ti...

Ensina-nos 'teu modo' para que seja 'nosso modo' no dia de hoje, e possamos ser 'alter Christus', teus colaboradores na obra da redenção."

Concluo esta reflexão com uma citação do *Evangelho de São João* que usa o verbo *conhecer*. E, na Bíblia, esse verbo tem relação direta com o verbo *amar*: conhecemos amando e amamos conhecendo. "E a vida eterna é esta: que te conheçam a ti, o único Deus verdadeiro, e a Jesus Cristo, a quem enviaste" (*João* 17,3).

Buscar e deixar-se encontrar

Outra dimensão central no jeito cristão de buscar e encontrar sentido na vida está neste duplo movimento na vida:

> **Buscar Deus em todas as coisas e todas as coisas em Deus** – Através da contemplação da vida que nos circunda e perpassa; através da prece que se dirige ao Criador da vida; através de leituras, poesias, celebrações e outras práticas.
> **E deixar-se encontrar por Ele** – Na parábola do filho pródigo essa busca de Deus pelo homem fica evidenciada. Deus não só nos desperta diariamente com um novo amanhecer, mas vem ao nosso encontro porque nos ama e quer o melhor.

> "No deserto, encontrei-me com Deus e ele me falou sobre os dois maiores erros da humanidade: a pressa ante o tempo e a lentidão ante a oportunidade."
> (Provérbio persa)

"Há um tempo para abraçar e um tempo para se afastar, um tempo para buscar e um tempo para perder, um tempo para recolher e um tempo para dividir, um tempo para amar e um tempo para sofrer" (Ecl 3). Cabe a nós estarmos no tempo para buscar a Deus e encontrá-lo. Também cabe a nós parar, silenciar e escutar para que Deus possa nos encontrar. Se nós buscamos a Deus, Ele também nos busca e é nessa relação filial e amorosa recíproca que a vida encontra um novo sentido.

Nem o nome da religião e nem os ritos são essenciais, mas é o fato de estar com Deus que nos faz viver. É na relação com Ele que a vida se refaz. Certa vez alguns jornalistas perguntaram à Madre Teresa de Calcutá porque ela gastava tantas horas em oração e o que ela tanto falava com Deus. Ela respondeu: "Eu não falo nada, apenas escuto Deus". Porém, eles insistiram: "Então o que Deus fala com a senhora em tantas horas de oração?", ao que ela respondeu: "Neste tempo todo Deus não fala nada, Ele também escuta".

"Há pensamentos que são orações. Há momentos nos quais, seja qual for a posição do corpo, a alma está de joelhos." (Victor Hugo)

Deus é mistério, não misterioso. É mistério porque se revela, se dá a conhecer e se deixa amar através da nossa generosidade e através da nossa ação significativa no mundo.

"Descobrir a luz da fé é como ter nascido cego e então começar a ver cores que jamais se havia visto." (São João da Cruz)

Estar na presença de Deus, escutá-lo, sentir os seus desejos são atitudes de fé. Porém, essa escuta se torna vida na vida das pessoas. Por isso que a mesma Teresa de Calcutá dizia: "As mãos que ajudam são mais sagradas que os lábios que rezam".

Viver "com", "da" e "na" fé não quer dizer que não tenhamos dificuldades ou momentos difíceis. Pelo contrário, esses altos e baixos, essas alternâncias de emoções – movimento das consolações e desolações – podem ser o sinal sensível de que estamos em um bom processo de vida. Vivemos situados em um mundo cheio de interesses e nós também temos tendências para o egoísmo e a acomodação.

E quando se escolhe viver a vida na profundidade da fé, estes movimentos vão acontecer em nossa vida. Porém, a adesão ao Deus vivo e ao Deus da vida é que nos possibilita a superação de tudo. Para Deus nada é impossível. Aliás, o impossível não é a realidade, mas uma crença e uma opinião. A fé nos faz acontecer na confiança e nos faz enfrentar e superar os obstáculos de cabeça erguida. É a certeza confiante de que não estamos sozinhos.

"Viver é acalentar sonhos e esperanças, fazendo da fé a nossa inspiração maior. É buscar nas pequenas coisas, um grande motivo para ser feliz." (Mário Quintana)

Pedagogo de "cor-ações" e de "ger-ações"

Dos 33 anos de vida de Jesus, três foram dedicados à vida pública quando Ele deu a conhecer a Boa-Nova. Escolheu e preparou um grupo de discípulos – de diferentes sensibilidades e crenças – para darem continuidade à sua missão no mundo.

É interessante analisar a metodologia que Jesus usou para fazer chegar a boa notícia aos ouvidos e corações das pessoas. Usava essencialmente a pregação e nela falava em parábolas, fazia perguntas, estabelecia diálogos olho no olho, entre outras.

Sublinho aqui algumas afirmações claras e convincentes que saíram da boca de Jesus. Nelas estão em jogo valores e convicções, desejos e posturas. É uma convocação a um modo de ser e de viver que seja tradução de uma fé viva.

Equilíbrio – "Sede mansos como as pombas e prudentes como as serpentes" (Mt 10,16).

Vida para todos – "Eu vim para que todos tenham vida e vida em abundância" (Jo 10,10).

A radicalidade do perdão – "Perdoar, não sete vezes, mas setenta vezes sete" (Mt 18,22).

Atenção – "Não é o que entra pela boca que contamina o homem, mas o que sai da boca, isto, sim, contamina o homem" (Mt 15,11).

Condições de seguimento – "Quem quiser me seguir, renuncie a si mesmo, tome sua cruz e siga-me" (Mt 8,34).

Autoconhecimento – "Onde estiver o vosso tesouro, ali estará também o vosso coração" (Lc 12,34).

Estar em missão – "Meu alimento é fazer a vontade daquele que me enviou e cumprir a sua obra" (Jo 4,34).

"Cada um dá o que tem no coração e cada um recebe com o coração que tem."
(Oscar Wilde)

Essas poucas citações são verdadeiros desafios e apontam para atitudes e comportamentos que podem aprofundar e realizar o sentido da vida. O livro dos *Provérbios* (16,9) clareia um dilema constante entre esforço humano e confiança em Deus, entre o que cabe à liberdade humana e a forma de ser do Criador: "O coração do homem traça o seu caminho, mas é o Senhor que dirige os passos". Existe uma relação profunda entre ação humana e ação divina.

Vejamos outras citações tanto do Antigo como do Novo Testamento:

Sinais de unidade – "Os primeiros cristãos perseveraram na doutrina dos Apóstolos, nas reuniões em comum, na fração do pão e nas orações" (Atos 2,42).

Escolha vital – "Escolha a vida para que vivas" (Dt 30,19).

Olhar que sente – "Os homens veem as aparências, mas Deus vê o coração" (1 Sm 16,7).

Fundamento seguro – "O Senhor é minha luz e minha salvação, a quem temerei?" (Sl 26).

Sem limites – "Tudo posso naquele que me fortalece" (Fil 3,14).

Triplo movimento – "Eis que vi, ouvi o clamor de meu povo e decidi libertá-lo" (Êx 6,2-7).

Amor incondicional – "Tudo concorre para o bem daqueles que amam a Deus" (Rom 8,28).

A nossa missão, como diz o subtítulo deste capítulo, é dar cor às ações e gerar novas ações em várias gerações. "O Senhor Deus plasmou o homem com o pó da terra" (Gen 2,7), da mesma e mais preciosa argila, porém em formas diferentes.

2. O sentido por trás das perguntas

"A arte de interrogar não é tão fácil como se pensa. É mais uma arte de mestres do que de discípulos; é preciso ter aprendido muitas coisas para saber perguntar o que não se sabe." (Jean-Jacques Rousseau)

Outra pedagogia adotada por Jesus para trazer à luz o que, de fato, pode dar sentido à vida, foi recorrer às perguntas. Sabemos que o filósofo Sócrates usava a maiêutica, isto é, um tipo de diálogo provocativo para tirar de dentro das pessoas o que elas tinham de melhor. Tratava-se de trazer à luz o que a pessoa carregava como potencial, mas do qual nem sempre tinha consciência.

"Perguntas de alto nível criam uma vida de alto nível. Pessoas bem-sucedidas fazem melhores perguntas e, como resultado, obtêm melhores respostas." (Anthony Robbins)

Encontramos inúmeras perguntas sugestivas nos *Evangelhos* feitas por Jesus. Elas não têm uma pretensão lógica, matemática e conclusiva, mas, sim, a de levar as pessoas a um novo patamar de vida e à compreensão daquilo que é essencial no viver.

"Ah, minha alma, prepare-se para encontrar Aquele que sabe fazer perguntas." (T. S. Eliot)

Vejamos as perguntas feitas por Jesus – nos *Evangelhos de Mateus*, *Marcos*, *Lucas* e *João* – aos seus discípulos, para as pessoas de seu tempo.

Elas continuam vivas e instigantes para quem deseja crescer. Vale a pena não apenas ler as questões, mas refleti-las dentro do contexto de vida e delas tirar proveito:

"Que procurais?" – **Jo 1,38.** Eis uma pergunta importante a nos fazer: o que, de fato, procuro no meu dia a dia? O que desejo encontrar com tanta velocidade? E o que eu procuro, também me procura? E é o que faz sentido e aprofunda o sentido da vida?

"Queres curar-te?" – **Jo 5,6.** O verbo *querer* toca o âmago da nossa vontade. Diante das muitas coisas de que facilmente reclamamos, queremos que isso seja transformado? Ou muitas das dores são formas de nos fazermos de vítima ou querermos que as pessoas tenham pena de nós? Queremos, de fato, ser curados e mudar de vida? Seria muito bom nominar de quais males queremos ser curados.

"Por que duvidaste?" – **Mt 14,31.** Por que colocar em xeque o que é da confiança? Não existe meia confiança, mas existe confiança realista. Mas, o que quero dizer em tão facilmente duvidar das pessoas, dos outros e de mim mesmo? Por quê? O que isso traz de positivo ao viver? O problema está nas pessoas ou no meu jeito de olhar para a vida?

"Quantos pães tendes?" – **Mc 6,38.** Jesus também pergunta sobre a quantidade tendo diante de seus olhos uma multidão de pessoas com desejos e necessidades. O que eu tenho e desejo compartilhar? Quanto tempo disponho para os outros e para novas ocupações além do trabalho profissional? De tudo o que tenho, o que me foi dado e o que é fruto da minha conquista?

"Que queres que te faça?" – **Lc 18,41**. Jesus não passa por cima das pessoas e não é um vendedor de ilusões. Respeita a liberdade das pessoas e as coloca diante de seus mais sinceros desejos. O que eu desejo que Deus faça por mim e por meio da minha decisão?

"Por que me perguntas sobre o que é bom?" – **Mt 19,17**. Muito atual esta pergunta, sobretudo em tempos de pessoas vazias, indecisas e diante de pessoas que perguntam por perguntar, correm sem contemplar, falam sem escutar. No fundo nós sabemos o que é bom, o que é importante e o que deve ser decidido e amado. Por que protelar ou se justificar? Não seria mais libertador sermos francos e sinceros conosco e com as pessoas?

"Se o sal perde o sabor, com que salgar?" – **Mt 5,13.** As pessoas foram criadas para serem amadas e não para serem testadas. Por que brincar com coisas sérias, sabendo que recuperar a confiança e o sabor da vida é tarefa muito difícil? O que preciso recuperar, dentro de mim, na família e no trabalho, com urgência, para que não perca o sabor?

"***De que adianta ao homem ganhar o mundo se vem a perder-se?*" – **Mt 16,26**. Esta pergunta é uma convocação ao desapego. A força dessa pergunta desencadeou a conversão de quem hoje é reconhecido como um dos padroeiros das missões: Francisco Xavier. Vale à pena colocar-se esta questão: Por que estragar a saúde? Por que correr tanto? Por que tanto estresse? Por que gastar a vida com algo que apenas traz segurança, mas que não nos plenifica nem nos realiza como pessoas? Como gostaria de me ver no final da minha vida?

"***De que faláveis pelo caminho?*" – **Mc 9,33**. Outra boa pergunta! Sobre quais assuntos mais falamos no nosso dia a dia? Que temáticas deveríamos aprofundar mais? Por que ficar se aprofundando em artificialidades se existem tantos assuntos bem mais relevantes e de maior relevância no viver e conviver?

"***Quem se fez próximo do ferido?*" – **Lc 10,36**. A vida é tecida por decisões livres e gestos altruístas. Não se trata de se justificar ou explicar, mas responder a si mesmo, o que faço pelo próximo. Segundo os *Evangelhos*, próximo não quer dizer quem está perto de nós, mas de quem nós nos aproximamos e com quem nós nos preocupamos. De quem me aproximo e de quem me afasto ou ignoro? Por quê?

"***Dizes isto de ti mesmo ou foram outros que disseram de mim?*" – **Jo 18,34**. Ter opinião, dizer o que sente, expressar o que pensa e realizar o que deseja são atitudes de maturidade. O mundo não precisa de bajuladores, mas de pessoas autênticas, não precisa de imitadores, mas de pessoas criativas e protagonistas, não precisa de gente que se move pela opinião alheia, mas de pessoas que vivam a sua originalidade em meio as muitas e enriquecedoras diferenças.

"***Meu Deus, por que me abandonaste?*" – **Mt 27,46**. Deus acolhe todo tipo de oração. Com ele podemos desabafar, chorar, ficar perplexos. Deus sempre nos acolhe e escuta os nossos silêncios. É saudável confiar nas mãos do Criador da vida o que aperta o nosso coração, o que machuca, o que não entendemos, o que nos deixa sem palavras.

"***Mulher, por que choras?*" – **Jo 20,15**. Por que chorar? Será porque deveríamos olhar mais para os lados e mais para o alto? Será que não deveríamos ter um olhar mais de fé, de esperança, de poesia e de leveza sobre a vida? Choramos porque endurecemos o que deseja ser leve e suave? O que te faz chorar? "Às vezes, na nossa vida, os óculos para ver Jesus são as lágrimas" (Papa Francisco).

"***Podeis beber do cálice que eu beber?"*** – **Mt 20,22**. Antes de começar novos trabalhos, novos empreendimentos, nova missão, eu olho se as minhas condições de vida permitem isso, considero se tenho força suficiente para levar a bom termo.

"***Amas-me?"*** – **Jo 21,17**. Pergunta fatal! É o amor que move o meu viver? Eu amo a Deus? Eu amo as pessoas e me amo? Como saber? Como a minha vida é reflexo e expressão desse amor que consiste mais em obras do que em palavras?

Essas perguntas não são o sentido da vida, mas nos colocam e desafiam o que é capaz de significar o viver. Elas têm grande força de vida e tocam todas as dimensões importantes do existir e conviver.

A vida é feita por muitas perguntas. A vida é uma grande pergunta. Viver é mergulhar nas vibrações, nos desejos e nos sonhos de cada pergunta. "Eu não procuro saber as respostas, procuro compreender as perguntas" (Confúcio). O bom não está na sua resposta, mas no dinamismo que ela desencadeia dentro de nós.

A prática de Jesus, a história humana e a nossa vida são um repertório de perguntas. Elas nos desafiam, situam, provocam e orientam. Nem tudo na vida é compreensível, mas quando for, questione-se. Nem tudo na vida são sementes, mas quando encontrá-las, plante-as. Nem tudo na vida são flores, mas quando forem, regue-as.

3. O amor nos fará

O amor é a força motriz da vida. A fé é importante, a ciência também; a confiança é importante, a esperança também, mas o sentido é sustentado pela raiz axial do amor. Ele dá segurança e perpassa todas estas dimensões do viver.

"Existe uma força extremamente poderosa para a qual a ciência não encontrou ainda uma explicação formal. É uma força que inclui e governa todas as outras, e que está inclusa dentro de qualquer fenômeno que atua no universo e que ainda não foi identificada por nós. Esta força universal é o Amor", escreve Albert Einstein. E continua dizendo que "quando os cientistas buscam uma teoria unificada do universo, esquecem da mais invisível e poderosa das forças. O amor é luz, já que ilumina quem o dá e o recebe. O amor é gravidade porque faz com que algumas pessoas sejam atraídas por outras. O amor é potência, porque multiplica o melhor que temos e permite que a humanidade não se extinga no seu egoísmo cego. O amor revela e desvela. Por amor se vive e se morre. Esta força explica tudo e dá Sentido, em maiúscula, à vida".

E Einstein conclui com uma bela e desafiante provocação: "Esta é a variável que temos evitado durante tempo demais, talvez porque o amor nos dá medo, já que é a única energia do universo que o ser humano não aprendeu a manobrar segundo seu bel prazer".

A arte traz o amor como um de seus temas prediletos. Ele está presente em todas as suas manifestações. É esculpido, pintado, poetizado, narrado, retratado em filmes e novelas, musicado, dançado... Mesmo com toda a imaginação criativa do homem, fica difícil representá-lo em sua plenitude. Ele sempre é mais, deseja mais, busca mais e nos faz mais: lúcidos, participativos, altruístas, gratuitos e mais amantes do amor. "Que fazer para ser como os felizes?... Ama!" (Olavo Bilac).

Vamos lembrar a *Primeira Carta de São Paulo aos Coríntios*, capítulo 13. Nela o apóstolo Paulo lembra aos cristãos de Corinto – e a todos nós – sobre a força e a centralidade do amor: "Ainda que eu fale as línguas dos homens e dos anjos, se não tiver amor, serei como um sino que ressoa ou como um címbalo que retine. Mesmo que eu possua o dom de profecia e conheça todos os mistérios e toda a ciência, e ainda que tenha uma fé capaz de mover montanhas, se não tiver amor, nada serei".

O texto é radical: "nada serei" sem o amor. O amor é a experiência fundante e a mais importante. Em volta desse eixo, todo o viver recebe unidade e um novo sentido.

Vamos parafrasear esse texto de Paulo e trazê-lo para dentro do nosso contexto de vida: se eu tiver um bom emprego, receber um bom salário e tiver um cargo importante em uma empresa, mas se eu não souber me liderar nem liderar as pessoas com quem eu trabalho e me faltar o amor, de nada vale tudo isso; se eu aprender vários idiomas, mas se não souber me comunicar como pessoa e construir relações humanas saudáveis, de nada valem todas as minhas palavras; se eu fizer cursos e viver atualizado, mas se viver distante das dificuldades das pessoas em minha volta e em família, meus conhecimentos não passam de uma inútil erudição; se eu for contra a corrupção mas não contra todas as formas que corrompem, que tipo de ética é a minha? Se eu possuir uma casa boa, roupa fina e sapato ou tênis da moda e não me preocupar para que todos tenham moradia, roupa e calçado, sou apenas mais um manequim alienado; se eu viver conectado nas redes sociais e não souber estabelecer conexões saudáveis dentro de casa e nos ambientes onde vivo, sou uma pessoa sem alma e sem coração; se eu passar o fim de semana em festas, fizer gastos desnecessários e não souber partilhar nem o meu tempo com quem precisa de mim, que sentido tem isso?

O cristão não foge dos desafios de sua época, não fica de braços cruzados, de boca fechada, de cabeça vazia, não tolera a injustiça, nem as desigualdades gritantes do nosso mundo, luta pela verdade e pela justiça com conhecimento e com as armas do amor.

O cristão não desanima, não se desespera, confia sempre, acredita sem parar, transforma sofrimentos em solidariedade, dificuldades em oportunidades e limites em possibilidades.

A razão porque o amor é tão central é dada pelo próprio Paulo quando afirma que "o amor jamais morre; todavia, as profecias deixarão de existir, as línguas cessarão, o conhecimento desaparecerá" (1 Cor 13,8).

4. Não tenha(m) medo

Uma verdade e, ao mesmo tempo, uma curiosidade bíblica motivam as reflexões desse capítulo: existem em torno de 365 citações pedindo para que nós não tenhamos medo. As citações estão no singular e também no plural: "não tenha medo" e "não tenham medo".

Aqui não se trata de precisão quantitativa, mas de reflexão do sentido real e simbólico desse desejo divino. É uma convocação para um voto de confiança no Deus da vida para cada um dos 365 dias do ano: "Se Deus é por nós, quem será contra nós?", diz São Paulo. Por isso não existe tempo feio para quem colocou a sua confiança naquele que dá vida. E é assim que ele compreende o viver e é assim que ele encara o dia a dia.

Diante da artificialidade facilmente pregada, diante de certos comportamentos sem tecido consistente, diante de olhares desconectados, diante de convicções sem coração, diante de valores sem valor, é preciso afirmar o que nunca sai de moda: o caráter.

Vejamos apenas duas citações bíblicas sugestivas de grande força em termos de confiança, fé e coragem.

A primeira citação é do profeta *Isaías* do Antigo Testamento que assim nos abraça: "Aquele que te criou e que te modelou, lhe diz: não tenha medo, porque eu te resgatei e te chamei pelo nome. Eu te amo. Tu és meu!" (Is 43,1).

A segunda citação é do próprio Jesus que nos encoraja a superarmos o medo. Como? Na *comum-união* com Ele: "Não tenham medo, eu venci o mundo. Vocês, comigo, também vencerão. Eis que estarei convosco todos os dias até o fim dos tempos" (Mt 28,20).

Essas duas citações trazem consigo um convite à confiança que faz encarar a vida com renovado ardor, convicção e esperança. As duas citações resgatam o valor individual de cada pessoa e a segunda utiliza o plural, convocando a sermos discípulos do Mestre.

Vamos refletir e aprofundar algumas realidades bíblicas que encorajam a temática deste capítulo:

A criação contínua – Nós fomos criados e modelados como imagem e semelhança do Criador da vida. Ele quis a nossa existência e nos dá todas as graças para vivê-la bem. Essa criação não é somente algo do passado e muito menos algo acabado. A criação é um movimento contínuo e diário. Deus continua nos criando e recriando em seu amor.

A palavra coerente – Antes de falar, Deus age: "Eis o que DIZ aquele que te FEZ sair da escravidão", diz o livro do Êxodo. Deus age antes de falar. É isso que faz a palavra d'Ele credível. E o que diz? "Não tenha medo". Não é palavra de um político nem de um economista, mas palavra de Deus e, portanto, uma palavra importante e transformadora.

Os sinais de vida – O mesmo Deus que deseja que o medo não tenha força em nossa vida, nos convida a olhar para a sua presença em nossa história onde Ele mesmo nos resgatou. Através de um olhar retrospectivo sobre a nossa vida é fácil perceber como Deus nos sustentou, protegeu e conduziu até os dias atuais. "Eu te chamo pelo nome" e nome quer dizer a nossa pessoa fazendo história, pessoa com nome e sobrenome que nasceu dentro de uma genealogia e que tem uma história pela frente.

Sentir-se amado – O nosso coração deveria transbordar alegria e confiança ao deixar ressoar estas duas frases tão carregadas de sentido: "EU TE AMO" e "TU ÉS MEU!". Demanda muita coragem dizer para alguém que o ama, pois não são só palavras, mas um jeito de ser e viver em relação a ele. É um compromisso. E Deus não hesita em dizer que nos ama porque a confiança e a coragem são inerentes ao jeito de ser de Deus. Diz também "tu és meu", não como posse, mas como quem é chamado. Deus nos ama não porque acertamos, erramos ou merecemos, mas porque o pressuposto do amor divino é amar sem limite. Trata-se de um amor totalmente gratuito e radical.

Última palavra – Na citação do *Evangelho de Mateus* é possível sentir um Deus que vence o mal com o bem, que silenciosamente ressuscita o seu Filho único no primeiro dia da semana dando um verdadeiro tapa na cara dos violentos, injustos e dos que querem vencer pela força. A última palavra sempre é da vida e a resistência no bem é sempre mais eficaz que a assustadora e aparente força e fumaça do mal.

Referência das referências – "Eu venci o mundo e vocês, comigo, também vencerão". A vitória está no seguimento fiel não de um personagem, nem de uma figura, mas de uma pessoa que se fez gente no meio da gente. Essa afirmação joga longe a fácil tentação do medo e resgata o verdadeiro sentido do discipulado.

Presença perceptível – "Estarei convosco todos os dias da vida", inclusive nas "segundas-feiras" do viver. Essa presença – "que caminha por entre as panelas" (Teresa d'Ávila) – é de um Deus conosco, do nosso lado. Isso dissipa o medo e encoraja a esperança. Nunca estamos sós. O Deus da vida se deixa encontrar em todos os lugares, situações, horários e contextos. Mas Ele não passa por cima da nossa liberdade, pois nos criou na total liberdade. É claro que deseja que nós o amemos, mas que o amemos de forma totalmente livre. "Ser profundamente amado por alguém nos dá força; amar alguém profundamente nos dá coragem" (Lao-Tsé).

De um modo geral, o medo costuma ter um duplo sentido:

De proteção – Ele nos protege de perigos e de exposições arriscadas que podem colocar em risco a saúde ou até mesmo a própria vida. Por exemplo, o medo nos protege diante de abismos assustadores, de esportes arriscados, de ameaças da própria natureza ou diante de animais ferozes. Dentro desses contextos o medo tem uma força positiva, pois busca nos preservar e proteger. Dentro desse contexto que entendemos a importância da afirmação de Mia Couto quando diz: "Eu tenho medo que o medo acabe".

De imobilização – As 365 citações bíblicas que nos convidam a não termos medo não se referem ao tipo de medo acima descrito: de preservação e proteção. A palavra de Deus nos convida a não termos medo diante do inesperado, de novas missões, diante dos desafios. Desafia-nos a não temer as tentações, a prepotência, a falta de respeito... As citações dizem respeito ao medo como força que inibe, assusta, retrai e imobiliza. O medo traz consigo este movimento interno que tira a confiança, a coragem e nos faz esconder das oportunidades e dos desafios. "A coragem conduz às estrelas. O medo, à morte" (Sêneca). O medo nos esconde, ou faz fugir ou procrastinar verdadeiras oportunidades que desejam ser parceiras da própria coragem.

O Dicionário Houaiss diz que o medo é "o estado afetivo suscitado pela consciência do perigo ou que, ao contrário, suscita essa consciência". O medo é visto como uma sensação que proporciona um estado de alerta demonstrado pelo receio de fazer alguma coisa, geralmente por se sentir ameaçado, tanto física quanto psicologicamente. "O medo é que faz com que não vejas, nem ouças porque um dos efeitos do medo é turvar os sentidos, e fazer com que pareçam as coisas outras do que são!" (Dom Quixote).

O medo traz uma dinâmica que tende a "engessar" a nossa coragem, enjaular as iniciativas e prender as nossas asas contra nós mesmos, impedindo de arriscar, decolar e voar. "O tímido tem medo antes do perigo; o covarde, durante; o corajoso, depois" (Jean Paul Richter).

Um dos grandes desafios é fazer "do medo, escada" como sabiamente nos convida o poeta Fernando Sabino. Por que escada? Porque nela subimos ou descemos degrau por degrau. Isso só é possível quando decidimos dar passos, e cada passo supõe soltar um dos pés do degrau anterior, ou seja, supõe movimento, ação e sequência. "O degrau da escada não foi inventado para repousar, mas apenas para sustentar o pé o tempo necessário para que o homem coloque o outro pé um pouco mais alto" (Aldous Huxley).

Outro horizonte de superação do medo pode estar na humilde coragem do perdão: "O perdão liberta a alma, faz desaparecer o medo. Por isso o perdão é uma arma tão potente" (Nelson Mandela). Perdoar não significa esquecer o erro, nem ter amnésia, mas na força do perdão e da confiança lançar-se ao que deseja ser vida. "Aquele que não pode perdoar destrói a ponte sobre a qual ele mesmo deve passar" (George Hébert).

A superação do medo está na ação, está no movimento, está na arte de agir e realizar. "Pensar e não agir é o que gera o medo" (Isaac Newton). O medo tende a desaparecer na decisão e no caminho e não no pensamento.

"Quanto mais adiamos os nossos compromissos, menos coragem temos para realizá-los."
(Luana Crisóstomos)

Outra ideia sugestiva de superação do medo é dada por Luther King, quando diz que "devemos construir diques de coragem para conter a correnteza do medo." É um convite para nos prevenir e conhecer os nossos pontos fracos, os terrenos escorregadios, as fragilidades e os limites. E, dentro dessa perspectiva, aprender a nos proteger. É importante compreender que muitas vezes o que nós pensamos ser o nosso ponto forte, pode ser o ponto fraco. Esta percepção é sutil e não acolher isso pode provocar grandes estragos. Por exemplo, um desportista bom de bola pode usar este ponto forte para o bem do time e de um belo jogo. Mas essa qualidade pode se tornar ponto fraco se ela for usada para humilhar o adversário. Entre os dois pontos existe uma linha muito tênue. E nosso olhar e atitude podem levá-los de um extremo ao outro. Em ambas as realidades é bom construir diques de coragem com a matéria-prima da humildade.

Se na Bíblia existem 365 citações sobre não ter medo, a mesma fartura pode ser encontrada na literatura que reflete a presença do medo na vida das pessoas. São sábios, místicos, existencialistas, filósofos, líderes, entre outros, que encaram esta realidade e buscam soluções de superação. O medo tem uma face e um dinamismo.

Vejamos outras citações que trazem, em seu bojo, instigantes e sugestivas reflexões:

"Não tenha medo de dar um grande passo quando for necessário. É impossível cruzar um abismo com dois ou mais pequenos saltos." (David George)

"Para quem tem medo, tudo são ruídos." (Sófocles)

"Medo é um barco atracado debaixo de uma árvore olhando para o mar." (Canísio Mayer)

"Só erra quem produz. Mas, só produz quem não tem medo de errar. As massas humanas mais perigosas são aquelas em cujas veias foi injetado o veneno do medo. Do medo da mudança." (Otávio Paz)

"Não te rendas, por favor, não cedas, ainda que o frio te queime, ainda que o medo te morda, ainda que o sol se ponha e se cale o vento, ainda existe fogo na tua alma, ainda existe vida nos teus sonhos, porque cada dia é um novo começo, porque esta é a hora e o melhor momento, porque não estás sozinho, porque eu te amo." (Mario Benedetti)

"Não permita que os problemas de ontem e o medo do amanhã destruam o dia de hoje." (Provérbio chinês)

"Ser feliz é não ter medo dos próprios sentimentos. É saber falar de si mesmo. É ter coragem para ouvir um 'não'. É ter segurança para receber uma crítica, mesmo que injusta. Pedras no caminho? Guardo todas, um dia vou construir um castelo." (Fernando Pessoa)

É tarefa da liberdade não fugir dos medos, mas buscar compreendê-los, situá-los na perspectiva de um horizonte maior e orientá-los para que ajudem a encontrar o sentido da vida.

"Todo mundo tem medo, mas a pessoa não pode ser medrosa." (João Ubaldo Ribeiro)

A coragem é a melhor postura frente aos medos. Ela não é prepotência nem agressividade, mas é assertividade, é a firmeza de espírito frente às situações difíceis. Ela é a qualidade de quem tem grandeza de alma, nobreza de caráter e hombridade de coerência. "A coragem não é ausência de medo, mas sim uma boa gestão do medo" (Mark Twain). O filósofo alemão Friedrich Nietzsche aponta para o âmago da felicidade quando diz que "a essência da felicidade é não ter medo".

5. Eternamente criança

Inicio este capítulo citando José Saramago. Ele situa o horizonte norteador das reflexões que seguem: "tentei não fazer nada na vida que envergonhasse a criança que fui". Falo das crianças, pois elas podem ser vistas como mestres que nos ajudam a compreender o verdadeiro sentido da vida. Uma criança nunca é uma presença indiferente. "Quando vejo uma criança, ela inspira-me dois sentimentos: ternura, pelo que é, e respeito, pelo que pode vir a ser" (Louis Pasteur).

Feliz de quem gosta de crianças, contempla a sua beleza, rende-se à sua magia, aprende com elas e, nessa comunhão, mergulha no que é essencial ao viver! Elas escondem uma força incrível atrás de sua aparente fragilidade.

A força das pessoas não se mede pelo levantamento de peso, nem pelo corpo malhado, mas está nos valores que movem as suas atitudes. Aí está uma força capaz de vencer todas as batalhas. "Pessoas fortes nunca derrubam os outros, elas as levantam" (Michael P. Watson). É esta a postura de quem está na dinâmica do sentido da vida.

O poeta português Fernando Pessoa já dizia: "Grande é a poesia, a bondade e as danças... Mas o melhor do mundo são as crianças, as flores, a música, o luar, e o sol, que peca só quando, em vez de criar, seca". O melhor do mundo é o que vimos com os nossos olhos, sentimos com a nossa pele e experimentamos no coração. E o que mais seca a nossa vida pode ser a insensibilidade, a agressividade, a frieza, ou mesmo a falta de docilidade e generosidade em contemplar toda a vida que está presente nas diferentes situações do dia a dia.

O poeta chileno Pablo Neruda verticaliza quando nos chama atenção sobre uma perda que poderá ser irreparável: "A criança que não brinca não é criança, porém o homem que não brinca perdeu para sempre a criança que nele vivia e lhe fará muita falta". Não bastasse a farta referência poética sobre o que são as crianças em nossa vida, vejamos duas citações importantes do Novo Testamento da Bíblia.

A primeira encontra-se no *Evangelho de Mateus.* Nela, Jesus repreende os seus discípulos que queriam impedir que as crianças se aproximassem d'Ele. "Deixai vir a mim as crianças e não as impeçais" (Mt 19,13-15). Sublinho três reflexões dentro do espírito desse pequeno-grande versículo:

> **As crianças desejam** – Existe um movimento em volta de Jesus composto por várias pessoas, de diferentes idades, sensibilidades e comportamentos. Entre estas, existia um movimento de crianças que queriam se encontrar com Jesus. Elas faziam parte de grupos sociais discriminados pela sociedade de então. Mesmo com este tipo de exclusão, elas querem se encontrar com o portador que se encarnou para que a vida fosse justa para todos.
>
> **Jesus também deseja** – O Filho de Deus, que se encarnou para que todos tenham vida, também deseja se encontrar com as crianças. Por isso é claro: "deixai vir a mim as crianças." Portanto existe um desejo que deseja ser encontro entre as crianças e Jesus. Jesus é um homem profundamente livre frente a tudo: frente às leis, poderes, homens e mulheres, livre em relação as coisas, opiniões, ideologias, poderes, movimentos. Para Jesus as pessoas – independente de idade, cor, posição social – são mais importantes do que objetivos e metas. A liberdade de Jesus é própria de pessoas desapegadas e com um coração conectado com os mais sinceros desejos de seu Pai e os reais desejos e necessidades das pessoas.
>
> **O amor feito justiça também deseja** – Existem os discípulos e muitos da população que se comportam como muros, como cercas ou como escudos. Ou seja, esses que já deveriam ter aprendido a lição da acolhida e do amor incondicional, pregado pelo Mestre, são os que tentam impedir a aproximação das crianças. Eles tentam obstruir esse movimento e momento importantes.

São esses míopes do amor e portadores de uma verdade fechada que tentam impedir esse encontro. E Jesus, mais uma vez, é contundente ao ordenar: "Não as impeçais". Na pedagogia de Jesus é fácil perceber essa clareza e firmeza na denúncia diante dos que tentam impedir o fluir da vida, da inclusão e do amor feito encontro. No fundo, a justiça de Deus é que todas as pessoas sejam acolhidas e se acolham, convivam e se respeitem como irmãos. Portanto, esse encontro é uma questão de justiça que inclui a todos que ainda vivem à margem.

Na segunda citação bíblica do Novo Testamento, os próprios discípulos colocam para Jesus uma questão estranha, bem fora do espírito do Reino que Ele veio instaurar: querem saber quem é o maior no Reino dos Céus. Portanto, o foco da pergunta está nas pessoas (quem) e na ambição (maior), isto é, em um movimento de poder, de prepotência, de comparação e de promoção pessoal cujo foco está na competição e não na solidariedade e no amor.

A resposta de Jesus é surpreendente e, novamente, contundente. Ele toma uma criança e coloca-a no meio deles. Ele não fala de uma realidade, mas a apresenta e afirma: "Em verdade vos digo, se não vos converterdes e não vos tornardes como crianças, não entrareis no Reino dos Céus" (Mt 18,3). No coração desse convite assertivo é possível perceber um duplo desafio:

De conversão, que é uma mudança radical na forma de ver, encarar e viver. Não se trata apenas de mudar os desejos, os pensamentos e adotar propósitos. Aliás, os bons propósitos, sem raízes, costumam durar em torno de duas semanas. O que está em jogo é a conversão de atitudes que se manifestem na prática diária. Jesus não se contenta com pessoas "mais ou menos" e muito menos com pessoas "mornas". Ele quer seguidores com valores e atitudes libertadoras, e que sejam livres e comprometidos. A conversão, isto é, mudança de comportamento e de direção em vista de um novo comprometimento, é condição necessária para compreender os desígnios de Deus para com a humanidade.

De vir a ser, isto é, tornar-se como criança: "Se não vos tornardes como crianças...". Vamos aprofundar mais esta questão uma vez que não se trata de ser infantil, mas trazer para dentro de nossas vidas o que é fundamental na vida das crianças. Vejamos alguns exemplos, seja dentro do espírito do Evangelho, seja em uma interpretação livre sobre essa necessidade de tornar-se criança. A pergunta que nos colocamos é a seguinte: por que as crianças são tão relevantes no que tange ao sentido da vida?

As crianças confiam e denunciam – Uma criança confia e não consegue se desenvolver sem viver em uma atmosfera de confiança. Ser como as crianças é ter um coração espontaneamente aberto. A criança colocada no centro por Jesus é um convite à mudança de mentalidade dentro de um contexto no qual criança não contava nem como número. Jesus está pedindo uma atenção prioritária para quem é frágil e para quem não tem o necessário e precisa de um olhar de amor e de inclusão. O gesto de Jesus, de colocar a criança no centro, é um anúncio e uma denúncia com forte conotação social.

"O grande homem é aquele que não perde o coração de criança." (Mêncio)

Elas são inteiras e intensas – As crianças estão inteiramente presentes no momento do viver. Elas são intensas: seja no choro, nas risadas, nos medos, no banho, no comer, na conversação, em tudo. Elas rolam no chão, se lambuzam, abraçam de verdade. Elas conseguem rir do nada e gargalhar de tudo. Quando dormem, estão entregues ao descanso; quando se alimentam, não ficam fazendo outras projeções nem sofrendo com problemas imaginários; quando brincam, estão inteiramente envolvidas; quando se encontram com outras crianças não estão preocupadas com etiquetas de roupa, tipo de calçado, marca de carro dos pais ou coisa do gênero. Ser criança, no sentido bíblico, é ser inteiro, estar inteiramente presente e ser inteiramente ela mesma.

"Se eu não puder agir como uma criança, não me interessa brincar." (Tati Bernardi)

Elas são sinceras e autênticas – Quando gostam de algo elas falam e quando não gostam também revelam. Não usam máscaras e a mentira não tem espaço em seu dia a dia. Se mentem, é porque foram ensinadas; se discriminam, é porque viram isso em adultos. As crianças não estão preocupadas com o seu *status* pessoal, social, financeiro. Não se consideram melhores, nem piores e nem mais inteligentes, mas amam estar em relação sincera de respeito e carinho.

"Nesta vida, pode-se aprender três coisas de uma criança: estar sempre alegre, nunca ficar inativo e chorar com força por tudo o que se quer." (Paulo Leminski)

Elas acreditam e expressam – O jeito sincero e afetivo como uma criança abraça os seus pais e confia em quem é de confiança é uma luz que se projeta sobre a nossa vida de adultos. O bispo português Gilberto dos Reis afirma: "Ser criança é acreditar que tudo é possível. É ser inesquecivelmente feliz com muito pouco. É se tornar gigante diante de gigantescos pequenos obstáculos. Ser criança é fazer amigos antes mesmo de saber o nome deles. É conseguir perdoar muito mais fácil do que brigar. Ser criança é ter o dia mais feliz da vida, todos os dias. Ser criança é o que a gente nunca deveria deixar de ser".

Elas são humildes e agradecidas – O "muito obrigado" de uma criança tem musicalidade porque brota do fundo de seu coração. Elas são sinceramente agradecidas e isso pode se manifestar pela fala, pelo olhar, pelo abraço, por um sorriso. As crianças são humildes e essa forma de ser e de proceder não tem nada a ver com sentimentos feridos ou de inferioridade. Humildade tem a ver com duas qualidades centrais: viver agradecido e, ao mesmo tempo, consciente de que podem aprender sempre mais e serem sempre mais. Elas são gratas e possuem a sã curiosidade de quem quer aprender. E uma das facetas da humildade – que falta para muitos adultos – é a serenidade em perguntar quando não sabem ou não conhecem determinadas coisas.

"Busquem a sabedoria, mas olhem o mundo através dos olhos de uma criança."
(Lance Armstrong)

Elas são originais e tolerantes – O líder mundial Nelson Mandela situa muito bem essa questão quando diz que "ninguém nasce odiando outra pessoa pela cor de sua pele, por sua origem ou ainda por sua religião. Para odiar, as pessoas precisam aprender... E, se podem aprender a odiar, podem ser ensinadas a amar." As crianças nascem únicas e originais. Não nascem intolerantes, nem fofoqueiras, nem racistas e não fazem acepção de pessoas. Elas aprendem, seja pelas atitudes dos adultos, seja pela indiferença ou pela omissão dos mesmos. As crianças observam e aprendem com o que veem no seu dia a dia.

Elas são um sinal e um "termômetro" – O Papa Francisco diz que as crianças são sinais, termômetros e verdadeiras parábolas que alertam, denunciam e convidam para uma vida justa, equilibrada e no amor. Diz também: "As crianças são um sinal. Sinal de esperança, sinal de vida, mas também sinal de 'diagnóstico' para compreender o estado de saúde de uma família, de uma sociedade, do mundo inteiro. Quando as crianças são acolhidas, amadas, protegidas, tuteladas, a família é sadia, a sociedade melhora, o mundo é mais humano". É preciso olhar para as crianças e, a partir delas, interpretar o nosso jeito de ser e de viver. O sorriso, uma lágrima, o choro, os medos e o silêncio das crianças devem ser interpretados dentro de um contexto maior que uma simples manifestação.

"Quem conduz a criança pela mão, leva a mãe pelo coração." (Provérbio dinamarquês)

Elas são eternas crianças – Talvez esteja aqui a relevância de Jesus ter exigido um caminho aberto para que as crianças pudessem chegar até Ele e Ele até às crianças. Ser criança não é apenas a passagem por uma fase, mas é um estado por cuja beleza a vida quer ser perpassada eternamente. O objetivo de uma criança não é ser adulto, mas é ser 100% criança e nos ensinar que o essencial da vida é dado pelo jeito das crianças de ser, viver e sonhar.

"Assim, tudo o que sou já fui na criança que sonhou ser tudo." (Miguel Martins)

Elas têm fome e sede – As crianças têm fome de verdade e sede de leveza. Elas desejam saber e conhecer o que é certo. Elas sabem encantar e se encantam por tudo, pelo que é grande, pelo esquecido, pelos detalhes, pelas surpresas. O encantamento natural é uma das características das crianças. Ser criança é dar voz, vez e oportunidades ao encantamento.

"A busca da verdade e da beleza são domínios em que nos é consentido ficar crianças toda a vida." (Albert Einstein)

Elas são uma boa notícia – Em cada criança que nasce, nasce a mãe, o pai e todos em sua volta. Osho diz que "no momento em que uma criança nasce, a mãe também nasce. Ela nunca existiu antes. A mulher existia, mas a mãe, nunca. Uma mãe é algo absolutamente novo". Cada criança que nasce desperta o novo, faz crescer a esperança e faz renascer a todos. Um novo tipo de relação se estabelece entre as pessoas próximas, seja da criança que nasce, como da mãe que também nasce.

“A melhor maneira de tornar as crianças boas, é torná-las felizes.” (Oscar Wilde)

Elas são as poetinhas do amor – Certa vez, em um jantar com uma família amiga, já pelas 21 horas, o pai chama o filho de uns 9 aninhos e diz para ele se arrumar para dormir. O filho, ainda cheio de energia e de felicidade pela presença de tantas pessoas queridas, volta-se para o pai, olha fundo em seus olhos e assim poetisa: “pai, como o senhor quer eu vá dormir se dentro de mim ainda é dia?”. Independente da motivação, vale lembrar que as crianças têm uma percepção linda e original da vida. Elas conseguem surpreender sempre.

“Poetas são homens que conservam os olhos da criança.” (Alphonse Daudet)

Elas têm um coração leve e livre – As crianças nos ensinam que a vida pode ser leve e significativa. Ensinam que viver é seguir o caminho, para frente. As crianças não costumam ser apegadas, nem presas a coisas, nem a pontos de vista e muito menos a manias. Aceitam ser elogiadas e contrariadas e, em meio a tudo isso, seguem a vida. Elas sabem perdoar. Não guardam ressentimentos, culpas e mágoas por longo tempo. A criança prefere a leveza do conviver que a tristeza de se trancar em mundos fechados. Prefere recomeçar sempre de novo em vez de esperar que o outro venha até ela. Sabe que a vida é mais importante que a tentação de querer estar com razão ou desejar ter a última palavra.

“Quando eu crescer eu vou ficar criança.” (Manoel de Barros)

Fermento, luz e sal – Jesus sempre ressaltou três dimensões importantes para o cristão que vive no coração do mundo: ser fermento, luz e sal, ou seja, ser uma presença que faz crescer, faz brilhar e dá sabor. O cristão está no mundo, mas não deveria ser do mundo, isto é, não deveria ser movido pelos interesses egoístas e excludentes que facilmente movem pessoas e grupos. Para que possamos ser sal, luz e fermento é preciso aprender com as crianças. Elas fazem o amor crescer, elas brilham e temperam um novo jeito de viver.

“A criança é o pai do homem.” (William Wordsworth)

Existem outras reflexões que podem ser feitas a partir das crianças. Elas são os nossos mestres. O paradoxo de viver no coração desse mundo está na apresentação das crianças como referência de vida, de assimilação de valores e afirmação de comportamentos coerentes com a vida e os ensinamentos das crianças.

Vejamos algumas frases ditas sobre esta temática, verdadeiras pérolas:

"Sempre corri de mim como uma criança atrás de um balão levado pelo vento. Eu era o vento e não sabia." (Alexandre Brito)

"Só existe uma maneira segura de fazer com que a criança ande pelo caminho reto: consiste em você trilhar este mesmo caminho." (Abraham Lincoln)

"As crianças necessitam mais de exemplos que de censuras." (Joseph Joubert)

"O que é um adulto? Uma criança de idade." (Simone de Beauvoir)

"A alma é curada ao estar com crianças." (Fiódor Dostoiévski)

As crianças não falam muito, mas revelam muito. Não verbalizam muito, mas comunicam muito. Uma risada não tem idioma, nem o abraço tem regras gramaticais, mas ambos trazem o melhor da vida. "Quem não compreende um olhar tampouco compreenderá uma longa explicação", diz Mário Quintana. Por isso as crianças são verdadeiras parábolas em nossas vidas.

"O homem seria metafisicamente grande se a criança fosse seu mestre."
(Søren Kierkegaard)

SENTIDO DA VIDA E PARÁBOLAS

1. Quando o sentido da vida é seguir

Nestas linhas quero estabelecer uma relação entre as partes que formam um carro e o sentido da vida. Não se trata de algo conclusivo, apenas provocativo. O carro é bastante valorizado pela grande maioria da população. Ele não é apenas uma máquina. Ele é um meio de transporte que leva e traz pessoas e transporta sonhos, alegrias e possibilidades.

Ele não pode servir como "arma" em nenhum sentido. Ele pode servir como instrumento no exercício da boa educação e da cidadania.

Todos nós apreciamos motoristas que são gentis, que facilitam a ultrapassagem, que auxiliam quem está em apuros e que conseguem estabelecer relações entre a direção do carro e a arte de dirigir a sua própria vida.

"Tem mais estrada no meu coração do que medo na minha cabeça."
(Cora Coralina)

A imagem de um carro e o sentido da vida: o carro é construído tendo-se em consideração o equilíbrio. Por exemplo, a estrutura do carro não pode ser mais pesada que a força do motor. Vejamos algumas reflexões relevantes sobre algumas peças que fazem o carro ser um meio de transporte.

O motor é central ao movimento e ao ser de um carro. Ele pode puxar ou empurrar. Os motores da nossa vida podem ser os valores e as atitudes, a nossa fé e a confiança, os nossos sonhos e esperanças. São estes que se assumem como nossa força a nos impulsionar o viver.

A estrutura do carro é o que sustenta o motor, as pessoas e tudo o que se leva dentro dele. Uma estrutura frágil colocaria em risco a viagem e a vida de todos. Em se tratando de sentido da vida, podemos dizer que a estrutura de um carro pode ser comparada com o tipo de educação que recebemos, a formação que adquirimos, a ética que testemunhamos e nosso jeito de ser cidadão. São estes que estruturam a nossa vida e fazem com que ela possa ser significativa.

As rodas e os pneus devem ter aderência firme ao chão ou asfalto para não colocar em risco as pessoas que são levadas no carro. São as rodas que percorrem a estrada, que fazem a vida girar, as pessoas avançarem e os objetivos serem alcançados. Na vida é importante calibrar os pneus e colocar em movimento nossos desejos mais sinceros e nossos sonhos mais autênticos.

O volante é o que nos faz protagonistas. Ele nos coloca na direção correta, desvia obstáculos, contorna curvas. É preciso não tirar as mãos do volante da nossa vida. Somos nós que decidimos virar para a direita ou para a esquerda e o que fazer nas encruzilhadas da vida. Não é possível viver sem decidir, e o volante mostra como nós sempre estamos decidindo, de forma automática ou de forma consciente.

A chave – Para colocar um motor em ação são necessárias duas situações: uma chave e uma pessoa que vire a chave para que a ignição ligue o carro. Portanto, é a iniciativa humana e o movimento da chave que ligam o motor. Muitas vezes temos que virar a nossa chave para dar partida a uma nova fase da vida. A ignição pode ser um novo desafio, uma nova meta, um novo trabalho ou mesmo perdas que despertem a necessidade de recolocar o nosso motor em ação. A prudência ensina a ter uma chave reserva.

O combustível alimenta o motor e as viagens. Pode ser de vários tipos, mas não pode faltar. "A fé é a chave que liga o nosso motor de partida, a coragem é seu combustível!" (Almany Sol). O que nos faz levantar da cama e encarar o dia de cabeça erguida? Qual o combustível que me encoraja a viver com sentido?

O para-brisa e o retrovisor são duas dimensões importantes no que tange à vida. O retrovisor, sempre em tamanho menor, é consultado de vez em quando. Ele nos dá segurança nas ultrapassagens e faz ver o que está por trás de nós com prudência. Já o para-brisa, em tamanho bem maior, nos faz olhar para frente dentro de uma perspectiva aberta. O olhar retrospectivo deve nos dar segurança para que sigamos mais confiantes pelo caminho que desejamos percorrer.

Limpador de para-brisa – Em tempos de sol e céu limpo a existência do limpador nem é percebida. Ele se torna importante quando chove ou quando embaça o para-brisa. O sentido está em limpar para facilitar a visão. Muitas vezes as lentes do nosso olhar ficam embaçadas e precisam de um limpador. Lentes limpas facilitam o olhar. Para-brisa limpo evita perigos e facilita a viagem.

O para-choque é um protetor. Em nossa vida, eles são os nossos escudos. Estes podem ser o discernimento, que alerta, ou o passado, que carimbou importantes lições de vida. O para-choque pode ser a nossa família, nossos amigos, nossa consciência. Nós precisamos proteger as vidas, o motor, e salvaguardar o que é precioso.

O freio pode ter vários sentidos: faz diminuir a velocidade e parar o carro. Pode ser um bom medidor da prudência, pois é acionado quando existe um iminente perigo. Em nossa vida existem muitos freios que nos fazem parar, outros fazem diminuir a velocidade e alertar perigos. Na vida de muita gente o que freia são certas manias, preconceitos, impaciências, perfeccionismos, moralismos, apegos, entre outros. Geralmente, são freios que as próprias pessoas se colocam. Existe também o freio de mão, que tem uma função de fixar, mais seguramente, o carro estacionado. Tem hora que temos que fazer uso desse freio, sobretudo aqueles que não conseguem parar, nem mesmo em suas próprias casas.

As marchas, isso é, a possibilidade de mudar de velocidade, de dar mais segurança aos passageiros, de gastar menos combustível. Cada um de nós tem essa possibilidade de trocar de marcha: acelerar em alguns pontos e diminuir em outros. O importante é pegar marcha segura ao atravessar a estrada e nas encruzilhadas, importante também é acertar as marchas para que não gaste desnecessariamente o combustível.

A marcha ré – Um avião não tem marcha ré. Por isso é empurrado por outro meio de transporte para trás. Já os carros podem ser movidos para trás e para frente e, nós, como seus motoristas, decidimos andar para trás e para frente. Às vezes faz bem andar alguns metros para trás, para rever e aprender. Uso aqui a imagem da marcha ré nem tanto para andar para trás, mas para reposicionar o carro, buscar impulso e ver melhor o caminho pela frente.

O alarme é uma proteção que o dono do carro coloca para proteger o seu meio de transporte. Ela entra em ação quando alguém tenta forçosamente entrar no veículo. A escritora Adriana Falcão diz que a "irritação é um alarme de carro que dispara bem no meio do seu peito". Nós temos vários alarmes que disparam e alertam a nossa vida: a tristeza, por exemplo, pode ser um alarme para dizer que algo não anda bem em nossa vida; algumas dores no corpo podem ser outros alertas que denunciam que não estamos cuidando seguramente do nosso patrimônio maior que é o corpo.

Os faróis são importantíssimos, sobretudo nas noites escuras da vida. Eles iluminam o caminho e nos fazem andar com segurança. Nós carregamos dentro de nós alguns faróis que podem ser a consciência que nos guia pelo caminho seguro da vida, o tipo de educação recebida, os valores internalizados. Os faróis podem emitir luz baixa ou alta. O curioso é que são os carros que vêm em sentido contrário que alertam para o uso da luz baixa. Eis uma bela lição de vida: usar luz alta quando a estrada está livre e baixa quando vêm pessoas em carros no sentido contrário.

O acelerador é outro mecanismo importante. Ele tem como função acelerar e desacelerar conforme as estradas com suas curvas, retas, subidas, descidas e obstáculos. Tem hora que devemos acelerar a nossa motivação, nossos sonhos, nossa persistência. E sempre é hora para desacelerar o excesso de ansiedade, de medos e de sentimentos de inferioridade.

Os acessórios têm importante relação com o sentido da vida. São os detalhes que tornam o todo da viagem mais prazerosa: música boa, ar condicionado em dias quentes, assentos confortáveis, cinto de segurança... As nossas viagens podem ser seguras, agradáveis e lindas. O carro é um todo. Existem peças sem as quais o carro não anda, e existem outras que são importantes, mas não tão essenciais. Quando falamos da vida, existem situações, valores, atitudes e dimensões sem as quais a vida não tem sentido. E existem outras coisas que podem agregar valor, mesmo que não sejam tão essenciais.

Não existe manual de instruções para dirigir nossa vida. Existe, sim, a liberdade do motorista para decidir, e existem os sinais de trânsito, faróis, curvas, subidas, descidas e possibilidades.

Tenho amigos que saem para passear de carro e não têm destino fixo. O passeio deles é sair, é colocar-se na estrada, fazer o caminho e sentir-se a caminho. É nessas horas que podemos ser lindamente surpreendidos, porque o foco não está em um lugar de chegada, mas no ato de viajar. A citação de Khalil Gibran nos desafia: "Tartarugas conhecem as estradas melhor do que os coelhos".

Um carro parado é apenas uma máquina. É a ação humana que pode colocar em movimento esse veículo. Cabe a nós ligar a chave, dar partida, usar cinto de segurança, acender faróis, acelerar, frear e tudo o que é inerente à liberdade do motorista.

"Se não puderes ser uma estrada, sê apenas uma senda. Se não puderes ser o sol, sê uma estrela. Não é pelo tamanho que terás êxito ou fracasso... Mas sê o melhor no que quer que sejas." (Pablo Neruda)

Somos nós que podemos usar o amor como motor, o retrovisor para melhor olhar para frente, usar o freio de mão para dar paradas de verdade na vida, usar o acelerador para ultrapassar as dificuldades, usar o banco do lado para dar carona, usar o cinto de segurança para afivelar sentimentos desagradáveis e tentações, ligar o aparelho de som para animar o ambiente, acelerar o suficiente ensinado pela prudência e fazer o caminho interior na forma de seguir viagem.

"Não se pergunte sobre o que o mundo precisa. Pergunte-se sobre o que o faz sentir-se vivo, e vá fazer isso. Porque o que o mundo precisa é de pessoas que se sintam vivas." (Howard Thurman)

2. Os animais e o sentido da vida

Inicio minha reflexão com um provérbio indiano que nos coloca na dinâmica do presente capítulo: "No semblante de um animal que não fala, há todo um discurso que só um espírito sábio é capaz de entender".

Dedico este capítulo a um quinteto – Clara, Tico Bento, Aisha Maria, Lua Antônia e Cassinha Teresa – que despertaram em mim um novo e surpreendente olhar sobre o que pode dar sentido ao viver.

A casa dos meus pais, no oeste do Rio Grande do Sul, sempre foi rodeada por vários cachorros, de várias raças e vira-latas. Porém, o meu carinho e amor canino começou em 2003, quando me mudei para a cidade de São Paulo. E foram os cinco amigos fiéis acima citados que me ajudaram a mergulhar mais profundamente na compreensão do viver com sentido.

> "Quando o homem aprender a respeitar até o menor ser da criação, seja animal ou vegetal, ninguém precisará ensiná-lo a amar seu semelhante." (Albert Schweitzer)

A experiência que me convenceu a escrever sobre a relação entre cachorros e o sentido da vida foi o jeito de Aisha – um labrador, com menos de um ano de vida e cheio de energia – e o que isso fez comigo enquanto escrevia e sistematizava este livro. Além dos três passeios diários e de ser companheira fiel, ela fazia questão de, diariamente, subir no meu colo para contemplar o mundo pela janela.

Confesso que foi algo inusitado e que me levou a um nível de reflexão muito intenso, profundamente simples e revelador, por três motivos:

Subir no colo – Fui compreendendo a beleza de pegar no colo quem deseja colo, pegar no colo quem deseja sair do chão, pegar no colo para abraçar o que deseja ser abraçado, pegar no colo o que é importante no viver. E tem tantas pessoas, realidades e sonhos que amariam um colo!

"O colar mais precioso são os braços de seu filho." (Grácia Matos)

Olhar pela janela – É pela janela que a luz é projetada, o vento areja e por onde o nosso olhar se lança para fora. A Aisha (cujo nome quer dizer "aquela que vive plena e intensamente") estava no meu colo e, juntos, sentimos a luz e o vento; juntos, olhamos pela janela.

"O amor é grande e cabe nesta janela sobre o mar." (Carlos Drummond de Andrade)

Contemplar o mundo externo – Todos os dias nós dois ficávamos por um bom tempo contemplando o mundo externo sem preocupação com o relógio. Confesso que foi um exercício de liberdade diante dos trabalhos e ocupações. Lembrei-me de Fernando Pessoa que dizia que "bom é ter que fazer qualquer coisa e não fazê-la". Aprendi a dar tempo ao tempo e à contemplação do mundo externo que, por sua vez, ressoava dentro de nós. A arte da contemplação é deixar que o nosso mundo interno se conecte com o mundo externo e vice-versa. Assim acontece o encontro.

Foram momentos profundamente lindos despertados por um labrador e dentro de um contexto de reflexão sobre o sentido da vida. As imagens do *colo*, da *janela* e da *contemplação* foram adquirindo significado e se tornando uma trindade importante.

A partir dessa experiência comecei a compreender a profunda relação existente entre o jeito dos cachorros de ser e de viver e o sentido da vida. Escutei depoimentos de pessoas que diariamente também passeiam com os seus "filhos peludos" pela charmosa Rua Oscar Freire e redondezas. Li alguns depoimentos sobre isso em outras fontes. Em cima disso sistematizei algumas reflexões sobre os animais que podem projetar luz sobre o nosso jeito de ser:

São livres frente às coisas – Os bens materiais ou coleiras de grife não têm nenhuma importância para um cachorro. Eles não têm nenhum apego. Eles se contentam com pequenas coisas: uma bolinha, um graveto, um palitinho, uma garrafinha de plástico, um carinho, brincar com outros cachorros, um passeio pelo parque são mais do que o suficiente. Assim como os cachorros, as pessoas que valorizam as pequenas coisas do dia a dia costumam ser mais felizes.

"Um cão é a única coisa na terra que o ama mais do que ama a si mesmo."
(Josh Billings)

O foco de vida de um cachorro está na própria vida, na diversão, na companhia e em cada momento.

"Por que é que um cão é tão livre? Porque ele é o mistério vivo que não se indaga."
(Clarice Lispector)

Eles não racionalizam o viver, mas curtem o viver. Eles são desapegados e profundamente simples. Eles nos ensinam que as melhores coisas da vida não têm preço e não tem dinheiro que as compre.

"Cães não precisam de carros luxuosos, casas grandes ou de roupas chiques. Água e alimento já são o suficiente. Um cachorro não liga se você é rico ou pobre, esperto ou não, inteligente ou não. Entregue o seu coração e ele dará o dele. De quantas pessoas podemos dizer o mesmo? Quantas pessoas fazem você se sentir raro, puro, único e especial? Quantas pessoas nos fazem sentir extraordinários?" (John Grogan)

O perdão é radical – Os cachorros têm uma capacidade incrível de perdoar. Não é deles a capacidade de viver ressentidos nem a pequenez de viver mergulhado em mágoas. Não vale a pena carregar esse peso emocional que cansa, estressa e esvazia a beleza do viver. Eles querem viver e não sofrer no vale da dor dos erros ou das culpas. O perdão é um gesto gratuito que não pede nada em troca. Eles não ficam consultando marqueteiro, calculando dia, hora e conveniência para perdoar e recomeçar. Não esperam que o outro tome a inciativa. Uma lambida após uma advertência não demora muito.

"Eu amo o cão. Ele não faz nada por razões políticas." (Will Rogers)

Com a atitude de vida deles, nós podemos ser mais gratos e mais compreensivos.

"No colo dos meus cães, esqueço ingratidões." (Letícia Bergall)

Não só no perdão são radicais, como também no recomeço: podem apanhar chuva ou ficarem empoeirados, eles dão uma sacudida e seguem a vida com a mesma disposição de sempre.

"Ser jovem é ter a capacidade do perdão e andar com os olhos cheios de capim-cheiroso. É ter tédios passageiros, é amar a vida, é ter uma palavra de compreensão." (Artur da Távola)

Demonstram os sentimentos – Os cachorros não têm nenhuma vergonha em expressar o grande amor que têm e sentem. São intensos e verdadeiros, até mesmo exagerados. Eles não estão preocupados com as opiniões dos outros e com possíveis críticas. Nós podemos aprender com eles a não ter vergonha de expressar o que sentimos e amamos, a não protelar as manifestações de amor para amanhã. Eles ensinam que a vida – deles e a nossa – deve ter, sobretudo, "A", "I" ,"S": "A" de Amizade, Amorosidade, Atrevimento, Atenção e Amor; "I" de Intensidade, Inteireza, Incansável, Incondicional e Insaciável no amor; "S" da Sensibilidade, Saudade, Saúde, Sociabilidade e Sabedoria.

"As únicas criaturas que são evoluídas o bastante para carregar o amor puro são cachorros e crianças." (Johnny Depp)

Os cachorros fazem "terapia" no jeito de brincar, de começar o dia, de passear, de serem eles mesmos, na forma de interagir com outros cachorros.

"Felizes os cães, que pelo faro descobrem os amigos." (Machado de Assis)

Aprendem com os erros – Se isso se chama aprendizagem ou adestramento, não vem ao caso. O fato é que o cachorro vai aprendendo sobre o que pode e o que não pode, deixa-se corrigir e leva estas lições para a sua vida.

"Cães amam seus amigos e mordem seus inimigos, bem diferente das pessoas, que são incapazes de sentir amor puro e têm sempre que misturar amor e ódio em suas relações." (Sigmund Freud)

"Assim que você confiar em si mesmo aprenderá a viver." (Johann Goethe)

Aceitam-se – É possível observar que os cachorros aceitam quem eles são e como são. Não têm problemas de identidade. Não vivem competindo com outras raças. Eu nunca vi um labrador querendo ser *spitz* alemão ou um *boxer* querer ter nascido *terrier*. Nunca vi um cachorro ter inveja dos pelos de outro, ou do jeito de andar ou do tipo de latido. Eles são o que são, se aceitam e assim são felizes.

"A beleza brilha mais no coração de quem anseia por ela do que nos olhos de quem a vê." (Khalil Gibran)

A alegria de um cachorro é correr pelos campos em total liberdade. Essa é uma experiência fantástica e profundamente livre. Eles amam espaço e caminhos abertos e são íntimos com os elementos da natureza, como a água, o ar e a terra. Eles são tudo; a qualquer hora, todo dia, a todo momento é tempo para vibrar, pular e acontecer.

"Com cachorros, eu não aprendi apenas como é ter um animal de estimação, e sim a ter um amigo de verdade." (Gabriel Thomson Gusmão)

Fidelidade e lealdade – Os cachorros são a expressão viva da fidelidade e da lealdade. "As histórias têm muito mais exemplos da fidelidade dos cães que dos amigos" (Alexander Pope). Para os cachorros não existe meio-amor nem meia-fidelidade. Não estão a serviço de modismos ou interesses, nem contagiados pelo marketing, nem pela imagem que os outros possam fazer deles. São profundamente fiéis e leais. "Lealdade é uma qualidade dos cachorros, que nem todo ser humano consegue ter" (Adriana Falcão). O jeito deles serem e viverem revela muito de nós para nós mesmos. Trata-se de uma verdadeira escola para nos conhecermos melhor: sentir o grau da nossa (im)paciência, (in)disciplina, (des)motivação, (in)decisão, entre outros. Todos os dias é possível aprender algo com eles e todos os dias eles nos surpreendem.

"Se um cão não vem até você depois de olhar-lhe na cara, é melhor ir para casa e examinar sua consciência." (Woodrow Wilson)

Com os radares sempre ligados – Assim como as pessoas, os cachorros usam diferentes ferramentas para se comunicar. A movimentação das orelhas é um espetáculo à parte em relação ao que eles sentem, observam e desejam; o rabo abanando acena alegria, e estar entre as pernas pode revelar medo; as pausas e intensidade nos latidos revelam o que querem ou temem; um olho fechado e outro semiaberto quando dormem é prontidão e cuidado para nos proteger. Quem é amigo deles conhece e compreende estes e outros radares dentro de um elaborado sistema de comunicação que lhes é próprio. Cabe a nós decodificar o que eles querem nos dizer. Eles estão sempre atentos a todos os nossos movimentos, pois eles também nos observam e interpretam. A reciprocidade de compreensões tem tudo a ver com o sentido da vida.

"O dinheiro lhe comprará um lindo cão, mas jamais comprará o abanar do seu rabo." (Henry Wheeler Shaw)

Amam estar inteiramente em sua companhia – O cão adora estar com a pessoa que ama, interagir com outros cães e animais, e ama estar inteiramente com ele mesmo quando, por exemplo, come, late, lambe, dorme, nada, brinca. Eles nos ensinam a estarmos inteiramente presentes no hoje da vida e a estarmos verdadeiramente presentes conosco.

"O único amigo desinteressado que um homem pode ter neste mundo egoísta, aquele que nunca o abandona, o único que nunca mostra ingratidão ou traição, é o seu cachorro." (George Graham Vest)

Os cães não conseguem fingir ou aparentar. Essa artificialidade não faz parte de suas vidas. Não usam dupla linguagem e não são ambíguos. Eles são transparentes em absolutamente tudo. Mesmo em tempos de raiva mostram que um rosnado pode ser o suficiente. "Cachorro velho late deitado" (provérbio colombiano). Chega a impressionar como os cachorros têm um olhar sincero e amigo para com as pessoas. Quando algo não anda bem conosco, eles manifestam seu carinho através de uma presença, ao mesmo tempo, mais forte e mais respeitosa. Eles sentem e se solidarizam com a dor de seus semelhantes e com a dor humana.

"Cães não são nossa vida inteira, mas eles fazem nossas vidas inteiras."
(Roger Caras)

Responsabilidade e disciplina – Ter o privilégio de conviver com um cachorro é saber-se pai de um filho peludo. Eles têm somente a gente como referência. E nós temos muitas outras pessoas para o nosso convívio. Cuidar de um cachorro é uma oportunidade e uma responsabilidade em todos os sentidos: de alimentação, banho, vacinas, passeios diários, companhia, entre outros. É a presença deles em nossa vida que nos faz mais responsáveis para com eles e com a vida, e mais disciplinados com nós mesmos.

"Se você pega um cachorro faminto e o torna próspero, ele não morderá você. Esta é a principal diferença entre um cachorro e um homem." (Mark Twain)

Inventam a vida a cada dia. Eles não vivem sobrecarregados de passado e muito menos ansiosos e medrosos em relação ao futuro. Eles fazem em sua vida o que Drummond poetizou: "o tempo é minha matéria, o tempo presente, os homens presentes, a vida presente"; não seguem um *script* ou um manual, mas estão na vida, nos detalhes, nos movimentos, nas vozes, no tudo e no aparentemente insignificante. Vivem surpreendendo e conseguem dar vida e cor a tudo. "Os cães são o nosso elo com o paraíso. Eles não conhecem a maldade, a inveja ou o descontentamento. Sentar-se com um cão, ao pé de uma colina numa linda tarde, é voltar ao Éden onde ficar sem fazer nada não era tédio, era paz" (Milan Kundera).

A alegria de viver é maior que tudo. É difícil encontrar um cão triste ou desanimado. Essas possibilidades, tão frequentes na vida dos que se dizem humanos, parecem não existir no dicionário da vida dos cães. Basta falar o nome, fazer um agrado ou dar uma comidinha, que eles abanam o rabo. "Um cão abana a cauda com o coração" (Martin Buxbaum). O jeito deles serem é pela felicidade. “O amor pode fazer um cão ladrar em versos” (John Fletcher). A vida dos peludos é uma escola: eles revelam que a vida é rara e acontece a cada minuto; que ela amadurece a cada dia e deseja ser vivida a todo instante; eles nos ajudam a compreender que viver não é passar pela vida, mas fazer com que a vida nos perpasse e nos faça inteiros. Mesmo que não tenham consciência da finitude da vida, mergulham no viver como se ele fosse eterno.

“Conheça-se a si mesmo. Não encare a admiração do seu cão como uma prova concludente de que é maravilhoso.” (Ann Landers)

São importantes catalizadores – Os cachorros agem como verdadeiros *catalisadores sociais*: ajudam as pessoas a saírem de casa devido aos passeios e nos levam a também interagir com pessoas. Essa dinâmica de sair de casa, passear e interagir faz com que a depressão não se instale em nós, que os efeitos da solidão sejam menores, e favorecem o exercício físico que é proporcionado pelas caminhadas. Geralmente são as crianças e os cachorros que fazem as pessoas adultas conversarem entre si. Ambos possuem essa força aproximativa. E este tipo de socialização é muito benéfica à saúde do cachorro como também para as pessoas que interagem. O tipo de presença respeitosa de um cachorro em nossa vida, sobretudo em momentos de dor ou de frustração, nos estimula a seguir em frente. Os cães confortam, se importam e são respeitosamente solidários para com as pessoas.

“Se você está buscando ideias criativas, saia para caminhar. Os anjos sussurram para os homens quando eles caminham.” (Raymond Inmon)

Eles manifestam o seu amor – Existe um provérbio popular que diz: o cão velho quando ladra, dá conselhos. Os cachorros não são teóricos da vida, mas fazem questão de manifestar o seu amor para conosco. Isso é palpável quando eles insistem em estar em nossa companhia ou próximos o tempo todo; quando se apoiam sobre as nossas pernas ou descansam em nosso colo; quando levantam uma das sobrancelhas manifestando total atenção; quando interagem conosco com brinquedos, nos desafiando a correr com eles ou jogar os brinquedos para irem buscar. É curioso observar que o cachorro não se faz de vítima quando saímos de casa, mas não consegue esconder a empolgação e alegria quando voltamos para casa.

"Não há nenhum psiquiatra no mundo como um cachorro lambendo seu rosto."
(Bern Williams)

Eles manifestam o seu amor quando nos presenteiam com objetos ou mesmo bichinhos que buscam campo a fora. Outra expressão forte de amor fiel é o jeito deles dormirem: um olho fechado e outro semiaberto cuidando de tudo o que está acontecendo em nossa volta. Expressam o amor para conosco na forma sincera de confiar. Eles nascem nos amando inteiramente. Muitos homens e mulheres levam muito anos de vida para aprenderem este jeito de amar simples, sincero e verdadeiro.

"Todo o conhecimento, a totalidade de todas as perguntas e de todas as respostas está contida no cão." (Franz Kafka)

O verdadeiro amor é incondicional – O cachorro revela e é expressão viva de que o amor é incondicional. Aconteça o que acontecer, ele estará do nosso lado. É amigo e companheiro em tudo e em todas as horas. Não interessa o nosso humor, as nossas preocupações, nosso estado de espírito; ele sempre está nos esperando e abanando o rabo: faça chuva ou sol, seja segunda-feira ou domingo, seja noite ou dia. O cachorro é a expressão mais cabal do amor fiel e sem limites, seja de idade, cor, religião ou nacionalidade.

"O cachorro é aquele tipo de animal revestido mais de alma do que de pelos."
(Lais Lemma)

Existe uma relação estreita e clara entre o jeito dos cachorros de ser e de viver e o que pode proporcionar sentido à nossa vida. A forma como eles encaram a vida lança força sobre a nossa forma de viver. Eles nos "vendem" algo que dinheiro nenhum pode comprar. Eles mostram o que, de fato, é importante e faz sentido na vida.

"Todos os animais, com exceção do homem, sabem que a urgência da vida é aproveitá-la." (Samuel Butler)

Portanto, a questão de fundo não está em comparar cachorro com ser humano ou vice-versa, pois isso seria colocar mal uma questão tão relevante. O pano de fundo dessas reflexões não é humanizar os cachorros, mas perceber como eles nos ajudam a sermos mais humanos.

Concluo este capítulo dizendo que foi na convivência com estas criaturas que eu carreguei o meu coração de futuro e de esperança.

"A memória da pele é breve comparada com a do coração." (João Morgado)

3. O sentido da vida e um café

Neste capítulo, vamos analisar um belo texto que projeta luz sobre a temática deste livro. Ele é capaz de revelar algo profundo a partir de coisas simples do cotidiano. Fala de cenouras, ovos e do pó de café. A partir desses elementos, nos convida a compreender melhor o que dá sabor e significado à arte de ser e de viver com sentido.

Uma filha se queixou a seu pai sobre sua vida e de como as coisas estavam tão difíceis para ela. Ela já não sabia mais o que fazer e queria desistir. Estava cansada de lutar e combater. Parecia que assim que um problema estava resolvido um outro surgia.

Seu pai, um "chef", levou-a até sua cozinha. Encheu três panelas com água e colocou cada uma delas em fogo alto. Logo a água das panelas começou a ferver.

Em uma ele colocou cenouras, em outra colocou ovos e, na última, pó de café. Deixou que tudo fervesse, sem dizer uma palavra.

A filha deu um suspiro e esperou impacientemente, imaginando o que ele estaria fazendo. Cerca de vinte minutos depois, ele apagou as bocas de gás. Pescou as cenouras e as colocou em uma tigela. Retirou os ovos e os colocou em outra tigela. Então pegou o café com uma concha e o colocou em uma terceira tigela.

Virando-se para ela, perguntou: "Querida, o que você está vendo?"

"Cenouras, ovos e café", ela respondeu.

Ele a trouxe para mais perto e pediu-lhe para experimentar as cenouras.

Ela obedeceu e notou que as cenouras estavam macias. Ele, então, pediu--lhe que pegasse um ovo e o quebrasse. Ela, depois de retirar a casca, verificou que o ovo endurecera com a fervura.

Finalmente, ele lhe pediu que tomasse um gole de café. Ela sorriu ao provar seu aroma delicioso.

Ela perguntou humildemente: "O que isso significa, pai?"

Ele explicou que cada um deles havia enfrentado a mesma "adversidade": água fervendo; mas que cada um reagira de maneira diferente.

A cenoura entrara forte, firme e inflexível. Mas depois de ter sido submetida à água fervendo, ela amolecera e se tornara frágil.

Os ovos eram frágeis. Sua casca fina havia protegido o líquido interior. Mas depois de terem sido colocados na água fervendo, seu interior se tornara mais rijo.

O pó de café, contudo, era incomparável. Após ser colocado na água fervente, ele havia mudado a água.

"Qual deles é você?", ele perguntou à sua filha.

"Quando a adversidade bate à sua porta, como você responde? Você é uma cenoura, um ovo ou um pó de café?" (Autor desconhecido)

E você? Você é como a cenoura que parece forte, mas com a dor e a adversidade você murcha e se torna frágil, perdendo sua força? Será que você é como o ovo, que começa com um coração maleável? Você tinha um espírito maleável, mas depois de algum problema – morte, divórcio ou uma demissão – você se tornou mais difícil e duro? Sua casca parece a mesma, mas você está mais amargo e obstinado, com o coração e o espírito inflexíveis? Ou será que você é como o pó de café? Ele muda a cor da água fervente que lhe trazia a dor, para conseguir o máximo de seu sabor, a 100 graus centígrados. Quanto mais quente estiver a água, mais gostoso se torna o café.

Se você é como o pó de café, quando as coisas se tornam piores, você se torna melhor e faz com que as coisas em sua volta também se tornem melhores.

Benjamin Disraeli afirma, com todas as letras, que "não existe melhor ensino que a adversidade". Agora, como você lida com as adversidades? Você é uma cenoura, um ovo ou pó de café?

Essa sugestiva história, tão bem encenada em família, nos coloca diante do espelho. Ela nos desafia a ver como lidamos com as adversidades do dia a dia e como elas nos transformam.

> "Cada adversidade traz consigo a semente de um benefício equivalente. Ainda não encontrei homem algum bem-sucedido na vida que não houvesse antes sofrido derrotas temporárias. Toda vez que um homem supera os reveses, torna-se mental e espiritualmente mais forte." (Andrew Carnegie)

Tem hora que precisamos provocar verdadeiras metamorfoses dentro de nós para encontrar um novo norte, um novo sentido e um novo remendo. Guimarães Rosa diz: "Viver é rasgar-se e remendar-se". E concluo estas reflexões citando a bela letra da banda Chimarruts: "Sei que vou encontrar muitas pedras no caminho, uma flor e dez espinhos, mas não posso me curvar, pois o guerreiro de verdade é dentro da adversidade".

4. Escadas e trampolins

"Há mais pessoas que desistem do que pessoas que fracassam". Essa constatação do empresário americano Henry Ford nos alerta sobre uma prática tentadora e comum no modo de proceder. Ele diz que "muitas das falhas da vida acontecem quando as pessoas não percebem o quão perto estão quando desistem". Muitas vezes falta pouco, falta um pouco mais de fogo nos olhos e um pouco mais de persistência no coração. Não só precisamos de força de vontade, mas também de prioridade, de estratégia, de perseverança e do bom uso do tempo.

Neste capítulo vamos refletir sobre a história de um cavalo que se encontrava no limite da sua vida.

Conta-se que um fazendeiro, dono de excelentes cavalos de muita valia nos estábulos de sua propriedade, recebeu, um dia, a notícia de que seu cavalo preferido, um alazão forte e muito bonito, havia caído em um poço abandonado.

O capataz que lhe trouxe a má notícia estava desolado porque o poço era muito fundo e pouco largo, e não havia como tirar o animal de lá, apesar de todos os esforços dos trabalhadores da fazenda.

O fazendeiro foi até o local, viu a situação e concordou com seu capataz: não havia mais o que fazer, embora o animal não estivesse machucado. Não achou que valia a pena resgatá-lo, ia ser demorado e custaria muito dinheiro.

"Já que está no buraco", disse ao capataz, "acabe de enterrá-lo, jogando terra em cima dele". Virou as costas, preocupado com seus negócios e os trabalhadores de imediato começaram a cumprir a sua ordem.

Cinco homens, sob o comando do capataz, atiravam terra dentro do buraco, em cima do cavalo.

A cada pá de terra jogada, o alazão se sacudia todo e a terra ia se depositando no fundo do poço seco. Os homens ficaram admirados com o que estava acontecendo: a terra ia enchendo o poço e o cavalo subindo em cima dela!

Não demorou muito e o animal já estava com a cabeça aparecendo na saída. Mais algumas pás de terra e ele saltou para fora, sacudindo-se e relinchando, feliz!

Essa história tem tudo a ver com a temática deste livro sobre o sentido da vida. Vejamos algumas reflexões:

> **Poço abandonado** – Antes de mais nada, é importante constatar que existe um erro humano, quase fatal, nessa história: um poço abandonado. Trata-se de um perigo iminente tanto para as pessoas como também para os animais. E o cavalo, mesmo não sendo o culpado, por pouco, não paga o preço da irresponsabilidade das pessoas. Não é justo que outros morram ou paguem com a sua vida pela negligência de pessoas que se omitem ou não tomam as atitudes necessárias de prevenção.
>
> **Tempo e dinheiro** – As desculpas do tempo e do dinheiro (demoraria muito e ficaria caro) costumam ser fáceis justificativas e desculpas em nossa vida. Mas será que a vida não é mais que tempo e dinheiro? A lucidez nos mostra que é no tempo, e nas escolhas feitas no tempo, em que a vida acontece. E dinheiro nem sempre é gasto, mas pode ser investimento. As desculpas não justificam tudo. Castro Alves alertava sobre esta tentação: "Depois que inventaram a 'desculpa' a gravidade dos erros não é mais a mesma!".
>
> **Brilha uma luz** – Muitas vezes somos surpreendidos e, mesmo impotentes diante da realidade, surgem luzes e saídas que ultrapassam o nosso pensamento. E, na história, essa luz não veio de outras pessoas e nem do capataz, mas de dentro da própria dificuldade.

"Todo problema contém a semente de sua própria solução." (Norman Vincent Peale)

A vida sempre é mais – É importante defender e lutar pela vida. Não podemos aceitar que enterrem a vida e, muito menos, os sonhos e a esperança. Às vezes, é preciso confiar no inesperado, confiar no novo que pode nos surpreender quando menos esperamos.

"Uma das melhores coisas na vida são as maravilhosas surpresas que ela nos reserva." (Marlo Thomas)

Reagir – Saber reagir a tudo o que tenta nos deixar "lá em baixo" e agir contra o que aparentemente deseja nos enterrar. É preciso confiar e usar os obstáculos como trampolins. Os espinhos não só machucam, mas podem servir como proteção para plantas. As pedras podem construir pontes e casas. Nada precisa ser inútil em nossa vida.

"Deveríamos usar o passado como trampolim e não como sofá." (Harold MacMillan)

Desejos de vida – Ninguém e nada poderá ser contra o que você traz no âmago do seu coração. A força e a coragem de viver sempre devem ser maiores que a tentação em desanimar. A vida sempre deseja irromper.

"O amor é uma belíssima flor, mas é preciso coragem para apanhá-la à beira de um pavoroso precipício." (Stendal)

Eram sementes – Existem pessoas que desistem prematuramente de seus sonhos ou de dimensões importantes da vida, muitas vezes, devido a decepções e sofrimentos. Outras pessoas tentam enterrar os sonhos e podem ser surpreendidas porque estes mesmos sonhos são sementes e podem, novamente, mostrar o seu desejo de florescer.

"A neve e as tempestades matam as flores, mas nada podem contra as sementes." (Khalil Gibran)

É inerente ao homem a capacidade de decidir e reagir, de dar sentido e mergulhar na vivência do sentido. O escritor e jornalista brasileiro Fernando Sabino nos desafia para um olhar realista sobre o viver e sobre como, em meio às mais variadas dificuldades, é possível fazer malabarismos surpreendentes:

“De tudo o que se faz na vida ficam três coisas: a certeza de que sempre estamos iniciando; a certeza de que é preciso continuar, e a certeza de que podemos ser interrompidos antes de terminar. Fazer da interrupção, caminho novo. Fazer da queda, passo de dança. Do medo, escada. Do sonho, ponte. Da procura, encontro. E assim terá valido a pena existir.”

Sabino nos faz pensar sobre o conteúdo e a força de três verbos:

Iniciar é uma escolha que depende da nossa decisão. É um bom sinal decidir iniciar dentro dos mais variados contextos em que vivemos. Subimos uma escada quando decidimos subir o primeiro de vários degraus. O que está em jogo é a importância das iniciativas. Tem hora que precisamos fechar ciclos e iniciar novos.

Continuar é uma decisão que também depende de nós, sobretudo de nosso fogo interno e de nossas motivações. O que está em jogo, aqui, é a persistência. “Para manter uma lamparina acesa precisamos continuar colocando óleo nela” (Teresa de Calcutá).

Fazer, mesmo diante da possibilidade de sermos interrompidos antes de terminar, pois nunca sabemos o dia de amanhã. O poeta nos convida a conjugar esse verbo, que faz toda a diferença. Nessa capacidade de fazer entra em ação a nossa liberdade, a nossa criatividade e a nossa capacidade de transformar e de orientar situações. Diz Victor Hugo que “a vida é uma frase interrompida”.

O sentido da vida se encontra no horizonte destas três ações: quando tomamos iniciativas, quando persistimos e quando fazemos o que a imaginação criativa é capaz de nos apontar.

5. A experiência dos rios

A vida pode ser vista como um rio que tem sua nascente, abre seu próprio caminho, contorna obstáculos e, na medida em que vai crescendo, vai alargando as margens, fertilizando plantas e crescendo em profundidade. E chega um momento decisivo em que vai ter que encarar o mar e nele perder-se.

Essa imagem pode ser como uma chuva que fertiliza a terra da nossa reflexão sobre o sentido da vida. Vejamos dez pontos que podem regar nossas reflexões e oxigenar a nossa reflexão:

Fonte de vida – O rio não existe para ele mesmo, mas para ser uma fonte de vida em meio à natureza. Nós somos muito mais nós mesmos quanto mais somos para os outros, quanto mais vida irrigarmos. "O rio não bebe suas próprias ondas" (Provérbio hindu).

Fonte de beleza – O rio encanta pela sua naturalidade, o que lhe confere uma beleza ímpar. Ele existe para fertilizar cores e flores. Nós podemos ser belos como os desejos de um rio. Quanto mais naturais e menos cópia dos outros nós formos, mais a beleza humana transbordará. "Neblina sobre o rio, poeira de água sobre água" (Yeda Pratis Bernis).

Fonte de energia – As águas do rio podem ser represadas e servir para produzir energia. É difícil saber a profundidade das represas, mas nelas existe um grande potencial de vida e de energia. Muitos dos nossos potenciais estão represados e desejam ser orientados para produzir luz, energia e vida. "É nas quedas que o rio produz energia" (Hermógenes).

Fonte da gratuidade – Outro sentido do rio está na constatação de que ele não se cria, mas é criado a partir de uma fonte. Ele acontece a partir de uma nascente. Ele nasce de uma fonte e se torna fonte de vida para a fauna e a flora. Gratuidade é entender que no mundo inteiro não existe nenhum fato que torne a nossa existência necessária e, no entanto, existimos mesmo assim.

Fonte de originalidade – Não existem rios iguais. São todos originais e todos se afirmam na sua singularidade, em seus movimentos e velocidades. O rio abre o seu caminho no jeito de seguir e na forma de vencer as dificuldades. Nenhuma pessoa é igual à outra. Somos todos únicos com nossas histórias, genealogias, sensibilidades, experiências, velocidades e ritmos. "Nunca dê um nome a um rio: sempre é outro rio a passar" (Mário Quintana).

Fonte de coragem – As águas em movimento despertam o protagonismo empreendedor. Elas não têm medo e sempre encontram uma saída, não retrocedem diante das quedas e não empacam diante da profundidade. É na coragem de seguir em frente que vão descobrindo o jeito único de serem rios. "Mas não há outra maneira. O rio não pode voltar. Ninguém pode voltar. Voltar é impossível na existência. Você pode apenas ir em frente" (Osho).

Fonte de sabedoria – Outro aprendizado transmitido pelo rio pode estar na sua forma de lidar com os obstáculos: as águas não batem de frente, mas aprendem a driblá-los. É uma arte aprender a contornar situações em nosso dia a dia. Sempre existe um caminho possível por entre as pedras. "Ninguém experimenta a profundidade do rio com os dois pés" (Provérbio africano).

Fonte de enriquecimento – O rio abre os seus braços para receber novos afluentes e abre o seu coração para alimentar a vida de todos os seres vivos que escolheram nele fazer a sua morada, seja a fauna, seja a flora. Somos pessoas e nos reconhecemos como tal quando nos abrimos aos outros, quando instauramos relações de vida e quando nos acolhemos como corresponsáveis por tudo. É missão nossa deixar transbordar a vida que nos perpassa. "Quem não sabe o caminho até o mar, deve tomar o rio como companheiro" (Plauto).

Fonte de superação – Mesmo tendo medo, o rio não é medroso. "Diz-se que, mesmo antes de um rio cair no oceano, ele treme de medo. Olha para trás, para toda a jornada: os cumes, as montanhas, o longo caminho sinuoso através das florestas, através dos povoados, e vê à sua frente um oceano tão vasto, que entrar nele nada mais é que desaparecer para sempre" (Osho). É a coragem que faz seguir e se perder em alto mar.

Fonte de plenitude – O rio vive momentos cruciais e, neles, revela a sua grandeza: perder-se no mistério do mar para encontrar-se na plenitude. "O rio precisa se arriscar e entrar no oceano. E somente quando ele entra no oceano é que o medo desaparece. Porque só então o rio saberá que não se trata de desaparecer no oceano, mas tornar-se oceano. Por um lado é desaparecimento e, por outro, é renascimento. Assim somos nós. Voltar é impossível na existência. Você pode ir em frente e se arriscar: torne-se oceano!" (Osho).

O rio é uma bela parábola e nos faz pensar. Ajuda a compreender elementos importantes sobre o sentido da vida. Segundo Dante Alighieri, "a natureza é a arte de Deus". Como tal, ela precisa ser amada e contemplada, internalizada e respeitada como fonte de vida.

"O homem argumenta, a natureza age", constata Voltaire. A natureza fertiliza a nossa esperança, rega nossos sonhos e sacia a sede por uma vida significativa.

SENTIDO DA VIDA E SABEDORIA

1. Ser presente no momento presente

Entre o passado, o presente e o futuro, o único tempo que está em nossas mãos é o momento presente. É nele que a vida acontece e pode fazer sentido.

> "Para além da curva da estrada talvez haja um poço, e talvez um castelo, e talvez apenas a continuação da estrada. Não sei nem pergunto. Enquanto vou na estrada antes da curva só olho para a estrada antes da curva, porque não posso ver senão a estrada antes da curva." (Fernando Pessoa)

Parafraseando a citação de Fernando Pessoa: o que é real é o que vemos, é o que está diante dos nossos olhos, o que se deixa visualizar e vivenciar antes da curva. O que pode estar depois das curvas da vida pode ser real ou imaginário. O que sabemos é que o passado é irreversível, o futuro sempre está chegando, porém é o momento presente que está diante dos nossos olhos e ao alcance de nossas decisões.

Na China, muito tempo atrás, vivia um homem que era muito feliz, sereno, lúcido, focado e sábio. "Qual será o segredo de tanta felicidade?", perguntavam-se as pessoas que o conheciam. E faziam de tudo para descobrir o mistério.

Um dia foram perguntar a ele. O homem respondeu-lhes cantando. Disse simplesmente: "Quando estou de pé, quero estar de pé; quando ando, quero andar; quando escuto, quero escutar; quando vejo, quero ver; quando bebo, quero beber; quando sonho, ah!, mergulho profundamente no sonho".

As pessoas em sua volta não entenderam nada dessa cantoria. Uma pessoa tomou a liberdade e disse: "O que você está nos dizendo a gente também faz. Mas por que você é tão feliz?". A resposta foi a mesma de antes: "Quando estou de pé, quero estar de pé; quando ando, quero andar; quando escuto, quero escutar; quando vejo, quero ver; quando bebo, quero beber; quando sonho, ah!, mergulho profundamente no sonho".

Então deixaram-no de lado, exceto algumas pessoas que continuaram meditando o que tinham escutado.

"Você diz: quando está de pé, quer estar de pé; quando anda, quer andar... O que há nisso de especial, que a gente também não faça ou não gostaria de fazer?".

O homem, cuja vida fazia muito sentido, deu-lhes uma explicação, sempre cantando: "Quando vocês estão de pé, querem andar; quando andam, querem escutar; quando escutam, querem ver; quando veem, querem destruir; quando comem, querem beber; quando bebem, mergulham em sonhos; quando sonham, não sabem sonhar, mas têm medo de perder tempo; quando amam, cobiçam; e o que possuem, querem fazer aumentar desenfreadamente".

O que aprender dessa sabedoria chinesa? Que tipo de desafios ela lança sobre a nossa vida muitas vezes artificial, dividida, ausente e exageradamente virtual? Vejamos alguns pontos.

O uso do verbo *querer* ("quando escuto, quero escutar") – Não basta fazer o que todos fazem, mas desejar estar no ato de fazer, querer ser o protagonista da ação. Eu posso, eu desejo e eu quero estar inteiramente comigo mesmo e em tudo o que faz parte do meu viver. "A primeira condição para ser alguma coisa é não querer ser tudo ao mesmo tempo" (Tristão de Ataíde).

Querer ser *inteiro* – O que cansa, estressa e até destrói a vida é o fato de não estarmos inteiramente presentes no momento do viver e estar dividido é uma forma de não curtir ou curtir apenas uma parcela. Pessoas divididas não curtem a beleza e não mergulham em sua profundidade. Por isso, é urgente aprender a ser feliz sozinho, sem depender das opiniões, elogios ou críticas dos outros. Quando somos felizes por nós e conosco mesmos, a relação com os outros se torna inteira, livre, recíproca e não uma necessidade ou dependência. "Fácil é dar um beijo. Difícil é entregar a alma. Sinceramente, por inteiro" (Carlos Drummond de Andrade).

Querer* ser *inteiro* nas *situações do dia a dia – Não é no mundo imaginário ou fantasioso que a vida acontece e faz sentido, mas na forma de estar consciente e inteiramente presente nas coisas mais simples e cotidianas: ao saborear um alimento, no brindar uma bebida, no prazer de tomar banho, nos exercícios físicos, passeios, viagens, leituras, descanso, conversas entre tantas outras situações de vida significativas. "Para ser grande, sê inteiro... Sê todo em cada coisa" (Fernando Pessoa).

Para concluir: não fique imaginando demais o que vem depois da curva porque a realidade poderá colidir contra você. Não fique olhando muito para os problemas porque eles poderão quebrar pontes dentro de você. Não fique encarando abismos por muito tempo porque eles poderão se instalar dentro de você. Não fique dando voz e vez aos medos porque a desconfiança poderá buscar morada em você. Não fique desprezando as oportunidades em cada estação porque virá o dia em que o trem não mais vai parar na sua estação. Não fique dando asas ao pessimismo porque ele costuma oferecer lentes riscadas de conformismo. Não fique morando no passado que já passou porque ele tem mania de engessar as novidades que você ainda não amou. Não fique sem aprender com tudo o que já viveu porque esta preguiça não deixará a maturidade acontecer em você. Não fique sem contemplar as belezas em noites de luar porque essa postura acende a luz que dentro de você deseja brilhar.

2. Jamais amarrados

Conta uma velha lenda dos índios Sioux que, uma vez, Touro Bravo, o mais valente e honrado de todos os jovens guerreiros, e Nuvem Azul, a filha do cacique, uma das mais formosas mulheres da tribo, chegaram de mãos dadas até a tenda do sábio da tribo.

"Nós nos amamos e vamos nos casar", disse o jovem. "E nos amamos tanto que queremos um conselho que nos garanta que poderemos ficar sempre juntos... que nos assegure que estaremos um ao lado do outro até encontrarmos a morte. Há algo que possamos fazer?".

E o velho emocionado ao vê-los tão jovens, tão apaixonados e tão ansiosos por uma palavra, disse: "Tem uma coisa a ser feita, mas é uma tarefa muito difícil".

"Tu, Nuvem Azul, deves escalar o monte ao norte dessa aldeia e, apenas com uma rede e tuas mãos, deves caçar o falcão mais vigoroso do monte... e trazê-lo aqui com vida até o terceiro dia depois da lua cheia".

"E tu, Touro Bravo", continuou o sábio, "deves escalar a montanha do trono e, lá em cima, encontrarás a mais brava de todas as águias e, somente com as tuas mãos e uma rede, deverás apanhá-la trazendo-a para mim, viva!".

Os jovens abraçaram-se com ternura e logo partiram para cumprir a missão recomendada... No dia estabelecido, à frente da tenda do sábio, os dois esperavam com as aves dentro de um saco.

O velho pediu que, com cuidado, as tirassem dos sacos e viu que eram verdadeiramente formosos exemplares.

"E agora o que faremos?", perguntou o jovem. "As matamos e depois bebemos a honra de seu sangue? Ou cozinhamos e depois comemos o valor da sua carne?", propôs a moça.

"Não!", disse o sábio. "Apanhem as aves, e amarrem-nas entre si pelas patas com essas correntes... quando as tiverem amarradas, soltem-nas, para que voem livres".

O guerreiro e a jovem fizeram o que lhes foi ordenado e soltaram os pássaros... a águia e o falcão tentaram voar mas apenas conseguiram saltar pelo terreno. Minutos depois, irritadas pela incapacidade do voo, as aves arremessavam-se entre si, bicando-se até se machucarem.

E o velho sábio disse: "Jamais esqueçam o que estão vendo... este é o meu conselho. Vocês são como a águia e o falcão... se estiverem amarrados um ao outro, ainda que por amor, não só viverão arrastando-se, como também, cedo ou tarde, começarão a machucar-se um ao outro. Se quiserem que o amor entre vocês perdure... voem juntos... mas jamais amarrados" (Autor desconhecido).

Voar juntos! Eis a beleza do amor. Arriscar voos altos, rasantes, contornar montanhas, obstáculos. Voar nas diferentes distâncias um do outro, mas jamais amarrados. Essa tentação em querer amarrar o amor não combina com o ineditismo da vivência do amor. O amor é fiel mas não se deixa prender.

3. Um novo olhar e um novo sentido

Certa manhã, meu pai, muito sábio, convidou-me a dar um passeio no bosque e eu aceitei com muito prazer. Ele se deteve em uma clareira e depois de um pequeno silêncio me perguntou:

— Além do cantar dos pássaros, você está ouvindo mais alguma coisa?

Apurei os ouvidos alguns segundos e respondi:

— Estou ouvindo um barulho de carroça.

— Isso mesmo – disse meu pai. – É uma carroça vazia.

Perguntei ao pai:

— Como pode saber que a carroça está vazia se ainda não a vimos?

— Ora – respondeu meu pai –, é muito fácil saber que uma carroça está vazia pelo seu barulho. Quanto mais vazia a carroça, maior é o barulho que faz.

Uma carroça carregada faz pouco ruído porque carrega conteúdo. Uma carroça carregada não só leva alimentos ou material, mas conduz sonhos que os frutos da terra e do trabalho do homem produziram.

Conviver com pessoas vazias, sem opinião própria, sem conteúdo, sem mística de vida e sem sonhos costuma ser desgastante e de difícil conexão.

Somos nós que devemos carregar o nosso coração com conteúdo que vale a pena. Fazer um coração ser afetivo e não barulhento é fazê-lo escutar, olhar, compreender; é fazer com que a pessoa leia, interprete, reflita e aprenda da vida; com que se desafie a estabelecer boas relações, conversando sobre coisas relevantes; unindo forças para sonhar sonhos possíveis; fazer com que pare de reclamar e lamentar, se apresentando como sujeito da própria vida; cultivando valores consistentes, olhares sinceros e valorizando encontros significativos.

Por bom tempo buscava muitos conhecimentos,
Hoje busco aprendizagem e bons momentos.
Por muito tempo pensava muito em entender,
Hoje desejo compreender, mas dentro da dinâmica do fazer.

Por bom tempo me preocupava sobre o que dizer,
Hoje prefiro estar presente e aprender.
Por muito tempo alimentava muitas expectativas,
Hoje não espero nada e não mais reclamo das subidas.

Por bom tempo confundia calma com aceitação,
Hoje vivo a paciência que vibra na ação.
Por muito tempo a ansiedade queria tudo resolver,
Hoje é a serenidade comprometida que me faz crescer.

Por bom tempo tinha muita vontade de falar,
Hoje valorizo muito mais a beleza de escutar.
Por muito tempo buscava amar tudo o que fazia,
Hoje faço tudo o que amo.

Por bom tempo pensava que as pessoas eram insubstituíveis,
Hoje vejo que muitas causas são insubstituíveis.
Por muito tempo me assustava com os limites e as dificuldades,
Hoje encaro tudo como oportunidades e possibilidades.

Por bom tempo esperava o futuro chegar,
Hoje ele acontece na realização diária e no sonhar.
Por muito tempo esperava muito dos outros,
Hoje espero tudo de mim.

É um jeito elogiável de proceder quando se admite o novo, se busca compreender o diferente e quando se busca a liberdade frente a tudo e frente a todos. O escritor italiano Italo Calvino aponta uma postura que revela inteligência:

"Ser capaz de colocar continuamente em questão as suas próprias opiniões – esta é, para mim, a condição preliminar de qualquer inteligência."

Uma das grandezas das pessoas é a coragem de rever conceitos e posturas. Uma flecha só pode ser lançada na direção de sua meta se for puxada para trás.

"Costumo voltar atrás, sim. Não tenho compromisso com o erro."
(Juscelino Kubitschek)

4. Sabedoria paradoxal

Feliz a pessoa que sabe se alegrar com a alegria do outro! Feliz quem adotou como estilo de vida continuar aprendendo! Feliz quem contempla a natureza como escola que ajuda a compreender dimensões importantes no que tange ao sentido do viver.

O jeito de ser e de proceder de uma águia nos desafia. Muito mais que precisão de dados ou números, aqui quero refletir dimensões e aprendizados que podemos tirar da história e vida das águias.

Elas costumam viver cerca de 70 anos. Porém, na metade de sua vida, elas têm que tomar uma importante decisão. Estão numa encruzilhada vital, pois as unhas compridas e flexíveis não conseguem mais agarrar as presas das quais se alimentam, o bico alongado e pontiagudo se curva, suas asas tornam-se pesadas em função da grossura de suas penas envelhecidas pelo tempo.

O dilema da águia na metade de sua vida é: ou deixar-se morrer ou enfrentar um doloroso e desafiante processo de renovação que levará alguns meses. Cabe unicamente a ela decidir pela morte ou pela renovação. A renovação consiste em voar para o alto de uma montanha e lá se recolher em um ninho que esteja próximo de um paredão, onde baterá seu bico até arrancá-lo e, pacientemente, esperará o nascimento de um novo, com o qual irá arrancar as suas velhas unhas. Com as novas unhas ela passa a arrancar as velhas penas. Após o tempo necessário, estará transformada, nova e renascida. E o voo da vida recomeça, pronto para mais três décadas de vida.

Conosco pode acontecer algo semelhante, não necessariamente na metade da nossa vida: é preciso arrancar as penas e libertar-nos do peso do passado; destruir o bico das mágoas e dos ressentimentos; arrancar as unhas do medo, do sentimento de menos valia, da covardia em não arriscar ser profundamente livre.

A ave de maior longevidade nos ensina que é preciso saber fechar ciclos e renascer para o novo: libertar-se dos pesos acumulados ao longo da vida; deixar para trás velhas, sofridas e sufocantes situações. Isso supõe amor e decisão.

Diz Teresa de Calcutá que "os filhos são como as águias, ensinarás a voar mas não voarão o teu voo. Ensinarás a sonhar, mas não sonharão os teus sonhos. Ensinarás a viver, mas não viverão a tua vida. Mas, em cada voo, em cada sonho, e em cada vida permanecerá para sempre a marca dos ensinamentos recebidos".

As águias amam voar alto. Talvez esta ousadia de liberdade e de ver o mundo do alto nem sempre seja compreendida por quem gosta de viver em baixo ou para quem prefere rastejar. Por isso as pessoas que não arriscam novas alturas vivem criticando o que não compreendem e não arriscam.

Outro dado curioso e instigante é a ação das águias diante das tormentas. Diferentemente dos passarinhos, elas não se escondem, mas abrem suas robustas asas, atravessam a tempestade e pairam sobre o que parece assustador. Elas sabem que acima das nuvens escuras existe claridade e, lá, o sol tende a brilhar.

Outra lição que as águias nos ensinam é sobre a construção de seus ninhos. São grandes e consistentes no penhasco. São ninhos bem protegidos contra as rajadas de vento e situações adversas da natureza. As águias investem na construção de um ninho espaçoso e seguro. Elas ensinam que é preferível construir algo seguro desde a primeira vez do que colocar em risco os filhotes e viver reformando o próprio ninho.

Uma águia, quando em perigo, diante de uma serpente, não foge, mas enfrenta. O curioso é que ela não luta com a serpente no chão. Ela a agarra e a leva para um outro patamar, isto é, para as alturas do céu e lá se passa a batalha. Uma cobra não tem nenhuma resistência, nenhum poder, nenhum equilíbrio no ar. Revela-se fraca e vulnerável. Já no chão ela é mortal, sábia e poderosa.

Esta postura das águias é relevante para nós, pois muitos dos nossos problemas, ameaças e dificuldades deveriam ser encarados e levados para outros patamares. É sinal de sabedoria tirá-los dos contextos onde nos ameaçam e onde não costumam ser compreendidos nem solucionados. A nossa inteligência sempre deveria ser mais sábia que a perspicácia do inimigo.

É sábio saber retirar-se de certos ambientes e contextos, não como fuga, mas para adquirir maior lucidez, um novo olhar e um jeito diferenciado para lidar com esta mesma realidade. "Não conseguimos mudar coisa alguma sem antes aceitá-la. A condenação não liberta, oprime," afirma Carl Jung.

Levar as dificuldades e as ameaças para 'outras alturas' também pode ser aplicado a outros campos do viver. E esta mudança começa com a compreensão. Vejamos algumas realidades que aprofundam este novo olhar:

"Resista a tudo, menos à tentação" (Oscar Wilde). Considero sábia esta afirmação no sentido de encarar com coragem a vida com suas tentações - de todos os tipos e naturezas – com um olhar mais natural, menos sofrido e menos moralizante. Em vez de lutar e sofrer, muitas vezes sem razão, seria melhor admitir as tentações como possibilidades reais e não apenas como inimigas. Elas tentam, mas não matam. Elas desafiam, mas não são a totalidade da realidade. Esta nova visão tira o próprio ímpeto exagerado de muitas tentações. Isso não quer dizer que temos que nos render a elas, mas encará-las com mais naturalidade, humanidade e leveza. Vale lembrar que as tentações não costumam 'laçar' pessoas descomprometidas. São mais fortes em pessoas engajadas e fiéis a uma missão libertadora. As tentações, neste segundo contexto, desafiam a sinceridade de escolhas feitas, atestam e autenticam este estilo de vida comprometido. "Quando as folhas tremem, o problema não é das raízes" (Wole Soyinka)

> **"É necessário sair da ilha para ver a ilha. Não nos vimos se não saímos de nós"** (José Saramago). A boa distância faz ver melhor. Não se trata de uma distância vazia, mas de um espaço de lucidez que faz ver o todo. Viver é decidir, é ter coragem para correr riscos e é aprender a libertar-se dos apegos. **"Um barco está seguro no porto. Mas os barcos não são feitos para isso"** (John A. Shedd). Ser livre é abandonar as falsas seguranças e lançar-se para a profundidade do mar e para a generosidade do amar.

"Quem vive, se vive, não se vê: vive... Se alguém consegue ver a própria vida, é sinal de que não a vive mais: a suporta, a arrasta. Arrasta-a como uma coisa morta. Porque toda forma é uma morte." (Pirandello)

Duas coisas que não convém esquecer nunca: quem nos estendeu a mão em momentos difíceis e quem a soltou para que pudéssemos fazer o nosso próprio caminho. A amizade nos encoraja e os desafios nos tornam sujeitos; a amizade nos faz caminhar e a liberdade nos faz voar. Os barcos são parceiros do mar e da profundidade do arriscar. O paradoxo pode ser um dilema entre uma segurança que pode ser falsa e a liberdade que deseja transcender e se arriscar.

> **"A viagem não acaba nunca.** Só os viajantes acabam. E mesmo estes podem prolongar-se em memória, em lembrança, em narrativa. Quando o visitante sentou na areia da praia e disse: 'Não há mais o que ver', sabia que não era assim. O fim de uma viagem é apenas o começo de outra. É preciso ver o que não foi visto, ver outra vez o que se viu já, ver na primavera o que se viu no verão, ver de dia o que se viu de noite, com o sol onde primeiramente a chuva caía, ver a seara verde, o fruto maduro, a pedra que mudou de lugar, a sombra que aqui não estava. É preciso voltar aos passos que foram dados, para repetir e para traçar caminhos novos ao lado deles. É preciso recomeçar

a viagem. Sempre" (José Saramago). A chegada é apenas um novo recomeço e o fechamento de um ciclo é a oportunidade de novos. "A verdadeira viagem de descoberta não consiste em procurar novas paisagens, mas em ter novos olhos" (Marcel Proust).

"Por que você permanece na prisão quando a porta está completamente aberta?" (Rumi). Existem prisões reais e virtuais, algumas com algemas e outras imaginárias. As duas prendem e ameaçam. "Quando eu saí em direção ao portão que me levaria à liberdade, eu sabia que, se eu não deixasse minha amargura e meu ódio para trás, eu ainda estaria na prisão" (Nelson Mandela).

"Um homem que tira a liberdade de outro homem é um prisioneiro do ódio, está preso atrás das grades do preconceito e da pobreza de espírito. Ser livre não significa apenas se livrar de suas algemas, mas sim viver de uma maneira que respeite e reforce a liberdade dos outros." (Nelson Mandela)

Não tem como comprar o sol, mas tem como acolher o seu brilho. Não tem como parar a chuva, mas tem como torná-la fonte. Não tem como fugir das estações, nem deletar corações. Ser livre é uma vocação. Libertar e libertar-se é a mais nobre missão.

"Há muitas pessoas vivendo numa prisão imaginária, são os prisioneiros de suas próprias mentes, ali jogados pelas limitações impostas a si mesmas, aceitando a pobreza e a derrota." (Andrew Carnegie)

Existe um medo travestido de covardia que atormenta muitas pessoas no tocante à liberdade. Pois, para vivê-la, é preciso humildade e coragem para se arriscar no terreno das incertezas e nos desafios diários. Existem pessoas que preferem permanecer na prisão de suas cavernas, orgulhosos das sombras que projetam.

Os homens se acostumam a tudo, inclusive ao medo, às gaiolas e à vida nas cavernas. No processo de libertação é necessário encarar duas frentes: romper as correntes que externamente nos prendem e desatar nós dentro das pessoas, pois uma mente mesquinha também se acostuma a viver presa à covardia.

Se é verdade que "as gaiolas são o lugar onde as certezas moram" (Fiódor Dostoiévski), é verdade também que é nas calçadas e casas da vida, nas oportunidades e possibilidades de novos caminhos, nas fontes e horizontes convidativos e na imensidão do mar e do amar onde a liberdade deseja ser vivida.

"Não é o desafio que define quem somos nem o que somos capazes de ser, mas como enfrentamos esse desafio: podemos incendiar as ruínas ou construir, através delas e passo a passo, um caminho que nos leve à liberdade." (Richard Bach)

"Guardar mágoas e ressentimentos é a mesma coisa que tomar veneno e esperar que o outro morra" (William Shakespeare). Quanta sabedoria está por trás dessa afirmação! Alimentar sentimentos com força destrutiva é dar um tiro no próprio pé; é como cozinhar feijão velho e sem validade, pois gasta-se tempo, gás, e o material usado e não ficará bom. É fundamental entender que nós somos mais, sempre mais. Somos capazes de sair desse círculo vicioso que vai nos destruindo e matando. É preciso aprender a ser mais humano, mais leve, mais tolerante consigo mesmo e com as pessoas. A paciência é o melhor jeito de lidar com as pessoas, as coisas e consigo mesmo, desde o nascimento até a morte. Este é o espaço da real possibilidade de vida com sentido. A vida nos ensina a não confiar muito na língua quando o coração está muito magoado.

"A liberdade não tem qualquer valor se não inclui a liberdade de errar" (Mahatma Gandhi). Onde está o sentido da liberdade? Está na própria vida e na forma de viver no dia a dia, mas está, acima de tudo, nas decisões comprometidas que buscam o melhor. O surpreendente é compreender que o erro pode fazer parte da vida, mas ele não é objetivado e buscado. O objetivo é a busca do melhor e, nesse dinamismo, o erro pode mostrar a sua face. E isso nunca deveria nos assustar, mas fazer repensar certas intolerâncias, perfeccionismos, impaciências e estresses que não agregam nada ao viver e muito menos às relações humanas. É mil vezes melhor o arrependimento de quem se arriscou e nessa dinâmica também errou, do que o erro do arrependimento amargo de quem não mergulhou.

"Para alcançar conhecimento, adicione coisas todo dia. Para alcançar sabedoria, elimine coisas todos os dias" (Lao-Tsé). A arte de viver e conviver poderia ser compreendida neste tríplice horizonte: buscar diferentes e sugestivas informações; transformá-las em conhecimento; e eliminar coisas, manias e apegos na busca de sabedoria de vida. O desafio é aprender a articular informações-conhecimento-sabedoria. O filósofo Immanuel Kant diz que a "ciência é conhecimento organizado. Sabedoria é vida organizada". O conhecimento ajuda a compreender e orientar a vida, e a sabedoria ajuda a reinventar e a projetar a arte de viver. Quanto mais avançamos em idade e em sabedoria de vida, mais vemos a relatividade das coisas e a grandeza do viver com inteireza e sem apegos. A sabedoria não está na aparência, mas no jeito discreto, simples e coerente de ser. Não está no marketing, mas na verdade de ser e fazer o melhor. Está em colocar a missão acima dos ganhos particulares, colocar a vida de todos acima do reconhecimento pessoal e a liberdade de todos como mais importante que a fama. Isso traz um novo brilho. E é paradoxal, indo contra uma corrente movida pela aparência, publicidade, fama e notoriedade.

"Queremos ter certezas e não dúvidas, resultados e não experiências, mas nem mesmo percebemos que as certezas só podem surgir através das dúvidas e os resultados somente através das experiências" (Carl Jung). Estamos diante de um paradoxo que, se bem orientado, traz muita luz e faz encarar a vida como um processo que deve ser vivido e percorrido. Deixar-se tocar pelas dúvidas e mergulhar nas experiências são atitudes inerentes ao jeito de viver na história.

"Ninguém se torna iluminado por imaginar figuras de luz, mas sim por tornar consciente a escuridão." (Carl Jung)

"Amar não é amor". O escritor brasileiro Artur da Távola diz que amar não é amor: "Amar é continente. Amor é conteúdo. Amar é buscar. Amor é saber. Amar é liberdade. Amor é sabedoria. Para se amar, não é necessário o amor. E, sem o amor, o amar passa. Quando existe amor, o amar é melhor. E pode durar. Amar por amor, eis a perfeição. Amar é posse. Amor é doação. Amar foge. Amor reúne. Amar é delícia instintiva. Amor é milagre existencial. Amar tolda. Amor revela. Amar é alegria. Amor é felicidade. O amor sente. O amor sabe. O amar está. O amor é". Nós somos, acontecemos, realizamos e amamos.

"Quando o poder do amor superar o amor pelo poder, o mundo conhecerá a paz." (Jimi Hendrix)

Este capítulo tentou mostrar como a sabedoria de vida tem uma forte conotação paradoxal. Começou sublinhando a beleza das pessoas que sabem se alegrar com a alegria e o sucesso alheios. Em seguida, lançamos um olhar sobre a forma estratégica que as águias usam para superar desafios e vencer batalhas. E, por fim, admitimos e refletimos sobre dez situações nas quais essa postura de um novo olhar pode fazer toda a diferença na forma de encarar situações da vida cotidiana.

"As pessoas são pesadas demais para serem levadas nos ombros. Levo-as no coração."
(Dom Hélder Câmara)

5. Banhar-se para não morrer

Um elemento importante a ser refletido é compreender o ser humano como alguém que só se realiza na relação com os outros no mundo. Sim, o que realiza ou deforma o viver é a forma como nos relacionamos com tudo, com todos e com o todo da vida. A vida é tecida nas relações com pessoas bastante iguais e ricamente diferentes.

"As relações que desafiam o tempo são aquelas construídas sobre a arte de conversar."
(Friedrich Nietzsche)

Não é de bom tom gastar as nossas energias, o melhor do nosso tempo para sermos sempre os mesmos. Não é justo gastar as nossas forças e o nosso melhor para tentarmos ser sempre iguais. Nós nunca somos iguais e sempre somos a mesma pessoa. Sempre aprendemos, crescemos e amadurecemos, e não entrar neste movimento é negar a própria dinâmica do viver. Se tem algo que não muda é a constatação de que tudo muda.

Vivemos em contextos de rápidas mudanças e devemos mudar nessa mesma dinâmica, sem perder as raízes na recriação dos valores. É estranho ver pessoas que vivem uma vida "formol", termo usado pelo filósofo Mário Sérgio Cortella, ou que vivem congelados e não entram nesse movimento sempre novo e sempre surpreendente do viver.

Aqui vale a pena ler, reler e refletir o belo texto de Martha Medeiros sobre o que ela chama de morte lenta. Esse texto foi publicado em um jornal no Rio Grande do Sul no ano de 2000:

"Morre lentamente quem se transforma em escravo do hábito, repetindo todos os dias os mesmos trajetos, quem não muda de marca e não se arrisca a vestir uma nova cor ou não conversa com quem não conhece. Morre lentamente quem faz da televisão o seu guru. Morre lentamente quem evita uma paixão, quem prefere o negro sobre o branco e os pontos sobre os 'is' em detrimento de um redemoinho de emoções, justamente as que resgatam o brilho dos olhos, sorrisos dos bocejos, corações aos tropeços e sentimentos. Morre lentamente quem não vira a mesa quando está infeliz com o seu trabalho, quem não arrisca o certo pelo incerto para ir atrás de um sonho, quem não se permite, pelo menos uma vez na vida, fugir dos conselhos sensatos. Morre lentamente quem não viaja, quem não lê, quem não ouve música, quem não encontra graça em si mesmo. Morre lentamente quem destrói o seu amor-próprio, quem não se deixa ajudar. Morre lentamente quem passa os dias queixando-se da sua má sorte ou da chuva incessante. Morre lentamente quem abandona um projeto antes de iniciá-lo, não pergunta sobre um assunto que desconhece ou não responde quando lhe indagam sobre algo que sabe. Evitemos a morte em doses suaves, recordando sempre que estar vivo exige um esforço muito maior que o simples fato de respirar. Somente a perseverança fará com que conquistemos um estágio esplêndido de felicidade."
(Fonte: Jornal Zero Hora em 1 nov. 2000)

São inúmeras as dicas, questionamentos, horizontes, que Martha nos apresenta nesse texto. Reflexões que podem ser atitudes em nossa vida diária. Não basta existir, é preciso viver. Não basta fazer, é preciso significar. Não basta entender, é preciso compreender. Não basta sentir, é importante decidir. Não basta realizar, é urgente se realizar. Não basta ser diferente, é preciso diferenciar.

Concluo este capítulo citando Lya Luft que diz que "a maturidade me permite olhar com menos ilusões, aceitar com menos sofrimento, entender com mais tranquilidade, querer com mais doçura".

SENTIDO DA VIDA E OUTROS SENTIDOS

1. Pelas portas dos sentidos

Minha pretensão aqui não é elaborar uma teoria sobre o sentido da vida. Longe disso. Quero apenas refletir, sinalizar e desafiar dimensões importantes que podem ajudar a mergulhar naquilo que são portas e janelas para que o sentido da vida possa ser real e palpável.

Nós não temos um corpo, mas somos um corpo dotado de cinco sentidos que nos possibilitam interagir com o mundo externo, com pessoas, objetos, luzes, cores, fenômenos climáticos, cheiros, sabores. Através de determinados órgãos do corpo humano são enviadas ao cérebro as sensações, utilizando uma rede de neurônios que fazem parte do sistema nervoso.

O sentido da vida passa pelos sentidos e é neles vivenciado. Por isso é fundamental decidir dar voz, vez, movimento e liberdade aos sentidos para que possam mergulhar no que pode significar, para que possam deixar entrar em nós o que deseja dar sentido e para que se estabeleçam pontes entre o nosso mundo interno e o nosso mundo externo.

A audição é a capacidade de ouvir os sons, vozes, ruídos, barulhos e músicas provenientes do mundo exterior. O ouvido capta as ondas sonoras e as envia para que o cérebro faça a interpretação daquele som. O verbo *interpretar* é importante e dá ao homem uma originalidade em relação a todos os outros seres vivos. Saber escutar é uma arte. E poder escutar, sentir, deixar ressoar e interpretar o que se escuta é um dos mais nobres privilégios do viver. E como faz bem escutar uma música, curtir um sorriso de criança, ouvir uma chuva, curtir os sons da natureza! Como faz bem escutar vozes que incentivam, encorajam, elogiam e declaram o amor!

A visão é a capacidade de visualizar objetos, pessoas, cores, horizontes... O olho capta a imagem e envia para o cérebro, para que este faça o reconhecimento e a interpretação. O homem consegue olhar e aprende a contemplar o que é a arte de se deixar fazer e configurar. Como faz bem poder ver, contemplar e lembrar as imagens mais lindas que estão guardadas dentro de nós! Nós podemos ver e contemplar, ouvir e escutar! E podemos muito mais.

"Sua visão se tornará clara apenas quando você puder olhar dentro de seu coração. Quem olha para fora sonha, quem olha para dentro acorda." (Carl Jung)

O paladar, por sua vez, permite sentir o gosto dos alimentos e das bebidas. Na superfície de nossas línguas existem milhares de papilas gustativas. São elas que captam o sabor dos alimentos e enviam as informações ao cérebro, através de milhões de neurônios. Não só sentimos os sabores, como também podemos temperar com eles o nosso jeito de ser e de viver. Como é bom poder ver, ouvir e saborear!

"Liberdade é como saborear um passeio de bicicleta sem precisar apostar corrida com ninguém. Apenas pedalar. No nosso ritmo." (Ana Jácomo)

O tato é o sentido que permite ao ser humano sentir o mundo exterior através do contato com a pele. Abaixo da pele humana existem neurônios sensoriais. Quando a informação chega ao cérebro, uma reação pode ser tomada de acordo com a necessidade ou vontade. O abraço nos aproxima, o calor nos humaniza e os encontros nos fazem reconhecer. Faz bem demais entrar em contato com outras pessoas através do toque e da sensibilidade de peles.

"Olhe com os olhos. Ouça com os ouvidos. Saboreie com a boca. Cheire com o nariz. Sinta com a pele." (George R. R. Martin)

O olfato está relacionado à capacidade de sentir o cheiro das coisas. O nariz possui a capacidade de captar os odores do meio externo. Esses cheiros são enviados ao cérebro que efetua a interpretação. O olfato nos faz sentir os perfumes, o cheiro da terra quando chove. Nós não só podemos sentir os cheiros, mas também deixar que o cheiro do bom humor e da alegria de viver configurem a nossa vida. Que privilégio nós temos em poder sentir os cheiros, saborear o melhor, tatear novas emoções, escutar o palpitar da vida e contemplar as maravilhas que a vida nos apresenta!

"Amar é beber um cheiro." (João Morgado)

Diz o filósofo Aristóteles que "nada está no intelecto sem antes ter passado pelos sentidos". Isso significa dizer que o conhecimento é obtido através das sensações e dos órgãos sensoriais. O ser humano precisa experienciar o mundo para aprender sobre ele. Os sentidos são as pontes que nos conectam com o mundo e trazem, para dentro de nós, o que nele pode ser captado.

Para Aristóteles, o ser humano aprende de maneira empírica, em contato com o mundo. Por isso o título desse capítulo nos convida a abrir as portas e as janelas, isso é, para entrar e sair, para olhar para além das paredes, para arejar a casa da nossa existência.

"Há olhos que agradam e acariciam a gente como se fossem mãos", confirma Rubem Alves. Se com os olhos abertos vemos o mundo fora de nós, com eles fechados vemos o mundo dentro de nós. Fechamos os olhos para sentir melhor. Os beijos e as orações, por exemplo, são tão bem sentidos porque são vividos com os olhos fechados. Dormimos com os olhos fechados para sonharmos por dentro.

"Sorrir com os olhos fechados é enxergar uma felicidade que pode ser vista pelo coração."
(Gustavo Boroni)

Concluo este capítulo nadando, voando, caminhando e acontecendo nos cinco sentidos:

> "Perguntei à terra, ao mar, à profundeza e, entre os animais, às criaturas que rastejam. Perguntei aos ventos que sopram e aos seres que o mar encerra. Perguntei aos céus, ao sol, à lua e às estrelas e a todas as criaturas à volta da minha carne: minha pergunta era o olhar que eu lhes lançava. Sua resposta era a sua beleza." (Santo Agostinho)

> "Amai para entendê-las! Pois só quem ama pode ter ouvido capaz de ouvir e de entender estrelas." (Olavo Bilac)

> "O maravilhoso de falar com os olhos é que não existem erros gramaticais. Os olhares são frases perfeitas." (A. Sorge)

O sentido da vida acontece nas experiências que tocam o maior número possível dos nossos sentidos. É importante dar a cada sentido o seu sentido real, mas também deixar-se levar pela beleza poética que cada um deles pode desencadear e proporcionar. Parece simples, mas supõe liberdade, desejo, mergulho, decisão e tempo. Dessa forma será possível arejar e significar a nossa vida.

> "Se tivesse de viver de novo minha vida, na próxima trataria de não ser tão perfeito... correria mais riscos, faria mais viagens, contemplaria mais crepúsculos, escalaria mais montanhas, nadaria mais em rios, comeria mais sorvetes, viajaria com menos coisas, andaria mais descalço desde o começo da primavera até o fim do outono, contemplaria mais alvoradas, brincaria com as crianças..." (Jorge Luiz Borges)

2. Núcleo de vida

Na vida pessoal e social convivemos com muitos paradoxos. São experiências sem uma lógica matemática, são situações e desafios que provocam perplexidade e, ao mesmo tempo, esperança. Perplexidade, porque nem sempre sabemos como proceder, e esperança, porque existe uma convicção no coração das pessoas e no âmago da sociedade que o bem tem a última e decisiva palavra. Existe a confiança de que a resistência no bem é mais forte que a força do mal.

"Acredito que a verdade desarmada e o amor incondicional terão a última palavra."
(Martin Luther King)

E isso tem tudo a ver com o sentido da vida. Por quê? Porque mesmo mergulhados em situações complexas, experiências estranhas e sofrimentos inomináveis, existe uma luz no fim do túnel. E, quando essa luz não é visível, as pessoas e os grupos experimentam que eles mesmos podem ser luz em ação.

De onde vem essa vivência tão carregada de força? É a experiência pessoal, familiar, social e histórica de que existe um núcleo de vida ou uma potência de vida presente e atuante em todas as pessoas de bem, lideranças justas, homens e mulheres amigos da verdade e do amor. Esse núcleo de vida é mais forte que a morte, é mais transformador que todos os sinais que tentam diminuir, usar e agredir o dom maior que é a vida. "Há dentro de nós uma chama sagrada coberta pelas cinzas do consumismo, da busca de bens materiais, de uma vida distraída das coisas essenciais. É preciso remover tais cinzas e despertar a chama sagrada. E então irradiaremos. Seremos como o sol", diz Leonardo Boff.

É imperativo categórico "lutar pela igualdade sempre que as diferenças nos discriminarem. Lutar pela diferença sempre que a igualdade nos descaracterizar", contextualiza Boaventura de Souza Santos.

Recorro ao pensador moçambicano Mia Couto, que diz que "há neste mundo mais medo de coisas más do que coisas más propriamente ditas". Essa citação situa bem a questão do medo e dos fantasmas que podem nos assustar e imobilizar mais do que a própria verdade.

Vamos pegar carona com Mia Couto para compreender e situar melhor esta questão. Ele diz que "para fabricar armas é preciso fabricar inimigos. Para produzir inimigos é preciso alimentar fantasmas... Vende-se a ideia e cria-se um clima de que a realidade é perigosa, a natureza é traiçoeira e a humanidade é imprevisível". Esse é um discurso que muitas tendências de extrema direita adotam e proliferam, exatamente para legitimar o seu fanatismo, para vender as suas ideias e seus produtos.

Mia Couto constata que "hoje se realizam mais seminários sobre segurança do que sobre a justiça... Hoje existe uma arma chamada fome. O custo de superação da fome é pequeno em relação aos gastos em armas". O triste disso tudo é que muitos meios de Comunicação Social amam esse tipo de notícia e lhe dão grande espaço, com um sensacionalismo doentio e alienante. Muitas vezes eles são movidos por interesses ou são patrocinados pelos mesmos grupos e interesses que matam. Por que será? E até quando os interesses econômicos terão mais força que os valores que constroem a humanidade?

Mesmo em meio a esta fumaça assustadora e a realidade ameaçante fabricada por interesses e pela mídia, as pessoas e os grupos movidos por atitudes cidadãs, por valores éticos e pelo amor a tudo o que defende, valoriza e constrói a vida, não desanimam jamais. Elas sabem, confiam e procedem em suas vidas na esperança de que a última palavra é do bem, é da vida.

Vamos lembrar uma citação de Santo Agostinho, que afirma que "a esperança tem duas filhas lindas: a indignação e a coragem. A indignação nos ensina a não aceitar as coisas como estão; e a coragem, a mudá-las".

Vejamos quatro contextos que revelam a existência de um núcleo e potência de vida maiores que tudo:

Experiências pessoais – Quem nunca experimentou a perda de pessoas queridas, ou se frustrou com amigos, ou perdeu um grande amor, ou perdeu negócios ou bens que possuía? Na ocasião parecia o fim, porém, com o tempo e com as escolhas feitas no tempo, alguma coisa começou a mudar dentro de nós. Tudo parecia cinzas. Porém, quando estas foram colocadas de lado, foi possível ver que, por debaixo delas, ainda existia uma brasa. Com leves sopros, alguma palha ou papel, gravetos e lenha, o fogo foi se reacendendo. Essa imagem exemplifica e ajuda a compreender que existe algo maior em todos nós que a dor da perda, que o sofrimento do fracasso e que o desânimo nas decepções. A nossa experiência individual e as dores superadas, compartilhadas com pessoas que conhecemos revelam a presença e ação de algo que é mais forte que tudo.

Sabedoria da natureza – Outra experiência que testemunha a presença de um núcleo de vida está no coração da natureza. Ali é possível perceber que nenhuma noite, por mais escura que seja, consegue impedir o novo amanhecer. Esse olhar para fora de nós é um convite para perceber esse mesmo movimento dentro de cada um de nós, em nossas famílias, comunidades e na sociedade. A luz vence a escuridão. Fomos criados para a luz e para brilharmos na vida das pessoas, de grupos, culturas, civilizações.

Contextos sociais – Outra situação na qual o núcleo de vida prevalece e se afirma – e não o da morte – são as experiências coletivas difíceis vividas em alguns países: a compreensão da realidade, a coragem, a força da união das pessoas e organizações comprometidas com a vida, dissipou o *apartheid* vivido na África. As ditaduras que tanto mancharam a terra de sangue em diferentes países, sobretudo na América Latina, caíram por terra. A queda das mesmas foi movida pelos direitos das pessoas, culturas, movimentos sociais, organização da sociedade. E as novas ditaduras que desejam se impor passando por cima da ética, dos direitos humanos, do respeito, da justiça social, ainda em nossos tempos, têm data de validade. Por quê? Porque são como casas construídas sobre a areia e não sobre as rochas. Os fundamentos são frágeis e autodestruidores porque não respeitam os direitos das pessoas, são excludentes, agridem a democracia, a ética e a cidadania. É triste ver como muitas dessas ditaduras produziram tanta fome, exclusão, miséria e morte, mas não prevalecerão porque existe uma força que conecta as pessoas do bem, que aproxima lideranças que não se calam diante das injustiças e que fazem olhar para o bem coletivo para além de interesses pessoais e ideologias de grupos. Claro que não é o núcleo de vida que vai mudar a realidade, mas ele move pessoas e grupos. Não é a fumaça que nos aquece, mas o fogo. Não é o rastro que nos transporta, mas o barco. Não são as ondas que dão a direção, mas a bússola. Não é a força da água que governa, mas a liberdade de decisão. Não são os desafios reais que desgastam, mas os problemas imaginários. Não é o amor que muda o mundo, mas as pessoas movidas por este dinamismo. Não é a cronologia da idade que mais envelhece, mas as lamentações e a falta de sonhos. Não é a comida que alimenta o conhecimento, mas a sã curiosidade. Não é a natureza que não dá sinais, mas o homem que insiste em não interpretá-los. Não é o "era uma vez" que muda a história, mas o "será desta vez" que fará a diferença.

Na palavra de Deus – Nela nós encontramos inúmeros exemplos dessa convicção de vida, de fé e de esperança. No *Evangelho de Lucas*, nos primeiros capítulos, Maria canta o *Magnificat*. É um cântico que aponta desafios e afirma que todos os poderosos cairão de seus tronos e os humildes serão elevados. E aqui não se trata só de pensar em termos de bens materiais, pois tem gente que é tão pobre que a única coisa que tem é dinheiro. Cairão de seus tronos todos os que usarem as pessoas como escadas, que não forem justos, que não entenderem o sentido das coisas enquanto meios e não como fins. Mas o exemplo mais contundente no Evangelho está em Jesus Cristo que teve apenas três anos de vida pública para apresentar ao mundo um novo jeito de ser e de viver com sentido. Os últimos dias de sua vida – na paixão, crucificação e morte de cruz – foram um verdadeiro massacre dando a sensação de que a força do mal estava "dando de goleada" nos humildes e corajosos do bem. Aliás, todo tipo de agressão, humilhação e morte são retratos dessa pretensão. Ele foi morto violentamente. Porém, no silêncio do primeiro dia da semana, Deus Pai o ressuscita dos mortos e ele é reconhecido pelas mulheres e discípulos: "é Ele". Essa vitória da vida sobre o mal e sobre a morte é um "tapa na cara" de todos os violentos, agressivos, desumanos, interesseiros e injustos. Não foi um outro Jesus que ressuscitou, mas o mesmo Jesus histórico: "é Ele", isto é, o mesmo que conviveu com os discípulos, com a sua mãe, com o povo, com os excluídos de seu tempo. A ressurreição de Jesus tem um sentido teológico, espiritual, humano e social importante: é a aprovação, por parte de Deus Pai, do projeto de vida para a humanidade testemunhado e pregado por Jesus, com suas escolhas, anúncios e denúncias, e com a liberdade frente aos poderes religiosos, econômicos e políticos opressores.

"Tentaram nos enterrar, mas não sabiam que éramos sementes." (Provérbio mexicano)

Um reino dividido não prospera. Uma mentira dita hoje exige duas amanhã para justificar a de hoje, e assim sucessivamente. Dizem que as mentiras têm pernas curtas e há mentiras tão absurdas que nem pernas têm. A lógica da falsidade faz tropeçar sobre as próprias contradições quem faz uso dela. A mentira é igual à vingança: pode dar um prazer momentâneo, porém, traz um vazio e uma dor de consciência intermináveis.

"O amor é a morte da morte, ou melhor, seu acolhimento, aquilo que a compreende e a supera." (Jean-Yves Leloup)

Esse núcleo de vida é mais forte que a soma de todas as mentiras e é mais forte que a própria morte. É ele que desmascara a falsidade, a desonestidade, a covardia, a dominação, a mentira... Tudo o que não está construído sobre o fundamento da verdade, do amor e da justiça cai por terra.

3. O sentido dos sentimentos

Uma das linguagens mais bonitas e importantes em nossa vida se expressa através dos nossos sentimentos. Eles nos ajudam a compreender a vida e a fazer boas escolhas. Sigo minhas reflexões viajando pela sabedoria de vários pensadores que refletem a importância, o respeito e força reveladora dos sentimentos. "Mas onde se deve procurar a liberdade é nos sentimentos. Esses é que são a essência viva da alma", afirma Johann Goethe. É por isso que é tão importante parar na vida, escolher silenciar para escutar, escutar para compreender e discernir para decidir. "Se quisermos compreender alguma coisa, precisamos nos dedicar ao silêncio", diz Frederico Fellini.

Já Mahatma Gandhi nos deixa este tesouro em forma de reflexão: "Se eu pudesse deixar um presente, deixaria o acesso ao sentimento de amor; a consciência de aprender o tudo ensinado pelo tempo afora; lembraria os erros cometidos para que não mais se repetissem; a capacidade de escolher novos rumos. Deixaria a você, se pudesse, respeito ao indispensável: além do pão, o trabalho; além do trabalho, a ação. E quando tudo mais faltasse, um segredo: o de buscar no interior de si mesmo a resposta para encontrar a saída" (Mahatma Gandhi).

John Powell diz que "meus sentimentos são como minha impressão digital, como a cor dos meus olhos e o tom de minha voz: únicos e irrepetíveis. Para você me conhecer é preciso que conheça meus sentimentos. Minhas emoções são a chave para a minha pessoa. Quando lhe dou essa chave, você pode entrar e compartilhar comigo o que tenho de mais precioso para lhe oferecer: eu mesmo".

Não podemos ficar apenas escutando os sentimentos, mas perceber o que eles desejam e para que horizontes apontam. Os bons sentimentos – de paz, alegria, coragem, esperança, confiança, entusiasmo, entre outros – costumam indicar um caminho bom a ser seguido. Já os sentimentos tidos como negativos e que nos deixam desolados, apontam o contrário.

Os sentimentos aparecem e se manifestam de forma natural, mas também podem ser provocados diante de situações que nos desafiam, diante da natureza encantadora, diante da dor humana. Cabe a nós o discernimento. Cabe a nós a interpretação dos mesmos e sentir o que eles desejam revelar.

O poeta Mário Quintana projeta uma luz que esclarece o que costuma ser motivo de sofrimento na vida de muita gente pelo tipo de confusão que fazem. Ele diz: "Somos donos de nossos atos, mas não donos de nossos sentimentos; somos culpados pelo que fazemos, mas não somos culpados pelo que sentimos; podemos prometer atos, mas não podemos prometer sentimentos... Atos são pássaros engaiolados, sentimentos são pássaros em voo".

A escuta dos sentimentos traz consigo o que na vida deseja ser significativo. Não existe um manual sobre isso porque a história de cada pessoa é diferente, mas é no coração dessa história em que pulsam e vibram sentimentos que são verdadeiras setas indicativas ao que quer dar sentido ao viver.

Além disso, é tarefa-missão de toda pessoa respeitar e valorizar os sentimentos alheios. Ninguém tem o direito de condená-los e muito menos machucá-los ou feri-los. Agredir os sentimentos de alguém é agredir o Criador que nos faz sentir e amar, e é agredir-se, pois costumamos morar no coração dessas pessoas.

Em meio a uma reflexão, um palestrante perguntou à plateia, composta por pessoas de todas as idades: "Levanta a mão quem está sofrendo!". Entre as muitas mãos que foram erguidas, chamou atenção a mãozinha erguida de um criança sentada entre os seus pais. Então, a mãe pergunta à filha: "Filha, você já sofre?", e ela prontamente respondeu: "Mamãe, o seu sofrimento é meu sofrimento também".

4. O sentido dos sofrimentos

O importante na vida é ser bom e verdadeiro, ou seja, aprender diariamente a ser verdadeiramente bom. As pessoas boas são justas e as verdadeiras estão no caminho da felicidade. Ser bom e verdadeiro é ser honesto, autêntico. Se na existência humana existe um sincero propósito de vida, o sofrimento também faz sentido dentro dessa perspectiva.

"Nada é tão bom quanto o amor, nem tão verdadeiro quanto o sofrimento."
(Alfred de Musset)

Sofrer exerce um papel importante no viver: aprimora e amadurece o homem. Por isso que até mesmo nos momentos sofridos temos que ser dignos, pois trata-se de uma importante escola de aprendizagem que desperta o nosso melhor e nos conecta com o que é essencial ao viver. Anatole France não hesita em afirmar que "muito aprendeu quem bem conheceu o sofrimento".

Não se trata de procurar sofrimento, pois isso seria masoquismo. Aqui falamos do sofrimento – e não da tristeza – como algo inerente ao viver comprometido e com sentido. O que diferencia muitas pessoas é a forma de reagir diante dele. Vejamos alguns tipos de postura diante do sofrimento.

Vivência – O sofrimento é uma vivência pessoal. Ele não se deixa medir, quantificar nem pesar. É uma experiência individual e inédita, mesmo que difícil. Podemos ser solidários com a dor alheia, mas a forma de senti-la é algo único e pessoal. "Posso partilhar tudo, menos o sofrimento" (Oscar Wilde).

Desistência – Algumas pessoas fazem de tudo para desistir ou fugir do sofrimento e até mesmo da vida. É um caminho perigoso porque não nos faz atravessá-lo e, como tal, não vai nos amadurecer nem fazer crescer.

Convivência – Outras pessoas decidem conviver com o sofrimento, ou se acostumam com ele, ou mesmo o projetam para longe. É um caminho passivo de conformidade e não de enfrentamento e possível superação. É uma oportunidade de vida que não é encarada. "Muitas vezes nos refugiamos no futuro para escapar do sofrimento" (Milan Kundera).

Resiliência – Outro caminho digno de louvor é a resiliência, isto é, o uso da capacidade humana para resistir, lidar e superar os sofrimentos dentro de um caminho que está sendo construído. São pessoas focadas, decididas e convictas de que a dor é passageira. Confiam que a luz não só será amiga fiel depois das curvas da vida, mas persistem porque sentem que é a própria luz que as faz seguir.

"A alegria está na luta, na tentativa, no sofrimento envolvido e não na vitória propriamente dita." (Mahatma Gandhi)

Provavelmente existem outras posturas diante do sofrimento. E as mencionadas não se excluem. Algumas se complementam. "O sofrimento é o melhor remédio para acordar o espírito", diz Émile Zola. A dor tem sentido quando ela é vivida e atravessada dentro de um horizonte de missão e de sonho em movimentação. "Sofrimento é privilégio dos que sentem", diz Clarice Lispector.

Vejamos alguns exemplos da vida que nos ajudam a compreender o valor positivo do sofrimento: o ouro é apurado pelo fogo para se tornar ouro puro; a videira é podada para produzir frutos mais saborosos; a pedra é talhada e burilada para se tornar pedra preciosa; a água suja ou poluída dos rios se purifica no movimento em contato com a terra, pedras, raízes e beiradas; a ostra não fica chorando ou lamentando as ameaças externas, mas transforma-as em pérolas.

Não podemos levar uma vida *à la carte*: o bolso não pode ser mais importante que os cuidados com o coração, a dimensão legal não pode ser mais relevante que a dimensão moral, a dimensão econômica não pode ser mais considerada que a dimensão humana, nem a vingança e o ódio devem ser mais sublinhados que o perdão e a reconciliação.

O sofrimento expõe a nossa humildade e a nossa firmeza, afirma a nossa confiança e a nossa grandeza, expande a nossa solidariedade e a nossa gentileza e instaura uma nova humanidade e uma nova beleza.

Em tempos de cultura fragmentada, na qual quase tudo é visto como descartável e provisório, é importante perceber o que é "fogo de palha" e o que é perpassado por valores consistentes.

"Aprenda com o sofrimento. A ferida é o lugar por onde a luz entra em você." (Rumi)

O sofrimento deixa verdadeiros mapas em nosso corpo, bússolas em nossos desejos e orientações de sentido da vida. "O sofrimento é o nosso meio de vida porque é o único meio através do qual temos consciência de existir. A lembrança dos sofrimentos passados nos é necessária como um testemunho, uma prova de que continuamos a manter a nossa identidade" (Oscar Wilde). Por isso que o sofrimento vivido e atravessado não é uma represa de dor, mas uma importante fonte de vida.

"Embora o mundo esteja cheio de sofrimento, está também cheio de vitórias contra ele." (Helen Keller)

5. Quando o sentido do viver é ser

Segue uma breve reflexão sobre o bem, o mal e o natural. Uma compreensão equivocada dessas três realidades pode causar sofrimento e até mesmo injustiça. Minha interpretação aqui não é para ter razão, mas para ajudar nas reflexões.

Não tenho dúvidas de que todo homem nasce bom. Ele não nasce dividido entre o bem e o mal. Na medida em que vai crescendo, convivendo e interagindo com outras pessoas e em contextos diversos e adversos da vida, ele pode ser contagiado pela força do mal. Ele pode internalizar alguns desvios de conduta, falsos valores, posturas artificiais, preconceitos, intolerância, entre outros. Portanto, o mal não é algo inerente e nem faz parte da essência do homem.

O homem situado no tempo e na história pode se sentir tentado e, não raras vezes, se rende à tentação e às consequências maléficas.

Aqui não se trata de fazer um tratado sobre o bem, o mal e o natural, mas apenas ir além de um dualismo histórico entre o bem e o mal. Tudo era visto dentro dessas perspectivas. Vamos tentar compreender que entre o bem e o mal existe o natural. Este é da natureza e em si mesmo não é nem bom nem mau. Pode se tornar algo bom ou mau conforme a adesão da liberdade do homem, isso é, dependendo da decisão ele tomar frente ao que, a princípio, é apenas natural.

Vejamos alguns exemplos: a raiva em si não é boa nem má, mas natural. O mesmo podemos dizer da fúria ou de sentir atração por pessoas do mesmo sexo ou sexo oposto. São sensações absolutamente naturais: porque acontecem e decorrem da própria natureza diante de situações espontâneas. A raiva, por exemplo, pode ser usada tanto para o mal como para o bem. Imagine um treinador de futebol canalizar este sentimento natural de raiva para a prática esportiva. Com certeza haverá superação e surpresa em perceber a força propulsora que um sentimento natural pode dar.

Um sentimento de fracasso pode servir para fazer-se de vítima como também para ser trampolim de superação. "Não desanime frente ao fracasso. O fracasso é, de certa forma, a estrada para o sucesso. A descoberta do que é falso nos leva a procurar com firmeza o que é verdadeiro. Cada experiência desastrosa desvenda um tipo de erro que poderá ser evitado depois" (John Keats). Cabe ao homem decidir o que fará das mais variadas sensações que sentir no dia a dia.

"O que não escrevi, calou-me. O que não fiz, partiu-me. O que não senti, doeu-se. O que não vivi, morreu-se. O que adiei, adeu-se." (Affonso Romano de Sant'Anna)

Dentro desse quadro, vejamos duas tarefas importantes apresentadas para a liberdade do homem por dois expoentes da filosofia antiga: Sócrates nos convida para o **conhecimento** ("conhece-te a ti mesmo"), enquanto Platão nos desafia a uma tarefa insistente e diária de **vencer-se** ("vencer-se a si mesmo é a maior das vitórias").

Dentro da temática deste capítulo, é importante conhecer o que é bom, o que é mau e o que é natural. Quando se tem essa clareza, a postura de vida muda em relação a isso. Um árbitro de futebol, por exemplo, não precisa advertir um jogador quando dá um grito de desabafo porque errou uma jogada ou porque perdeu um gol. Isso não é ruim nem bom porque não é a favor ou contra ninguém, é apenas colocar para fora o mal-estar que ele sente pelo acontecido. Algo parecido acontece com a educação das crianças nas famílias, nas escolas: muitas reações não são indisciplinadas, mas naturais. Existem conflitos e para o bem da saúde psíquica, tem hora que é melhor explodir do que implodir.

A busca do "vencer-se" não é propriamente em relação ao que é natural, mas em relação à tentação de ceder às garras maléficas de sentimentos naturais. Por exemplo: deixar-se levar pela fúria e agredir pessoas.

Quando uma pessoa se conhece bem, consegue lidar melhor consigo, com os outros e com o entorno da sua vida. "Se queres vencer o mundo inteiro, vence-te a ti mesmo" (Fiódor Dostoiévski).

O autoconhecimento nunca é algo finalizado e nem o vencer-se é definitivo. A cada dia que vivemos, novos desafios se apresentam. No fundo, isso é bom e desafia o viver. "Tente entender você mesmo, pois você é uma miniatura do universo. Em você há todo o mapa da existência" (Osho).

Vencer-se como a maior vitória: é um trabalho árduo, ascético, persistente, de disciplina. Mesmo não sendo fácil, também não é um ato de sofrimento. Trata-se da busca da própria liberdade que deseja ser real dentro de contextos diferentes que nos condicionam, os quais temos condições de transformar.

Vencer-se é, no fundo, a arte de ser livre, de ser protagonista de seus atos, de não ser escravo dos outros, de opiniões, ideologias, modismos. Vencer-se é ser sujeito das decisões.

> "Não deixe que a saudade sufoque, que a rotina acomode, que o medo impeça de tentar. Desconfie do destino e acredite em você." (Luis Fernando Veríssimo)

O caminho acontece quando acreditamos em nós mesmos, quando confiamos no nosso potencial, quando nos tornamos sujeitos da nossa vida.

> "Sou a única pessoa no mundo que eu realmente queria conhecer bem."
> (Oscar Wilde)

O processo contínuo e continuado de conhecer-se e vencer-se supõe várias atitudes e supõe, acima de tudo, CORAGEM. O que pulsa na coragem é a grandeza de:

Compreender-se
Olhar-se
Reconhecer-se
Acolher-se
Gostar-se
Escutar-se
Mudar-se.

SENTIDO DA VIDA E NOVAS RELAÇÕES

1. É impossível ser feliz sozinho

O poeta Fernando Pessoa diz que "na alma ninguém manda. Ela simplesmente fica onde se encanta". Dentro dessa perspectiva vamos continuar a lançar um olhar sobre uma filosofia e ética africanas construídas sobre os pilares da solidariedade e respeito: ubuntu.

Um antropólogo estava estudando os usos e costumes de uma tribo africana e, quando terminou seu trabalho, sugeriu uma brincadeira para as crianças: pôs um cesto muito bonito, cheio de doces, embaixo de uma árvore e propôs às crianças uma corrida. Quem vencesse ganharia o presente. Quando disse "já", todas as crianças se deram as mãos e saíram correndo em direção ao cesto. Dividiram tudo entre si muito felizes.

O antropólogo ficou surpreso com a atitude das crianças. Elas lhe explicaram: "Ubuntu, tio. Como uma de nós poderia ficar feliz se todas as outras estivessem tristes?".

Ele, então, percebeu a essência daquele povo. Não havia competição, mas sim colaboração. Ubuntu significa: "Sou quem sou, porque somos todos nós!".

Sou porque somos! O conceito de Ubuntu leva inspiração para além das fronteiras africanas e indica uma forma de tratar o semelhante como o melhor caminho para uma nova humanização e uma nova humanidade.

O bispo africano Desmond Tutu – Prêmio Nobel da Paz em 1984 – diz que a qualidade Ubuntu "é a essência do ser humano. Ela fala do fato de que minha humanidade está indissoluvelmente ligada à sua. Eu sou humano porque eu pertenço. Ela fala sobre a totalidade, sobre a compaixão. Uma pessoa com Ubuntu é acolhedora, hospitaleira, generosa, disposta a compartilhar. A qualidade do Ubuntu dá às pessoas a resiliência, permitindo-as sobreviver e emergir humanas, apesar de todos os esforços para desumanizá-las".

O amor é aprendido e aprofundado na prática do amar. Jackson Brown afirma categoricamente que "o amor faz com que tudo, de repente, pareça possível".

Vale lembrar que na chamada Oração do Pai Nosso é o plural que é ressaltado e não o singular. Rezamos: "Pai *Nosso*... venha a *nós* o vosso reino... o pão *nosso* de cada dia nos dai hoje, perdoai as *nossas* ofensas... assim como *nós*... a quem *nos* ofendeu... e não *nos* deixeis cair em tentação, mas livrai-*nos* do mal". A força está no plural e acontece na coletividade.

A fé é uma adesão pessoal e essencialmente comunitária. Quando rezamos, nos dirigimos a um Deus uno e *trino*. O Deus dos cristãos é uma comunidade: Pai, Filho e Espírito Santo; e a vivência da fé se realiza na solidariedade, estendendo as mãos e expandindo o coração para se compadecer com novas situações e outros corações.

O ser humano não é uma ilha, é um "ser com os outros" no mundo. Somos com os outros, somos juntos. Ninguém é feliz sozinho. Ninguém é comunidade sozinho. A plenitude humana está na vivência de boas relações. Nós precisamos de gente para sermos mais gente.

A mística de vida que perpassa Ubuntu deveria ser vivenciada em todas as culturas, pois projeta luz sobre a vida, os valores e sobre o que é essencial ao viver e, portanto, capaz de dar sentido. Trata-se de uma forma de viver que alimenta o conceito de humanidade na sua mais pura expressão.

Não aprender dessa sabedoria é alienar-se dos seus mais profundos valores de vida, pois a nossa humanidade passa pelo respeito e pela solidariedade aos outros. A natureza humana exige empatia e compaixão, deseja tolerância e uma nova consciência, pois afirma a responsabilidade e liberdade de todos.

Concluo este capítulo com um provérbio americano que nos desafia quando diz:

> "Não adormeças pensando que uma coisa é impossível, talvez corras o risco de acordar com o barulho de outra pessoa executando o teu impossível."

2. Na força dos relacionamentos

Um dos motores propulsores do sentido da vida está na força dos bons relacionamentos. São eles que tornam as pessoas mais felizes, mais saudáveis, mais leves e mais livres. O tipo de relacionamento que realiza a pessoa não é algo dado, mas algo vivido e realizado.

"Muitas vezes basta ser: colo que acolhe, braço que envolve, palavra que conforta, silêncio que respeita, alegria que contagia, lágrima que corre, olhar que acaricia, desejo que sacia, amor que promove." (Cora Coralina)

Vejamos alguns ingredientes e dimensões importantes que temperam e significam as boas relações.

A dimensão do prazer

As pessoas amam estar em boa companhia, curtir cada movimento, cada palavra, cada surpresa e, sobretudo, amam o prazer de estarem do lado de pessoas amadas e interessantes. Uma vida sem prazer é como uma comida sem tempero. "Um dos segredos de uma vida feliz é a sucessão de pequenos prazeres" (Iris Murdoch). Um dos grandes desafios em nossos dias é recuperar a categoria do prazer em todos os âmbitos do viver.

O britânico C. S. Lewis dá uma conotação transcendental ao prazer quando diz que "Deus sussurra em nossos ouvidos por meio de nosso prazer, fala-nos mediante nossa consciência, mas clama em alta voz por intermédio de nossa dor; este é o seu megafone para despertar o homem surdo".

Já o filósofo alemão Friedrich Nietzsche dá uma dimensão histórica ao prazer: "só existe uma pergunta a ser feita quando se pretende casar: continuarei a ter prazer em conversar com esta pessoa daqui 30 anos?". O prazer em diálogos construtivos é fundamental e sadio nas relações humanas.

Dentro dessa mesma perspectiva e, ao mesmo tempo, indo além, Ralph Waldo Emerson diz que "o melhor da vida é a conversa, e o maior sucesso é a confiança ou o perfeito entendimento entre pessoas sinceras". Portanto, a conversa é fundamental. Basta observar o prazer e a empolgação que existem nos casais que exercitam bons diálogos e cultivam conversas francas entre vizinhos, amigos, parentes.

Além do diálogo vivido na reciprocidade – e não como dois monólogos – existe também a confiança: sem ela a vida não flui, as metas ficam distantes, sem ela não há caminho para o entendimento de desejos autênticos. Sem confiança a prece é vazia, a aproximação entre pessoas é apenas geográfica, o amanhã será cinzento. As boas conversas e a confiança pé no chão criam relações sinceras, fortalecem amizades consistentes. As conversas sinceras, respeitosas, honestas, criam novas possibilidades e a confiança de novas realidades.

Portanto, falar em sentido da vida é viver com prazer. É viver esta dimensão em todos os níveis do dia a dia. "Os prazeres são para o homem o que o sal e o vinagre são para a salada. Não se toma sal aos punhados nem vinagre aos copos" sublinha Jacques Rousseau.

A dimensão da afetividade

O romancista inglês George Eliot nos situa no horizonte e no contexto da afetividade quando diz: "Talvez as melhores amizades sejam aquelas em que haja muita discussão, muita disputa e, mesmo assim, muito afeto".

Já Benjamin Franklin ilumina esse contexto relacionando a afetividade ao processo de aprendizagem: "Diga-me e eu esquecerei, ensina-me e eu poderei lembrar, envolva-me e eu aprenderei".

Quanto mais sentidos estiverem envolvidos em nossa vida diária, maior a possibilidade de viver situações afetivas prazerosas e relevantes que deixarão marcas profundas para o resto da vida. Talvez, por isso, muitas pessoas sonhem tanto com os fins de semana, pois neles esta dimensão afetiva envolvente costuma ser mais intensa.

São os tipos de relações afetivas que nos tornam mais humanos. Não é possível pensar relações entre pessoas que se querem bem, que estudam ou trabalham juntas, que são parentes, sem essa dimensão da afetividade.

Com certeza uma das causas de agressividade entre as pessoas nas famílias, ambientes de trabalho e vida social é a ausência da afetividade.

> "Não há nada mais gratificante do que o afeto correspondido, nada mais perfeito do que a reciprocidade de gostos e a troca de atenções." (Marco Túlio Cícero)

A dimensão da amizade

Os amigos exercem uma força ímpar no que tange ao prazer, à afetividade, às relações humanas e ao sentido da vida. Uma vida sem amigos é uma vida sem graça. "Na minha amizade cabe um abraço. Daqueles que envolvem o mundo todinho com as mãos. Daqueles que esquentam e trazem paz e carinho, aconchego e vontade de ficar morando dentro" (Cris Carvalho). Uma vida sem amigos é um tipo de solidão em meio a muita gente.

> "A amizade nos faz sentir queridos, respeitados, valorizados. Aumenta nossa autoestima e nos leva a acreditar que somos capazes de progredir. É um vínculo que precisamos cultivar com todo carinho. Um amigo é como o sol. Não precisamos vê-lo todo dia para lembrar que ele existe." (Carlos Hilsdorf)

A dimensão da reciprocidade

Outra característica central nas boas relações é esta troca de olhares, de palavras, de abraços, de ajuda mútua, de respeito mútuo, de acolhida, de possibilidades e de sonhos comuns.

"O amor calcula as horas por meses, e os dias por anos; e cada pequena ausência é uma eternidade." (John Dryden)

A reciprocidade é um princípio importante em qualquer relação humana. É algo a ser construído e do qual nascem as afinidades. Com ela, a vida flui com maior naturalidade. O compositor russo Arthur Rubinstein resume bem essa reciprocidade: "Quem ama a vida é amado por ela".

As relações de reciprocidade não podem ser uma exigência nem cobrança, mas uma via de mão dupla. "Não se sacrifique por ninguém e muito menos espere que alguém se sacrifique por você", alerta Ayn Rand.

A reciprocidade nos leva para uma nova dimensão que traz um conteúdo de vida surpreendente: a gratuidade.

O escritor brasileiro Artur da Távola aponta para o tipo de pessoa que está preparada para viver na reciprocidade, pois ela supõe maturidade e inteireza: "Gosto de gente com a cabeça no lugar, de conteúdo interno, idealismo nos olhos e dois pés no chão da realidade. Gosto de gente de coração desarmado, sem ódio e preconceitos baratos. Com muito amor dentro de si. Gente que erra e reconhece, cai e se levanta, apanha e assimila os golpes, tirando lições dos erros".

A dimensão da gratuidade

O amor vivido nas relações autênticas nos leva a uma nova dimensão da vida, a gratuidade. E gratuidade rima com felicidade, com reciprocidade, com corresponsabilidade, com maturidade. O amor é parceiro desse jeito de viver. Nele não há obrigação, não há merecimento, não há cobrança, não há pagamento. "O amor é o único jogo no qual dois podem jogar e ambos ganharem", afirma Erma Freesman.

O bom do amor é a sua vivência na mais pura e generosa gratuidade. E os nossos encontros, quanto mais gratuitos e generosos forem, mais plenos poderão ser. A gratuidade é um jeito de ser e de viver em que a única razão de amar é não ter nenhuma razão para amar. É amar sem nada esperar. É doar-se no ato de amar sem barganha e sem cobrança de reconhecimento.

O perdão que Deus nos dá retrata bem que o amor é gratuito e radical, não se paga e não precisa de recompensa. O amor é, essencialmente, graça. O amor gratuito não paga aluguel nem pedágio, mas é caminho aberto e livre para todos os que desejam percorrer a via de mão dupla da reciprocidade. "Que a felicidade não dependa do tempo, nem da paisagem, nem da sorte, nem do dinheiro. Que ela possa vir com toda a simplicidade de dentro para fora, de cada um para todos", conclui Carlos Drummond de Andrade.

A dimensão do sonho

Sem dúvida, os sonhos são o que temos de mais original e mais íntimo em nossa vida. Eles nos rejuvenescem, tornam o dia a dia novo, sempre novo. Pessoas sem sonhos envelhecem prematuramente.

> "Uma das calamidades da vida é sonhar apenas quando estamos dormindo... O homem mais pobre não é o homem sem dinheiro: é o homem sem sonhos." (Max L. Forman)

O bom da vida é sonhar com os olhos abertos e em conjunto, é abraçar causas e sonhos comuns, é voltar o rosto, os pés e o coração para uma mesma direção. Conhecemos a famosa citação de Saint-Exupèry: "Amar não é só um olhar para o outro, mas juntos numa mesma direção".

Este duplo olhar – de ponte e de horizonte – dá dinamismo às relações e valoriza cada pessoa em missão.

"Amar é como voar! É sentir a sensação de estar no alto, é não ter medo de cair! É fazer dos pesadelos sonhos, é sentir-se pequenino perto de quem ama! É sentir-se grande ao se saber que é amado." (Machado de Assis)

As boas relações exercem uma força sobre o bem-estar e a saúde, ajudam a manter viva a memória e leve o conviver. O bom das boas relações é o jeito como elas são orientadas e vividas: todos têm confiança que podem contar com o ombro amigo do outro; que as dificuldades, na verdade, não são limites, mas possibilidades para tornar estas relações mais realistas e mais solidárias.

É bom lembrar que os relacionamentos também correm riscos, sobretudo quando colocamos lentes de aumento nos defeitos um do outro, e quando varremos as qualidades para debaixo do tapete.

O horizonte capaz de dar sentido à vida e proporcionar ambientes verdadeiros e felizes é um grande desafio, sobretudo para quem lidera pessoas, para quem gerencia empresas, escolas, famílias e grupos de variadas sensibilidades. O desafio é proporcionar condições para que essas relações possam ser reais, leves, sérias e afetivas, porém, movidas por sonhos.

"O sonho encheu a noite, extravasou pro meu dia, encheu minha vida e é dele que eu vou viver. Porque sonho não morre." (Adélia Prado)

3. Deixa a vida me levar

O austríaco Viktor Frankl inverte uma lógica habitual quando afirma que "o homem não deve perguntar qual o sentido da sua vida, mas ele deve perceber que a vida é que o pergunta". Dentro dessa perspectiva, tomo a liberdade para fazer uma interpretação independente de uma das músicas mais conhecidas e cantadas no Brasil. Falo do samba "Deixa a vida me levar", de Zeca Pagodinho.

Ele mesmo se apresenta na letra da música dizendo que já passou por quase tudo nessa vida, que é de origem pobre, de coração nobre e reconhece que foi assim que Deus o fez. E o refrão assim ressoa e ecoa: "E deixa a vida me levar (Vida leva eu!). Deixa a vida me levar (Vida leva eu!). Deixa a vida me levar (Vida leva eu!). Sou feliz e agradeço por tudo que Deus me deu".

Minha interpretação segue três sentidos:

1) Deixa a vida me levar – sentido: *leveza*

A música convida a todos para que se deixem levar pelo momento, pela alegria, pela leveza de cada instante. Nada de estresse, de complicações e de medos. A música deseja nos levar à confiança de nos rendermos à beleza de cada circunstância e que esta leveza e beleza nos conduzam.

"Creio que a verdade é perfeita para a matemática, a química, a filosofia, mas não para a vida. Na vida contam mais a ilusão, a imaginação, o desejo, a esperança."

(Ernesto Sabato)

Não que a verdade não seja importante, mas na arte de viver com sentido, a esperança, a imaginação, a ilusão não ilusória e os desejos são fundamentais.

O refrão é um voto de confiança à própria vida: que ela nos desperte, nos leve e nos conduza pelo melhor.

> "Na minha vontade cabe um jardim. Uma casa toda branca com janelas azuis. Uma roseira no quintal e um girassol na porta de entrada. Cabe um amor limpinho morando dentro dela. Cabe eu e minha história, bordada de afinidades, amor e leveza." (Cris Carvalho)

Deixa a vida me levar: "Diante desse imenso ponto de interrogação que é o futuro de todos nós, reformulei minhas crenças: estou me dando o direito de não pensar tanto, de me cobrar menos ainda, e deixar para compreender depois. Desisti de atracar o barco e resolvi aproveitar a paisagem" (Martha Medeiros).

2) Deixa a vida me levar – sentido: *essência*

Não sei se foi esta a intenção do autor da letra, mas ela possibilita uma reflexão que transcende o primeiro sentido acima refletido. Aqui queremos entender que seja *a vida* que nos leve, isto é, tudo o que seja da vida, que construa vida, que testemunhe vida, que traga mais vida.

Deixar que a vida nos leve é optar por valores humanos, atitudes de conduta, critérios de vida e movimentos que constroem vida no seu sentido pleno. Por exemplo, deixar que a compaixão, o respeito, a tolerância, a solidariedade, o amor, entre outros, nos levem, nos transformem e nos configurem.

São dimensões importantes do viver e, quando falamos em sentido da vida, esta reflexão significa muito. Ela deseja resgatar que nós sejamos levados, conduzidos e movidos por aquilo que é da vida, proporciona a verdadeira vida e vida para todos.

Essa segunda interpretação não anula a primeira. Pelo contrário, dá mais conteúdo e significado. Alerta o filósofo Platão que "podemos facilmente perdoar uma criança que tem medo do escuro; a real tragédia da vida é quando os homens têm medo da luz".

3) Tudo o que Deus me deu – sentido: *gratidão*

"Hoje, apesar de pensarmos saber bastante, não aprendemos ainda algo que seja eficiente e possa substituir o simples 'muito obrigado'" (Rui Barbosa). A leveza e a seriedade na valorização da vida não se excluem, mas se completam. Elas se exigem e nos convidam a uma terceira dimensão presente nesta música que é a gratidão. Já dizia Machado de Assis que "a ingratidão é um direito do qual não se deve fazer uso".

As atitudes positivas, construtivas e agradecidas são fundamentais para mergulhar na verdadeira dinâmica da vida que deseja nos constituir e conduzir. A felicidade se expressa no agradecimento e a gratidão nasce do reconhecimento de saber-se dom e, ao mesmo tempo, com uma missão importante no mundo. A melhor forma de agradecer o presente da vida recebido em total gratuidade é torná-la presente. Diz William Blake que "a gratidão é o próprio paraíso".

E neste triplo movimento da vida, seja na leveza do viver, seja na seriedade ou na gratidão, vamos descobrindo: que o suficiente basta; que a vida deseja ser boa; que as decepções não matam; que é preciso cuidar das verdadeiras amizades; que a paz nasce de uma vida justa e verdadeira; que as pessoas são mais importantes que os objetos; que as dificuldades podem ser enfrentadas como desafios; que o passado já passou e não é bom continuar morando nele; que a luz do dia é mais forte que a escuridão dos problemas; que Deus se deixa encontrar nas coisas mais simples do dia a dia; que o nosso enterro não será seguido com um caminhão de mudança; que as fofocas são um problema de ouvido e uma praga devastadora; que o sorriso conquista mais que as cobranças e exigências; que oportunidades não aproveitadas não voltam mais; que a gentileza nunca deveria sair de moda; que criticar as pessoas é uma forma desonesta de se elogiar; que o tempo não volta; que amanhã será um novo dia; que os sentimentos são sagrados; que bom mesmo é viver na simplicidade, sem apegos e sem muitos medos; que é bom esvaziar mais as malas e o coração e carregar menos peso; que várias necessidades e dependências vão perdendo o seu valor; que a esperança jamais decepciona; que as crises e os sofrimentos são alertas; que a vida deseja ser vivida no tempo presente.

Tanto a vida pergunta ao homem como o homem pergunta à vida sobre o sentido dela. É nesta inquietante interpelação, nesta incansável busca e nestes surpreendentes encontros em que se vive e se costura o viver.

"Se a gente cresce com os golpes duros da vida, também podemos crescer com os toques suaves da alma." (Cora Coralina)

4. A lei de ouro

"Somos tesouros em vasos de argila" (São Paulo). A vida não só quer ter sentido para mim, mas também para quem está em minha volta, e ainda para todas as pessoas. Todos merecem viver com sentido.

O horizonte de fundo capaz de facilitar isso é a lei de ouro, que vale para todos os povos, culturas, religiões, etnias, pessoas e continentes. Ela, em sua redação positiva e negativa, pode ser expressa assim: faça aos outros o que gostaria que te fizessem, ou não faça aos outros o que não gostaria que eles te fizessem.

O que eu gostaria que os outros me fizessem? Gostaria que os outros não falassem mal, que não fizessem fofocas, que fossem afetivos, que se preocupassem comigo, que me corrigissem em particular, que estivessem do meu lado nos momentos difíceis, que fossem verdadeiros, que escutassem meu ponto de vista, que fossem tolerantes e compreensivos? Isso tudo é legítimo e você pode ter tudo isso. Mas você faz isso aos demais? Você tem essa postura e esse comprometimento com as pessoas de quem você espera algo? Já dizia Tales de Mileto: "Espera de teu filho o que fizeste com o teu pai".

A lei de ouro é exatamente a afirmação desse duplo movimento: fazer aos demais o que gostaria que me fizessem, ou não fazer o que não gostaria que me fizessem. Seria saudável e de grande proveito para a vida se nas situações de dúvida nós adotássemos o critério de ouro, isto é, o que eu gostaria que fizessem a mim.

> "Faça vistas grossas para as pequenas falhas; lembre-se sempre das grandes que você tem." (Benjamin Franklin)

O sentido da vida se tece nessa reciprocidade respeitosa e de ação. É olhar para o outro com carinho e acolher com respeito o mundo do outro. É fazer das nossas palavras verdadeiras pontes que comuniquem vida e que sejam de reciprocidade.

> "Faça de suas palavras água cristalina que rega e nutre as plantas da alma. Não as torne secas, desprovidas de ânimo e alegria. Fale como quem rega o coração do próximo. Dê a ele e a você." (Carlos Hilsdorf)

No *Evangelho de Mateus* encontramos os desejos que perpassam a lei de ouro: "Peçam, e será dado; busquem, e encontrarão; batam, e a porta será aberta. Pois todo o que pede recebe; o que busca encontra; e àquele que bate, a porta será aberta. Qual de vocês, se seu filho pedir pão, lhe dará uma pedra? Ou, se pedir peixe, lhe dará uma cobra? Se vocês, apesar de serem maus, sabem dar boas coisas aos seus filhos, quanto mais o Pai de vocês, que está nos céus, dará coisas boas aos que lhe pedirem! Assim, em tudo, façam aos outros o que vocês querem que eles façam a vocês" (Jesus Cristo em *Mateus* 7,7-12).

> "Faça todo o bem que puder, usando todos os meios que puder, de todas as maneiras que puder, para todas as pessoas que puder, durante o maior tempo que puder." (John Wesley)

É esse tipo de atitude que dignifica e significa uma vida, pois, nela, está em ação um comportamento de respeito, de acolhida e de reciprocidade que aprende com o que é diferente.

A hospitalidade é um jeito de dar musculatura à lei de ouro e é um pilar sagrado presente em todas as culturas humanas. Geralmente as pessoas mais simples são as mais hospitaleiras. Por que será?

5. Relação com o transcendente

Já refletimos que o ser humano se realiza ou se frustra na relação que estabelece com a totalidade da vida; a liberdade pessoal se realiza no reconhecimento das outras liberdades; o homem é um "ser com os outros" no mundo, capaz de dar sentido. Vejamos agora: o homem é um ser aberto à transcendência.

A liberdade transcendental é o fundamento de toda liberdade humana. Consiste naquela propriedade fundamental do homem pela qual ele se afirma absolutamente num horizonte universal das liberdades no mundo.

O homem tem o poder de distanciar tudo de si e de distanciar-se de tudo: do mundo, dos outros e de si mesmo. Por essa capacidade autorreflexiva ele pode transcender tudo e a si mesmo.

O homem, pela sua transcendência absoluta, tem para si mesmo uma tarefa absoluta: tem que se realizar. Ele é chamado absolutamente à liberdade. Na autorreflexão sente querer se realizar e isso provoca decisões.

O homem não consegue não decidir. Optar pela indiferença é uma má opção. A liberdade é responsabilidade pelos outros, pelo mundo e por si mesmo.

Esta relação absoluta pressupõe a presença do Sentido Radical. A presença de Deus é a origem comum das liberdades no mundo. Assim, quanto mais o homem aceitar a sua incondicionalidade, este chamado absoluto à liberdade, mais espontânea se tornará sua liberdade efetiva.

Quanto mais Deus fundamenta a liberdade humana, mais livre o homem se torna. E aceitar a liberdade é aceitar que ela é inteiramente gratuita.

O homem que nega o plano transcendental corre o risco de se deixar determinar por outros poderes. Segundo Mahatma Gandhi, "existem três coisas vitais no cosmos: o mar, onde nadam os peixes que não falam, a terra, onde vivem os animais que gritam, o céu, onde voam as aves que cantam. O homem participa desses três espaços: da profundidade do mar, do peso da terra e da imensidão do céu. A ele cabe silenciar (calar), gritar e cantar. Porém, ao homem privado de transcendência somente sobra a capacidade de gritar".

O Papa Francisco transcende rótulos e afirma a essência da relação com o Deus da vida: "Quem é da luz não mostra sua religião, e sim, o seu amor". E continua suas ponderações: "Não é necessário crer em Deus para ser uma boa pessoa. De certa forma, a ideia tradicional de Deus não está atualizada. É possível ser místico sem ser religioso. Não é necessário ir à Igreja e dar dinheiro. Para muitos, a natureza pode ser uma Igreja".

O teólogo alemão Karl Rahner nos desafia em relação ao jeito de ser neste milênio: "Ou seremos místicos, ou não seremos nada". A radicalidade de Rahner é uma boa *provoca-ação* e nos faz pensar sobre o conteúdo de vida que nos move. Pessoas que não cultivam uma mística transformadora dificilmente resistirão ao artificialismo, modismo, comodismo, sensacionalismo e tantos outros "ismos".

Ainda é possível falar em pecado nos tempos atuais? O teólogo Jean-Yves Leloup é outro pensador que consegue ultrapassar um conceito vazio que muitas pessoas têm de pecado. O "pecado não é transgressão de uma lei social ou religiosa, mas falta de amor. Tudo o que fazemos sem amor é tempo perdido. Tudo o que fazemos com amor é a eternidade reencontrada, é Deus reencontrado, é a essência da lei reencontrada".

Somente diante da experiência do amor é possível reconhecer-se pecador, porém, um pecador amado.

Da reconciliação nasce uma vida nova, da solidariedade nasce a esperança de novos sonhos, "dos medos nascem as coragens. Os sonhos anunciam outra realidade possível, e os delírios, outra razão. Somos o que fazemos para transformar o que somos. A identidade não é uma peça de museu, quietinha na vitrine, mas sempre assombrosa síntese das contradições nossas de cada dia. Nessa fé, fugitiva, eu creio" (Eduardo Galeano).

O Deus revelado em Jesus Cristo é um Deus presente, um Deus Pai e Mãe, um Deus Criador, um Deus amor. Ele é, ao mesmo tempo, um Deus transcendente. Ele possibilita tudo o que é vida na história humana e, ao mesmo tempo, não se identifica com as realidades criadas pelos humanos porque Ele é mais, sempre mais e mais que as realidades históricas e humanas. Não podemos usar o nome de Deus e muito menos instrumentalizar Deus para fins outros que não sejam a vida das pessoas. Por isso o filósofo francês Voltaire diz com todas as letras: "Eu acredito no Deus que criou os homens, e não no Deus que os homens criaram".

Deus não pode ser uma projeção do homem. Cabe a nós deixar que Deus se revele em nossa vida diária, de forma que nós possamos ser a sua imagem e semelhança na história. Continuemos neste mergulho místico com algumas citações de alimento da nossa espiritualidade:

"Nada te perturbe, nada te assuste, tudo passa. Deus nunca muda. A paciência tudo alcança. Quem a Deus tem, nada lhe falta. Só Deus basta!" (Teresa d'Ávila)

"Eu posso ver e é por isso que eu posso estar contente naquilo que você chama de escuridão, mas que para mim é dourada. Eu posso ver um mundo feito por Deus, não um mundo feito pelo homem." (Helen Keller – deficiente visual e auditiva)

"Faz tempo que, para pensar sobre Deus, não leio os teólogos, leio os poetas." (Rubem Alves)

"Na minha prece cabe o outro. Aquele que mora do outro lado do mundo e que eu não conheço, mas sei que existe. Que existe e precisa de luz. Que existe e precisa de paz. Para ele eu mando meus pensamentos mais bonitos, para ele eu mando o pouco que me cabe, mas que é inteiro coração." (Cris Carvalho)

"Deus não me chamou para ser um sucesso, mas para ser fiel." (Teresa de Calcutá)

Uma mística de vida é verdadeira quando trocamos a rigidez pela firmeza e o sentimentalismo pela afetividade, o otimismo pelo realismo, o olhar pela contemplação, a vontade pela solidariedade, o individualismo pela comunhão. As pessoas com uma espiritualidade movida pelo entusiasmo – pessoas habitadas e floridas pelos desejos divinos – sentem-se transbordantes de Deus, cheias do amor criador, movem-se por um fogo interno capaz de queimar medos, inseguranças e aquecer o coração que leva ao novo, ao diferente, ao outro.

A mística de vida, além de ajudar a dar sentido à vida, é necessária porque mantém acesa a chama do núcleo de vida que nos torna novos, sempre de novo. Sem ela corremos o risco de nos tornamos medíocres e vazios. Facilmente nos perdemos no pântano dos interesses particulares. Uma mística de vida libertadora nos torna extremamente humanos.

O sentido da vida está na relação sincera, vivencial, afetiva e comprometida com Deus. Uma relação livre, sem medo e que faz da vida um ato de amor.

"As pessoas que espalham amor não têm tempo nem disposição para jogar pedras." (Irmã Dulce)

O sentido está em traduzir em nossas vidas os desejos do Criador para com a humanidade e para com as pessoas; cultivar uma relação filial de total confiança no Deus que fez morada no meio da humanidade para "que todos tenham vida e vida em plenitude" (*João* 10,10).

SENTIDO DA VIDA
E LIBERDADE

1. Tipologias de apego

É importante lembrar que uma sociedade de consumo tenta tornar permanente a insatisfação. Esse jeito de poluir mentes e corações não é "por acaso", mas algo pesquisado, pensado e projetado. A atmosfera da vida é adulterada e poluída por esse tipo de sentimento. E, para satisfazer essa carência, são lançados produtos e necessidades de todos os tipos. Constatado isso, não podemos esquecer que o mais precioso valor é uma vida de dignidade e não a sobrevivência a qualquer custo.

Pepe Mujica, ex-presidente do Uruguai, nos situa no trilho do realismo quando diz: "Ou você é feliz com pouco e vive com pouca bagagem, porque a felicidade está dentro da gente, ou você não consegue nada. Isso não é uma apologia da pobreza, mas apologia da sobriedade. Inventamos uma montanha de consumos supérfluos. E o que gastamos é o nosso tempo de vida. Quando eu compro algo ou você compra algo, você não compra com dinheiro, mas compra com o tempo de vida que gastou para ter este dinheiro. A única coisa que não se compra é a vida. É lamentável desperdiçar a vida". A vida sempre é mais e merece ser vivida em profundidade, temperada por uma leveza prazerosa e norteada por critérios consistentes. É necessário um desapego corajoso frente a tudo o que possa nos engessar ou escravizar.

É verdade que "sem dinheiro não se vive, mas só com dinheiro não se vive... Nós temos um vício, que é muito perigoso, de nos contentar muitas vezes com o possível, em vez de procurarmos o melhor", afirma o filósofo Mário Sérgio Cortella.

O pensador norte-americano Anthony de Mello, que passou boa parte de sua vida no Oriente, vivendo e respirando essa milenar sabedoria, nos convida para uma reflexão decisiva, isto é, compreender a causa da nossa infelicidade: "Se você olhar atentamente verá que existe apenas uma coisa e somente uma coisa que causa infelicidade. O nome dessa coisa é apego".

Ele define o apego como "um estado emocional de aderência causado pela crença de que sem alguma coisa particular ou alguma pessoa você não consegue ser feliz". O termo apego tem muito a ver com limitação, grude, amarra, e com limitação da liberdade. O apego impede a necessária distância – *la bonne distance* – para conseguir ver a totalidade.

A imagem de duas aves amarradas por uma corrente pode ilustrar essa reflexão. Elas não conseguirão voar livremente enquanto estiverem acorrentadas uma à outra. As direções, alturas e velocidades ficarão totalmente comprometidas pela correntes e pelos cadeados que as amarram.

Quando falamos de apego não estamos negando a importância do carinho, do afeto e da proximidade sincera entre as pessoas. Pelo contrário, quanto mais livres e mais desapegadas, mais fortes e mais sinceras serão essas manifestações.

> "Veja como cada planta e cada animal são completos em si mesmos. Ao contrário dos seres humanos, eles não se dividem. Não precisam afirmar-se criando imagens de si mesmos, e por isso não precisam se preocupar em proteger e realçar essas imagens. O esquilo é ele mesmo. A rosa é ela mesma. Contemplar a natureza pode libertar você desse 'eu' que é o grande causador de problemas." (Eckhart Tolle)

O apego pode ser a uma determinada realidade objetiva como também a uma dimensão subjetiva, fantasiosa e imaginária. Ambos travam, limitam e atrapalham. Existe um provérbio grego que diz que "é preferível ser dono de uma moeda do que ser escravo de duas".

Vejamos onze tipos de apegos, de diferentes naturezas, que atrapalham ou engessam a beleza do viver livremente.

Apego às coisas – Muita gente sofre e faz sofrer devido a esse tipo de escravidão. Não colocam a sua segurança e confiança nelas mesmas, mas nas coisas.

O apego começa quando as coisas, que são *meios*, são vistas, buscadas e vividas como *fins*. Trata-se de uma inversão de valores. As coisas às quais nos apegamos podem ser de diferentes naturezas: carro, moto, roupa, calçado, quarto, casa, cargos, lugar na mesa....

"Tudo que você possui pode ser perdido, pode ser roubado, pode ser removido. No fim, a morte separará você de suas posses. Somente aquilo que você se tornou não pode ser removido. Nem a morte o separa disso. Você não tem isso, você é isso."
(Osho)

O desapego não significa que não devemos ter nada, mas que nada nos possua e nos torne dependentes ou escravos.

"As melhores coisas da vida não são coisas." (Art Buchwald)

Apego às pessoas – As pessoas foram criadas para serem amadas e não para serem usadas. Não é humano alimentar relações de posse sobre as pessoas. O desvio do sentido da vida acontece quando nos apegamos às pessoas, vivendo em função delas e esquecendo ou protelando os nossos sonhos. Existe apego quando o medo de perder uma pessoa é maior que as decisões diárias de amá-la. O apego e o sentimento de posse produzem pessoas não livres e que facilmente se culpam. É importante saber e conviver com a seguinte verdade: assim como nós somos finitos, as pessoas em nossa volta também o são.

"O homem que pensa poder viver sem outro está equivocado; o homem que pensa que os outros não poderão viver sem ele, está ainda mais equivocado."
(Provérbio italiano)

Apego a crenças – Existem crenças que ajudam e libertam e outras que atrapalham e levam ao fanatismo. O apego está na crença criada pelo homem que não respeita a alteridade e o diferente. Uma crença que não respeita as pessoas e os jeitos diferentes de pensar leva ao apego e à escravidão. Alguns sintomas de apego: considerar-se superior aos outros, intolerância, fanatismo, incapacidade de escutar o que é diferente, desrespeito. Infelizmente, ainda existe gente que pensa que está com a verdade na barriga, costuma ser prepotente e autoritário com os demais, desfaz de pessoas... Esse tipo de apego agride a reciprocidade e a capacidade de aprender com o que é outro. E "a lei de ouro do comportamento é a tolerância mútua, já que nunca pensaremos todos da mesma maneira, já que nunca veremos senão uma parte da verdade e sob ângulos diversos" (Mahatma Gandhi). As crenças, como diz o termo, são apenas crenças e não trazem consigo a totalidade da vida. O ideal seria termos um olhar crítico e sermos livres frente a elas.

"Na essência somos iguais, nas diferenças nos respeitamos." (Santo Agostinho)

Apego ao trabalho – O trabalho é uma dimensão importante da vida, mas não única. Porém, viver escravo do trabalho e do lucro revela apego. Muitos exageram no tempo que dedicam ao trabalho e na facilidade em levarem para as suas casas os problemas que deveriam ficar no ambiente do trabalho. A busca do equilíbrio nos ajuda a distribuir bem o tempo em relação ao trabalho, à família, aos amigos, à vida social, ao lazer. Este equilíbrio nos leva a não descuidarmos de uma boa alimentação, bom descanso, entre outras dimensões importantes.

"A chave do sucesso é reservar oito horas por dia para o trabalho, oito para dormir e ter certeza de que não são as mesmas." (Roberto Duailibi)

Já Dalai Lama situa bem este apego quando diz que "os homens perdem a saúde para juntar dinheiro, depois perdem dinheiro para recuperar a saúde. E por pensarem ansiosamente no futuro esquecem do presente, de tal forma que acabam por não viver nem o presente nem o futuro. E vivem como se nunca fossem morrer e morrem como se nunca tivessem vivido". Vale lembrar que "o que fazemos durante as horas de trabalho determina o que temos; o que fazemos nas horas de lazer determina o que somos" (Charles Schulz).

Apego ao passado – Tem gente que caminha nas calçadas da vida presente, mas continua habitado por um passado que já passou. É uma pena carregar um fardo tão pesado e que tanto desgasta! Existe apego quando o passado facilmente é usado como justificativa, como desculpa e como fuga diante de novos desafios que o tempo presente apresenta. Pessoas apegadas ao passado costumam ser ou revoltadas ou nostálgicas, isto é, presas ao que deveria ter ficado lá onde aconteceu. O ideal seria ser livre frente ao passado e frente a tudo o que nele se passou. Isso não quer dizer que tenhamos que concordar com o que vivemos de errado no passado, mas não negar que este foi assim e deixou lições de vida para o presente e, portanto, continua presente pelos aprendizados que desencadeou. No momento presente nós podemos escolher um novo começo para sentir um novo fim.

"Aceite o passado como passado, sem negá-lo ou descartá-lo. Tenha suas lembranças, mas não viva no passado. Aprenda com ele, mas não se castigue a respeito dele nem lamente o tempo todo a sua passagem. Não fique atolado no passado." (Morrie Schwartz)

Apego ao dinheiro – Esse apego poderia ser incluído no apego às coisas. Porém, ele traz algo de diferente que merece uma reflexão à parte. Tanto as coisas como o dinheiro são *meios* para uma vida digna. Não são um fim em si. O apego está exatamente no endeusamento do dinheiro. Na Bíblia, no primeiro livro de *Timóteo*, capítulo 6, versículos 9 e 10, consta um alerta forte e importante em relação ao dinheiro: "Os que querem ficar ricos caem em tentação, em armadilhas e em muitos desejos descontrolados e nocivos, que levam os homens a mergulharem na ruína e na destruição, pois o amor ao dinheiro é raiz de todos os males". E todo esse desvio pode acontecer porque a motivação de fundo não está bem colocada. O mais importante não é ficar rico, mas ser verdadeiro e feliz, viver honestamente em todos os campos da vida. É claro que a questão aqui não é moralizar sobre a importância do dinheiro adquirido com trabalho e de forma honesta. A questão crucial é quando ele toma o "volante" da nossa vida, nos dirige e condiciona negativamente as nossas escolhas. O apego existe quando o homem perde a soberania e a autoridade sobre si mesmo. Henry Ford diz que "o dinheiro não modifica o homem, apenas o desmascara". O apego ao dinheiro mobiliza o viver de muitas pessoas, torna absoluto o que é relativo. Ele não pode ser o único fim no viver. É necessário manter-se livre e entender que "o dinheiro é uma felicidade humana abstrata; por isso aquele que já não é capaz de apreciar a verdadeira felicidade humana dedica-se completamente a ele", denuncia o filósofo Arthur Schopenhauer.

Apego a ideias – Esse apego é sutil e dificilmente admitido por quem nele se move. Porém, traz em seu bojo um forte poder de manipulação e até de destruição, sobretudo em pessoas que exercem poder sobre outras pessoas. Geralmente são pessoas que leem pouco, estudam pouco e trazem um ar de superioridade exatamente para esconder a omissão ou fragilidade não assumidas. Pessoas apegadas às ideias sentem grande dificuldade em serem contrariadas ou confrontadas. Costumam ser pessoas teimosas e presas a certos pontos de vista com doses acima da média de fanatismo. Winston Churchill diz que "fanático é alguém que não muda de ideia e não muda de assunto". Já Émile-Auguste Chartier alerta sobre um perigo que é bom prestar atenção: "Nada é mais perigoso que uma ideia, quando ela é a única que você tem". Muitas vezes a questão nem está tanto em admitir novas ideias, mas em desfazer-se de antigas que já deram o que tinham que dar e que não têm mais força hoje.

"O difícil não é implementar novas ideias nas cabeças das pessoas, mas sim retirar as antigas." (Mary Lippitt)

Apego a fantasias e problemas imaginários – Esse apego tem forte conotação psicológica e é frequente em pessoas. Vivem sofrendo não pelo que está ao alcance de suas decisões e realizações diárias, mas pelo que é imaginário. O sofrível desse apego é que os problemas imaginários não têm solução e desgastam muito porque sugam as nossas energias. São os medos, os sentimentos de menos valia, a facilidade de procrastinar e o ciúme que recebem exagerado espaço dentro de nós.

"O ciúme é o pior dos monstros criados pela imaginação... Para o ciumento, é verdade a mentira que ele vê... O ciúme faz com que o ciumento veja sombras, fantasmas, com voz, com físico, com vida. Mas são visões, não mais; eis que o ciúme também pode transformar lágrimas em cristais." (Calderón de la Barca)

"Sou velho e já passei por muitas dificuldades, mas a maioria nunca existiu." (Mark Twain)

Apego às redes sociais – O psicanalista e sociólogo Erich Fromm ajuda na compreensão desse fenômeno quando observa que "o problema não é que os computadores passem a pensar como a gente, mas que a gente passe a pensar como eles". Dito de outra forma: o problema está no homem e na forma como se torna escravo ou dependente de algo que ele mesmo criou. O paradoxo está exatamente no homem se tornar dependente de algo do qual ele deveria ser senhor e ter autonomia. É de afetividade que precisamos e não de telas. As redes sociais, todos sabemos, devem ser parceiras do homem, mas elas não podem servir como fuga da vida. Elas não podem ser as muletas da solidão e nem servir de sofá para a nossa falta de coragem. É estranho quando duas pessoas desejam se encontrar para um *happy hour* e, do nada, o celular se torna mais central que o olhar amigo e presencial do outro; ou quando a ânsia exagerada por tirar fotos é mais importante que a contemplação de uma bela paisagem; ou quando buscamos nos outros ou nas redes sociais segurança para a nossa vida. O termômetro que mede a existência de apego é a observação dos seguintes aspectos: se as redes sociais são mais importantes que as pessoas; se você é capaz de passar um bom tempo sem estar conectado continuamente; quando você deixa de viver outras dimensões importantes do viver: lazer sadio, encontros com pessoas, alimentação de qualidade, entre outras.

"Coragem, às vezes, é desapego. É parar de se esticar em vão, para trazer a linha de volta. É aceitar doer inteiro até florir de novo." (Caio Fernando Abreu)

Apego a imagens equivocadas de si mesmo – Ter uma relação boa conosco é sinal de saúde. Agora, existe apego a nós mesmos quando idolatramos o nosso corpo e não fazemos dele a nossa presença significativa no mundo; quando o culto ao corpo é maior que o cuidado para com os sentimentos; quando a beleza física é o único critério no que tange às relações amorosas. Gostar de si e amar-se é divino, porém, buscar-se nos outros é expressão de um egoísmo. O que atrapalha a vida e as relações é estar em relação com pessoas que mostram o que não são e aparentam o que não vivem. Aliás, como cansa viver com pessoas que vivem contando vantagens próprias, que não silenciam e não escutam! Libertar-se do ego e humanizar-se é um desafio diário.

"O que é o inimigo? Eu mesmo. Minha ignorância, meu apego e meus ódios. Aí está realmente o inimigo." (Dalai Lama)

"Para ver muita coisa é preciso despregar os olhos de si mesmo." (Friedrich Nietzsche)

Apego a Deus – Provavelmente você acha estranho dizer que o apego a Deus não faz bem para que a vida tenha pleno sentido. Sabemos que Deus é Pai e Mãe, e a alegria dos pais é ver os filhos confiando em si mesmos, descortinando os seus caminhos, escutando as suas intuições, realizando-se na sua profissão. Nenhum apego é libertador porque não nos faz protagonistas. E Deus quer ver os seus filhos e filhas livres e não dependentes, nem apegados. É claro que isso não tira a confiança em Deus, nem a relação filial para com Ele. Rezar não é apego, mas relação consciente que possibilita uma vida livre e de sentido. Deus não gosta de comportamentos pegajosos, mas livres. Geralmente as pessoas apegadas a Deus costumam separar fé e vida, são mais providencialistas e menos protagonistas, esperam tudo de Deus e facilmente esquecem que Deus lhes deu capacidade e liberdade para que, elas mesmas, escolhessem o melhor no dia a dia sob a sua bênção. O amor a Deus, e não apego a Ele, deseja ser personificado no amor aos nossos semelhantes. Foi Deus que tomou a iniciativa de nos dar a vida, mas depende de nós tomarmos a iniciativa como forma de resposta a esse amor inicial.

A reflexão sobre os apegos e sobre a importância do desapegar-se é fundamental. É compreender a causa de tanta infelicidade e buscar o desafio de cortar o problema na raiz.

O que é nosso é o nosso olhar, a capacidade de tornar-nos livres frente a tudo, é fazer bem todas as coisas, é a nossa sensibilidade e a capacidade de mudar este olhar. O que é nosso é o nosso corpo e a vida que deseja ser livre dentro de uma existência finita, mas com um dinamismo infinito. Nada melhor que a reflexão de Mark Twain sobre essa temática: "Quando você, em seu caminho, encontrar amargor, não esmoreça; consuma-o para que ele logo acabe. Mas quando encontrar mel, cuidado. Beba-o com lentidão para que ele dure mais e você não venha a passar mal da barriga. A gente não se liberta de um hábito atirando-o pela janela: é preciso fazê-lo descer a escada, degrau por degrau".

O homem do campo nos ensina que, além de confiar na chuva, é importante preparar bem o terreno. Dessa forma a semente boa não será jogada fora, mas, em terra fértil, será capaz de nascer, crescer e produzir frutos. O desapego é o nosso jeito de preparar diariamente o terreno para que o novo possa ser novidade, para que a vida possa fluir e para que a liberdade possa ser real.

O que hoje parece eterno, amanhã pode não mais ser. E isso é da vida. Um dos eixos na existência vivida significativamente é não dar importância ao que não tem importância. E é esta liberdade interior que deveria nos plasmar, configurar e orientar.

"No dia que estiveres muito cheio de incomodações imagina que morreste anteontem... Confessa: tudo aquilo teria mesmo tanta importância?" (Mário Quintana)

2. Praticando o desapego

Segue um texto atribuído a Fernando Pessoa. Ele apresenta o que foi refletido no capítulo anterior e, ao mesmo tempo, projeta perspectivas que poderão nos confortar, desafiar e convidar para o que deseja irromper em cada um de nós.

"Sempre é preciso saber quando uma etapa chega ao final. Se insistirmos em permanecer nela mais do que o tempo necessário.... Perdemos a alegria e o sentido das outras etapas que precisamos viver.
Encerrando ciclos, fechando portas, terminando capítulos. Não importa o nome que damos, o que importa é deixar no passado os momentos que já se acabaram. As coisas passam, e o melhor que fazemos é deixar que elas possam ir embora. Deixar ir embora. Soltar, Desprender-se.
Ninguém está jogando nesta vida com cartas marcadas, portanto às vezes ganhamos, e às vezes perdemos. Antes de começar um capítulo novo, é preciso terminar o antigo: Diga a si mesmo que o que passou jamais voltará. Lembre-se de que houve uma época em que podia viver sem aquilo...
Nada é insubstituível, um hábito não é uma necessidade. Encerrando ciclos, não por causa do orgulho, por incapacidade ou por soberba... mas porque simplesmente aquilo já não se encaixa mais em sua vida.
Feche a porta, mude o disco, limpe a casa, sacuda a poeira. Quando um dia você decidir colocar um ponto final naquilo que já não te acrescenta, que você esteja bem certo disso, para que possa ir em frente, ir embora de vez.
Despegar-se é dar-se uma nova oportunidade de construir uma nova história. Liberte-se de tudo aquilo que não tem te feito bem, daquilo que já não tem nenhum valor e siga, siga novos rumos, desvendando novos mundos.
A vida não espera. O tempo não perdoa. E a esperança é sempre a última a lhe deixar.
Então, recomece, desapegue-se! Ser livre não tem preço."

3. Homens e mulheres livres

"Não pretendo ser feliz, mas verdadeiro" (Friedrich Nietzsche). Ser verdadeiro! O filósofo alemão foge da lógica artificial e burguesa de falar da felicidade. A sensação que temos é de que hoje vivemos numa indústria artificial da felicidade. Parece que temos obrigação de sermos felizes o tempo todo. O pensador Nietzsche, com a afirmação acima, questiona essa forma de pensar e de desejar viver. Ele diz que a felicidade não está nela mesma. Não é um estado de vida buscado na sorte, ou nos "por acasos" da vida. Segundo o filósofo, a felicidade é decorrente da verdade vivida e afirmada por pessoas verdadeiras.

O que nos torna felizes não é só o desejo da felicidade, mas a autenticidade, isso é, a atitude diária de sermos verdadeiros: honestos, justos, bons. É uma nova lógica que é afirmada.

"Não sou obrigado a vencer, mas tenho o dever de ser verdadeiro. Não sou obrigado a ter sucesso, mas tenho o dever de corresponder à luz que tenho." (Abraham Lincoln)

A experiência de ser verdadeiro traz consigo uma liberdade frente às pessoas, à moral, à tradição, aos costumes, às crenças, às leis e frente a tudo.

Relata-se que, em um mosteiro, viviam dois monges que eram muito amigos e sempre cumpriam seus afazeres em conjunto.

Certo dia, ao atravessarem a floresta para comprar mantimentos na cidade, se depararam com uma mulher que estava com dificuldades para atravessar o rio agitado que dava acesso ao vilarejo.

Um dos monges disse:

— Não podemos ajudá-la, fizemos voto de que não poderíamos tocar em mulher alguma.

O outro monge replicou:

— Também fizemos voto de ajudar a todas as pessoas e criaturas deste mundo, sem haver distinção.

Então, esse mesmo monge colocou a mulher em suas costas e atravessou o rio, deixando-a na outra margem.

Os dois monges seguiram seu caminho e durante a jornada houve uma grande pausa na conversação. Logo, o silêncio foi interrompido pelo monge que era contra a ideia de carregar a jovem, que disse:

— Você não devia tê-la carregado, ela vai ser um peso para sua caminhada!

O outro monge sabiamente respondeu:

— Eu deixei a mulher na outra margem do rio. No entanto, você continua carregando-a em sua caminhada...

Esse relato é bem revelador. Testa, provoca e desafia a nossa liberdade e a sincera orientação de vida. Vejamos sete aprendizados que podemos tirar desse relato:

A vida é cheia de "por acasos". Encontrar ou não a mulher pelo caminho não estava na agenda. Se não podemos calcular e prever tudo na vida, podemos, sim, cultivar dentro de nós uma liberdade crescente frente às circunstâncias, frente às coisas e, sobretudo, frente às pessoas. São os "por acasos" que testam se somos verdadeiramente livres ou escravos.

É impossível não tomar decisões. A vida nos ensina que não é possível viver sem decidir. Ou somos contra, ou a favor, ou ficamos na neutralidade. Esta, por sua vez, é também uma decisão. A grandeza do homem está em decidir bem. A boa decisão transcende as normas sem conteúdo e constrói a vida.

Deixar do outro lado. O relato nos ajuda a nos compreendermos. Existem muitas situações, coisas e realidades que desejam atravessar e outras que precisam ser atravessadas. Pergunto: o que deseja ser levado para "o outro lado" para que possa continuar sua viagem? E que tipo de preconceitos, amarras, medos, falta de liberdade esperam ser atravessados?

Não carregar a culpa e nem as culpas. A vida é mais, o amor é mais, as pessoas sempre são mais. A leveza da vida deseja ser mais e a nossa missão neste mundo é bem maior do que imaginamos. Quando não for possível escolher o bem maior, que o mal menor paute nossas decisões. A vida deseja que sejamos livres frente à moral, às leis e frente às pessoas.

O que é mais importante? A obrigação ou a livre decisão? O limite ou a possibilidade? A dimensão legal ou moral? Uma mão liberta a outra. Uma bela missão é sempre termos diante dos nossos olhos o bem maior.

Este texto nos desafia à sã desconfiança, isto é, olhar no espelho e perceber que aquilo que mais condenamos nos outros pode ser o nosso problema. O que ocupa muito espaço dentro de nós pode ser apego. É importante perceber que os defeitos que eu não tenho, não me incomodam nas outras pessoas.

Escala de valores. Outro desafio implícito nessa história é a importância de uma escala de valores na vida. As pessoas são mais importantes que as regras, o amor é mais importante que os dogmas, a esperança é mais importante que a indiferença, a opção livre é mais importante que a indiferença ou omissão. A capacidade de abrir-se a uma nova visão é tão importante quanto abrir o coração e as mãos. Em nossas mãos cabe todo o universo, mas temos que nos libertar de tudo o que seguramos.

Fica como reflexão final deste capítulo: "Tudo o que nos irrita nos outros nos leva a um melhor entendimento de nós mesmos", diz Carl Jung. Já Mark Twain nos desafia a sermos nós mesmos, porém em ação: "Dança como se ninguém estivesse te olhando, canta como se ninguém estivesse te ouvindo, ama como se nunca tivesses sido ferido, e vive como se o céu estivesse na terra".

4. No coração da liberdade

A liberdade é, sem dúvida, um dos motores capazes de significar o viver. Mergulhar na vivência da liberdade deve ser um movimento contínuo.

"Que nada nos limite. Que nada nos defina. Que nada nos sujeite. Que a liberdade seja a nossa própria substância." (Simone de Beauvoir)

A escritora Cecília Meireles contextualiza esta realidade-sonho e sonho-realidade: "Liberdade é uma palavra que o sonho humano alimenta, não há ninguém que explique e ninguém que não entenda". Porém, a experiência da liberdade não é somente uma realidade subjetiva, mas também intersubjetiva. Não tem como ser livre sem desejar e viver para que todos sejam livres. Bob Marley diz: "Acredito na liberdade para todos, não apenas para os negros". Faz sentido, porque nem o dominador e nem o dominado são livres.

Aprendemos com a vida que é preciso passar da percepção da existência para a responsabilidade do viver, passar da tentação em apenas rastejar para a coragem do voar e passar da obrigatoriedade do dever para a satisfação do prazer.

Ser livre é possível mesmo limitado pelo espaço e pelo tempo, mesmo condicionado por um tipo de educação e pelas experiências vividas. É possível ser livre mesmo perpassado por um código genético, por cultura e por história; mesmo marcado pela animalidade instintiva, por um temperamento, por tentações... Ser livre é possível.

Sou livre quando meu "não" é não e quando o meu "sim" é sim, quando afirmo, escolho e assumo as consequências das minhas escolhas; quando a minha liberdade vale mais que o dinheiro e todos os bens deste mundo; quando continuo a dizer não à opressão, mesmo estando sob ameaça.

Para muitos pensadores, a liberdade não é um fim nela mesma, mas algo que decorre da verdade: "Não alcançamos a liberdade buscando a liberdade, mas sim a verdade. A liberdade não é um fim, mas uma consequência" (Leon Tolstói).

Estou convicto de que o sentido da vida está na vivência, no equilíbrio e no comprometimento com a verdade, na busca sincera da liberdade e vivência do amor. Quando uma dessas dimensões sofre ou é mutilada, o sentido também fica ofuscado ou arranhado. Este trio se relaciona, se exige e se complementa.

Falar da verdade, para além dos conceitos, é dizer que ela se dá bem com a coerência de vida. Ela aproxima e conecta teoria e prática. Ela entrelaça comprometimento com atitude crítica.

"Viva como aconselhas, diga o que fazes, faça o que dizes." (Anatole France)

A liberdade é um desafio e supõe coragem: "Certa manhã, ganhamos de presente um coelhinho das Índias. Chegou em casa numa gaiola. Ao meio-dia, abri a porta da gaiola. Voltei para casa ao anoitecer e o encontrei tal e qual o havia deixado: gaiola adentro, grudado nas barras, tremendo por causa do susto da liberdade", conta Eduardo Galeano. A liberdade é uma experiência de vida e supõe coragem, responsabilidade e decisão. Talvez seja por isso que muitas pessoas preferem uma falsa segurança que a ousadia de sair das gaiolas.

O sociólogo polonês Zygmunt Bauman nos ajuda a situar este contexto que pode se mostrar como tentação, como fuga ou como paradoxo interessante a ser vivido. Ele diz que "para ser feliz há dois valores essenciais que são absolutamente indispensáveis. Um é a 'segurança' e, o outro, é a 'liberdade'. Você não consegue ser feliz e ter uma vida digna na ausência de um deles. Segurança sem liberdade é escravidão; liberdade sem segurança é um completo caos. Cada vez que você tem mais segurança, você entrega um pouco da sua liberdade. Cada vez que você tem mais liberdade, você entrega parte da segurança. E então, você ganha algo, e você perde algo".

A liberdade é o que nos faz decolar, compreender que fomos feitos para voar e transcender as realidades do dia a dia. A experiência de decidir livre e conscientemente constitui o coração da liberdade que pulsa em nossas ações. O amor, por sua vez, tem as digitais e o DNA da verdade e da liberdade. O amor é verdadeiro quando nos torna verdadeiramente livres.

Entender essas três realidades como fundamentais na arte de ser, na coragem de viver e na simplicidade de conviver nos faz degustar o sentido do viver e nos oferece as bases sobre as quais é possível construir o que deseja significar a vida.

"O dinheiro faz homens ricos, o conhecimento faz homens sábios e a humildade faz grandes homens." (Mahatma Gandhi)

A liberdade é uma temática eternamente apaixonante. Vamos nos deixar interpelar por algumas citações:

"A liberdade é ser dono da própria vida." (Platão)

"A liberdade é um dos dons mais preciosos que o céu deu aos homens. Nada se iguala, nem os tesouros que a terra encerra no seu seio, nem os que o mar guarda nos seus abismos. Pela liberdade, tanto quanto pela honra, pode e deve aventurar-se a nossa vida." (Miguel de Cervantes)

"Com liberdade não ofendo e não temo." (Provérbio uruguaio)

"Liberdade não é fazer o que se quer, mas querer o que se faz." (Sartre)

"Liberdade significa responsabilidade, é por isso que a maioria das pessoas a teme." (George Bernard Shaw)

"As melhores coisas sobre a liberdade têm sido escritas no cárcere." (Sofocleto)

"Liberdade é como saborear um passeio de bicicleta sem precisar apostar corrida com ninguém. Apenas pedalar. No nosso ritmo." (Ana Jácomo)

É possível ser livre, sobretudo porque somos capazes de configurar nossos limites e possibilidades e podemos acolher nossas fragilidades e orientar nossos sonhos. Depois destas pistas, concluo com três afirmações como horizontes onde a liberdade se deixa realizar: quando fazemos o que amamos e amamos o que fazemos; quando aceitamos e reconhecemos a liberdade dos outros; quando as pessoas ficam sempre mais livres e nós, menos escravos.

5. Contemplai as flores do campo

Tenho um enorme encantamento pelas flores do campo. Porque elas são extremamente simples e lindas. Acredito que a sua beleza esteja exatamente na sua forma natural e simples de ser.

> Olhai as flores do campo; elas não fiam, nem tecem. Eu, todavia, vos asseguro que nem mesmo Salomão, em todo o seu esplendor, pôde se vestir como uma delas."
> (*Lucas* 12,27)

Encanta-me, também, o serviço silencioso que faz uma vela acesa. Ela não domina as conversações, não faz barulho e nem busca ser o centro das atenções, mas ilumina, reúne pessoas, faz os olhos dos apaixonados brilharem e aquece corações. Na medida em que vai sendo luz, discreta e silenciosamente, vai desaparecendo na certeza de estar cumprindo a sua missão. Isso não é submissão nem tristeza, mas o jeito dela ser.

Os rios, quanto mais profundos, menos barulho fazem; as carroças, quanto mais carregadas, menos ruídos produzem; os motores de carros de qualidade, quanto menos barulho fazem, maior a seu valor.

Uma vida simples não significa vida simplória, nem viver na miséria. Significa, sim, ter a suficiência de recursos para existir e para prover o futuro. É ter bens e sobre eles ter autonomia e não deixar que os bens o tenham e o condicionem negativamente.

O sentido da vida tem relação e conexão direta com a simplicidade. Ele aflora nas cores, no crescimento, no encanto, nos detalhes, na aparente pequenez.

Basta olhar para nós mesmos e à nossa volta. As pessoas são mais felizes quando se banham no mar, quando curtem o sol, quando estão em meio a cachoeiras, quando degustam frutas saborosas, quando estão em volta de uma fogueira, quando curtem noites de luar, quando beijam, quando estão em boas companhias, em conversas edificantes, degustam boa comida, quando amam e são amadas, quando estão nos braços de bons abraços...

Existe muita glamourização sobre a vida e sobre o próprio sentido do viver. Precisamos simplificar o que muitos tendem a complicar. É importante saber que as nossas emoções são muito rápidas. As vivências significativas não são muito demoradas. Por isso que é bom mergulhar de corpo e alma e sentir a plenitude. Depois da vivência de coisas boas, o que fica é a memória. E nós gostamos de acionar a memória, sobretudo para lembrar as coisas boas.

"Lembrar é fácil pra quem tem memória, esquecer é difícil pra quem tem coração."
(William Shakespeare)

O sentido está no sentir e na sintonia. Está dentro das pessoas que conectam o sentido presente nas coisas e nelas mesmas. Está na sabedoria da contemplação, na arte do deixar-se modelar e envolver. "A arte é a contemplação; é o prazer do espírito que penetra a natureza e descobre que a natureza também tem alma", afirma o artista francês Auguste Rodin.

Na simplicidade não há modismos nem formalidades, não existem cálculos nem horas, nem expectativas nem comparações, nem o ontem nem amanhã. Nela existe apenas a presença, o encanto e a confiança da nossa inteireza.

Nós admiramos as pessoas simples, pessoas livres, desapegadas e verdadeiras. Admiramos as pessoas que apertam a mão não apenas por educação, mas por sincero carinho ou preocupação. Essas pessoas deixam marcas profundas, não pela riqueza material, nem pela eloquência de suas palavras ou de seus conhecimentos, mas pela sua verdade apaixonante de serem e viverem a essência da vida.

O artista alemão e professor de arte Hans Hoffmann dá uma definição clara e desafiadora sobre a arte de simplificar: "A capacidade de simplificar significa eliminar o desnecessário para que o necessário possa falar".

Essa decisão e meta parecem tão simples, porém, na prática, não é bem assim. Mesmo sabendo o que deveríamos fazer, nem sempre o fazemos. Existe uma procrastinação neste tipo de decisões e uma tentação em ignorar essa necessidade de eliminar o desnecessário.

A capacidade de decidir é inerente a todos nós. Toda decisão bem feita sempre provoca paz e descanso.

O escritor angolano Ondjaki nos convida para um olhar sobre as sutilezas da vida: "Às vezes numa pequena coisa pode-se encontrar todas as coisas grandes da vida, não é preciso explicar muito, basta olhar".

Por que não olhamos mais? O maior dramaturgo brasileiro, Nelson Rodrigues, dá um depoimento forte neste sentido quando reconhece: "Nós olhamos pouco para os seres amados. Tão fácil olhar, e repito: olhamos tão pouco. Não olhei para meu pai como devia. Por que não me embebi do seu gesto, do seu sorriso, do seu olhar, de suas mãos; por que não olhei muito mais as suas mãos?".

O nosso olhar precisa ser educado, precisa ser desarmado para que seja límpido. Nosso olhar deveria tornar-se contemplação para render-se e deixar que a realidade externa nos abrace, nos conecte, ressoe dentro de nós e nos configure. A contemplação faz com que a realidade contemplada também consiga nos contemplar. O gotejar da vida acontece nessa conexão de olhares.

Este movimento duplo e dinâmico provoca o mais lindo encontro em nossa vida. O que faz sentido na vida é sintonizar, é sentir, é perder-se nestes olhares e reencontrar-se renascido.

"No fim tu hás de ver que as coisas mais leves são as únicas que o vento não conseguiu levar: um estribilho antigo, o carinho no momento preciso, o folhear de um livro, o cheiro que um dia teve o próprio vento." (Mário Quintana)

A contemplação é a simplicidade transformada em leveza.

Faço minhas as palavras de Clarice Lispector para concluir este capítulo:

"Faça o que for necessário para ser feliz. Mas não se esqueça que a felicidade é um sentimento simples, você pode encontrá-la e deixá-la ir embora por não perceber sua simplicidade."

Contemplemos as flores do campo!

SENTIDO DA VIDA E NOVAS POSTURAS

1. Consciência e dinamismo

O homem é o único ser vivo que tem consciência da finitude da vida. E esta consciência deveria despertar um dinamismo infinito na forma de viver com sentido.

"Se eu fosse imortal, inventaria a morte para encontrar mais prazer em viver."
(J. Richepin)

Tanto o viver acontece na sua imprevisibilidade como também a morte não marca dia e hora.

"Cada vez que eu me despeço de uma pessoa pode ser que essa pessoa esteja me vendo pela última vez. A morte, surda, caminha ao meu lado e eu não sei em que esquina ela vai me beijar." (Raul Seixas – "Canto para a minha morte")

As mortes e as tragédias tornaram-se, infelizmente, um produto midiático de audiência. Provocam sentimentos de compaixão e imobilizam, facilmente, atitudes que possam construir condições para que a vida fosse mais respeitada, mais amada e mais valorizada.

A consciência de saber que a nossa vida é apenas um sopro, que viver é fazer uma travessia e a consciência de não sabermos quanto tempo de vida ainda teremos não deveria nos deixar indiferentes diante da vida. Poderia despertar um amor intenso, um desejo em curti-la profundamente e agradecê-la insistentemente.

Existe uma relação estreita entre a finitude da vida e o sentido de viver. A relação está nas sensações e no dinamismo que esta finitude provoca e desafia dentro de nós. Está nas marcas que queremos deixar na vida e nas oportunidades que desejam ser vividas.

"Conheço muitos que não puderam quando deviam, porque não quiseram quando podiam." (François Rabelais)

Não queremos passar pela vida sem deixar marcas. Não queremos ver a vida como se fosse um filme que passa diante dos nossos olhos, mas queremos ser sujeitos. Queremos vivê-la com intensidade e dinamismo infinitos.

Dentro desta perspectiva, tocamos em um dos temperos que são essenciais à vida, falo de viver com paixão. "Acho medonho alguém viver sem paixão", diz Graciliano Ramos. Sem ela, a vida seria muito insossa. "Não chegarão aos ouvidos do Eterno palavras sem sentimento", diz William Shakespeare. Tudo o que é vivido com paixão nasce do coração e faz transbordar o melhor de cada pessoa.

"Fiz o que quis e fiz com paixão. Se a paixão estava errada, paciência. Não tenho frustrações, porque vivi como em um espetáculo. Não fiquei vendo a vida passar, sempre acompanhei o desfile." (Mário Lago)

Além da consciência da finitude e da existência vivida com paixão, vamos refletir um pouco sobre a incompletude do homem. O escritor Manoel de Barros nos situa dentro dessa perspectiva de forma poética: "A maior riqueza do homem é sua incompletude... Nesse ponto sou abastado. Palavras que me aceitam como sou eu não aceito. Não aguente ser apenas um sujeito que abre portas, que puxa válvulas, que olha o relógio, que compra pão às 6 da tarde, que vai lá fora, que aponta lápis, que vê a uva, etc, etc. Perdoai. Mas eu preciso ser Outros. Eu penso renovar o homem usando borboletas".

A sã consciência da finitude da vida e da nossa incompletude deveriam nos impulsionar a viver com um profundo ardor, forte motivação e renovado entusiasmo.

> "Quem dera eu aprendesse a viver cada dia como se fosse o último. O último pra esquecer tolices. O último para ignorar o que, no fim das contas, não tem a menor importância. O último para rir até o coração dançar. O último para chorar toda dor que não transbordou e virou nódoa no tecido da vida. O último para deixar o coração aprontar todas as artes que quiser. O último para ser útil em toda circunstância que me for possível. O último para não deixar o tempo escoar inutilmente entre os dedos das horas." (Ana Jácomo)

A vida é implacável. Estamos vivendo e, de repente, não vivemos mais. A pessoa existe durante a vida inteira e, em um segundo, deixa de existir. E esse segundo é para sempre.

A morte não manda aviso prévio. Nela, as pessoas se vão e nos deixam de lembrança suas histórias, sejam elas vividas ou sonhadas. São as histórias de quem se foi, mas que podem ficar eternizadas.

Deixar de existir é um dos grandes paradoxos da vida, seu oposto e sua continuação, seu natural e sua negação, mesmo certa para todos os viventes, quando chega a hora de partir, com ou sem aviso prévio, nunca deixa de nos surpreender e chocar. Por isso, Morrie Schwartz nos chama à realidade quando diz: "Alimente o pensamento e o sentimento de que a distância entre a vida e a morte pode não ser tão grande quanto você imagina". Saber hoje que um dia vamos partir não traz a consciência do número de dias que ainda viveremos.

O que assusta muita gente não é a morte, mas morrer. Todos os dias muita coisa morre em nós e, ao mesmo tempo, muitas outras realidades desejam nascer. Todos os dias renascemos e todos os dias morremos. O nascimento é uma experiência datada e esperada, enquanto a morte é uma confiança não datada e nem esperada, ainda que certa.

> "Todos sabemos que cada dia que nasce é o primeiro para uns e será o último para outros e que, para a maioria, é só um dia mais." (José Saramago)

A postura em relação à morte tem muito a ver com a forma como cada pessoa vive o seu dia a dia, como aproveita o tempo e as oportunidades. Tem a ver com o jeito intenso ou relaxado de realizar os sonhos. O grau de medo diante da morte é proporcional ao estilo de vida e ao jeito coerente de ser e de proceder na história de cada pessoa.

Na literatura mística nós temos Francisco de Assis com um conceito "positivo" e "familiar" sobre a morte, temos Inácio de Loyola com uma concepção cheia de esperança, temos Santo Agostinho que chega a dizer que "a morte não é nada". Vejamos a prece que tem consolado muitas pessoas em tempos de despedidas e de perdas:

"A morte não é nada. Eu somente passei para o outro lado do Caminho. Eu sou eu, vocês são vocês. O que eu era para vocês, eu continuarei sendo. Deem-me o nome que vocês sempre me deram, falem comigo como vocês sempre fizeram. Vocês continuam vivendo no mundo das criaturas, eu estou vivendo no mundo do Criador. Não utilizem um tom solene ou triste, continuem a rir daquilo que nos fazia rir juntos. Rezem, sorriam, pensem em mim. Rezem por mim. Que meu nome seja pronunciado como sempre foi, sem ênfase de nenhum tipo. Sem nenhum traço de sombra ou tristeza. A vida significa tudo o que ela sempre significou, o fio não foi cortado. Porque eu estaria fora de seus pensamentos, agora que estou apenas fora de suas vistas? Eu não estou longe, apenas estou do outro lado do Caminho... Você que aí ficou, siga em frente, a vida continua, linda e bela como sempre foi."

Essa prece tira um peso das costas de muita gente e traz paz porque situa a morte na perspectiva escatológica.

Para despertar para a vida e mergulhar profundamente em seu sentido não é necessário esperar que um médico nos diga que temos uma doença grave ou dar-nos conta de que a idade está adiantada.

Um dos grandes aprendizados em pensar sobre a finitude da vida está em como podemos e devemos viver. Essa consciência é saudável e prospectiva pelo que provoca dentro de nós. Na maioria das vezes, desencadeia um amor maior à vida, nos faz priorizar o que é essencial, nos faz valorizar mais as pessoas, os familiares, os amigos, as relações humanas e tudo o que é importante para viver.

2. Viver como eternos aprendizes

Merecem aplausos as pessoas que adotam como princípio de vida aprender com tudo, com todos e sempre. Assumir-se aprendiz e proceder como quem deseja sinceramente aprender é uma forma de vida que nos rejuvenesce, é um caminho que merece ser trilhado por pessoas diferenciadas.

A música do cantor e poeta Gonzaguinha nos abre as cortinas sobre a temática desse capítulo quando nos faz cantar: "Viver e não ter a vergonha de ser feliz. Cantar e cantar e cantar a beleza de ser um eterno aprendiz". Ele usa o verbo viver – que exige decisões – e não apenas existir; não ter vergonha, ou seja, é preciso lançar-se, mergulhar, vivenciar; por fim, ele ressalta a beleza de ser um eterno aprendiz.

> "Uma boa definição de pessoa humilde consiste na real disposição de ouvir e de aprender sempre, inclusive com aqueles que sabem menos que ela." (Flávio Gikovate)

Nós conhecemos pessoas que adotaram como lema de vida serem eternos aprendizes. É impressionante como estas pessoas não envelhecem, não cansam, não são chatas, não buscam se vangloriar e respiram sabedoria.

Mais uma vez, o filósofo Mário Sérgio Cortella projeta compreensão sobre a nossa reflexão quando diz que "é absurdo acreditar na ideia de que uma pessoa, quanto mais vive, mais velha fica; para que alguém quanto mais vivesse mais velho ficasse, teria de ter nascido pronto e ir se gastando... Isso não ocorre com gente, e sim com fogão, sapato, geladeira. Gente não nasce pronta e vai se gastando; gente nasce não--pronta e vai se fazendo".

As pessoas vão se fazendo, vão se assumindo na sua originalidade e têm a grande possibilidade de refazerem a opção de vida em serem aprendizes. A constatação de que "todo homem que encontro é superior a mim em alguma coisa. E, nesse particular, aprendo com ele" (Ralph Waldo Emerson) vai dentro dessa perspectiva de vida. Já pensou buscar isso em cada pessoa que encontrarmos?

Lembro de uma situação de vida que me marcou muito: deparei-me com uma pessoa que recolhia papelão e materiais recicláveis na rua considerada mais nobre da cidade de São Paulo. Na parte lateral de seu pequeno carrinho constava a seguinte frase, escrita à mão sobre um pedaço de papelão: "Eu sou honesto. E você?". Eu nunca ouvi a voz dessa pessoa, mas a frase gritava e ecoava no coração de todos que a liam. Como não se deixar interpelar por esta realidade tão contrastante entre riqueza e pobreza, entre ricos e pobres, entre os que têm e os que mendigam? Ser aprendiz não significa ignorar o que acontece em nossa vida, mas buscar, sinceramente, ler, escutar, interpretar, aprender, mudar e crescer.

Não se trata de aprender apenas com as pessoas que nos são próximas, mas também aprender de um mendigo, agricultor, pescador, operário, ciclista, esqueitista, artesão, pintor, construtor... Essa postura é possível, faz bem e traz um novo colorido ao viver com sentido.

Viver como aprendiz deveria ser um estilo de vida que diariamente nos faz tomar iniciativas.

"Esperar que o outro dê o primeiro passo significa imaginar-se superior a ele. Coloque-se sempre no lugar do outro. Renuncie por algum tempo à sua opinião, ao seu julgamento, a fim de compreender o outro. Muitos conflitos podem, assim, ser evitados." (Dalai Lama)

Muitas vezes precisamos mudar de ótica e trocar as nossas lentes. O filósofo existencialista Søren Kierkegaard define bem o que significa ser mestre: "ser mestre não é resolver tudo com afirmações, nem dar lições para que os outros aprendam... Ser mestre é verdadeiramente ser discípulo". Ser discípulo é ser aprendiz, é entrar na dinâmica da sabedoria que deseja alargar a mente, plenificar o coração e projetar nova luz sobre a nossa ação.

O pensador chinês Confúcio chega a exagerar no tocante às possibilidades de aprender e de crescer diante das situações que vivenciamos em nossa vida diária: "Quando vires um homem bom, trate de imitá-lo; quando vires um mau, examina-te a ti mesmo". Está aí a oportunidade de ouro para uma pessoa que se assume como aprendiz.

Dentro dessa perspectiva, vejamos algumas frases que ajudam a conjugar o verbo *aprender*. Nelas, existe uma convocação incisiva à experiência de viver como aprendizes:

"O essencial na aprendizagem é a vontade de *aprender*." (F. W. Sanderson)

"Ninguém é tão grande que não possa *aprender*, nem tão pequeno que não possa ensinar." (Píndaro)

"Quando falo dessas pequenas felicidades certas, que estão diante de cada janela, uns dizem que essas coisas não existem, outros que só existem diante das minhas janelas, e outros, finalmente, que é preciso *aprender* a olhar para poder vê-las." (Cecília Meireles)

"Para ser um bom conversador, basta seguir uma só regra: *aprender* a ouvir." (Christopher Morley)

"*Aprendi* com as primaveras a deixar-me cortar e a voltar sempre inteira." (Cecília Meireles)

"Bendito aquele que *aprende* a admirar mas não invejar, seguir mas não imitar, elogiar mas não bajular, liderar mas não manipular." (William Ward)

"Eu nunca perco. Ou eu ganho ou eu *aprendo*." (Nelson Mandela)

"Acredite em você mesmo e você *aprenderá* a viver." (Johann Goethe)

Essas pérolas falam por si só e merecem reflexão.

O sentido da vida não nos é dado em um pacote, mas deve ser buscado e escolhido. Essa busca e esses encontros transcendem agendas e lógicas exatas. A vida faz sentido quando voamos na atmosfera do aprender, quando respiramos o oxigênio do crescer e tudo isso sendo inteiramente nós mesmos.

Novamente nos deparamos com um dos grandes parceiros da vida, isto é, a simplicidade. Para muitas pessoas é complicado ser simples porque estão engessadas em manias, presas em preconceitos e sobrecarregadas por sentimentos de menos valia ou de superioridade. As pessoas humildes não têm dificuldade em compreender a beleza e o encanto que se deixam encontrar na simplicidade.

Dentro do espírito da simplicidade, é preciso discernir e sentir quando um ciclo deve ser fechado e como ser arriscar ao novo. Sempre estamos nos despedindo e sempre podemos mergulhar em novos mares: saímos do útero da mãe e aprendemos a respirar sob a luz de um novo mundo; despedimos da mudez e aprendemos a falar e chorar; descemos do colo dos pais e aprendemos a dar os primeiros passos. E dos primeiros passos nos arriscamos a caminhar com as nossas próprias pernas. Passamos da fragilidade forte de uma criança para a fortaleza frágil do viver no mundo.

3. Abertura ao novo

Tudo o que é novo ou perpassado pela novidade pode provocar novidades em nossa vida. Pode desafiar novas, diferentes e surpreendentes reações.

"Não faça do hábito um estilo de vida. Ame a novidade." (Clarice Lispector)

Essas novidades podem ser um novo trabalho, uma nova amizade, uma nova responsabilidade, uma nova casa, um novo passeio, um novo amor... Pode ser um gol feito, uma vitória conquistada, uma solução encontrada, um reconhecimento, uma visita surpreendente, encantos da natureza.

Essa novidade pode ser o despertar de um novo dia, o sorriso de uma criança e pode ser cada um de nós mesmos: que nunca somos os mesmos, mas diariamente diferentes e novos. Uma belíssima novidade é descobrir o novo que resplandece diariamente em nosso olhar. Esse novo pode acontecer no silêncio: "E do silêncio tem vindo o que é mais precioso que tudo: o próprio silêncio", nos surpreende Clarice Lispector. Raramente pensamos sobre a beleza que se deixa encontrar na decisão do silêncio que silencia, que escuta e que acontece.

Nós permitimos o novo quando abrimos as nossas janelas e arejamos a nossa vida e abrimos as portas para que as novidades possam nos surpreender. O novo pode acontecer em um duplo movimento: de nós o buscarmos ou nos deixarmos encontrar por ele.

Portanto, é decisão do homem abrir-se ao novo, buscá-lo e deixar-se tocar por ele. Por trás dessa abertura está a compreensão do homem como ser inacabado em busca constante do melhor, está a capacidade de dar tempo à escuta, e é do resultado dessa escuta que é possível internalizar o que deseja dar sentido ao nosso viver.

Essa postura exige definição e decisão, além de coragem e otimismo. Lembra-nos Helen Keller que "nenhum pessimista jamais descobriu o segredo das estrelas, nem velejou a uma terra inexplorada, nem abriu um novo céu para o espírito humano".

Se queremos que o novo mostre a sua dinâmica amiga, temos que preparar a terra e semear sementes, temos que cultivar atitudes internas capazes de fazer nascer o que deseja no mundo florescer. Nós podemos treinar movimentos internos e usar lentes que ajudam a perceber as novidades que a vida deseja revelar.

"O homem não consegue descobrir novos oceanos se não tiver a coragem de perder de vista a costa." (André Gide)

Quando as novidades nos abraçam, o olhar adquire um novo brilho, a respiração, um novo ritmo, os sentimentos, um novo sotaque, o corpo, uma nova vibração, o coração, uma nova aceleração, e os sonhos, uma nova dimensão.

A linearidade do tempo é importante, mas mais importante é a vida que fazemos acontecer no tempo. E é no tempo que vemos, não os abismos diminuírem, mas nossa capacidade de superação aumentar; é no tempo que nos é permitido roubar sorrisos através de um olhar sincero e compreensivo; roubar a vida nova em um pedido de perdão. Através do tempo as nossas bagagens diminuem de peso, o medo vai dando espaço para novas iniciativas e a paz vai mostrando a sua face amiga.

"Algo está sempre por acontecer. O imprevisto me fascina." (Clarice Lispector)

O novo desperta a luz de cada dia. O sol aquece a nossa esperança. "Amanhecer é uma lição do universo que nos ensina que é preciso renascer. O novo amanhece", canta Almir Sater. O novo sempre deseja amanhecer e nos convida a vivenciar o que dá sentido ao viver. O sentido do caminho pode estar nas placas. O sentido da vida está na sinalização, no caminho, nas pessoas, em nós mesmos e no lugar de chegada já presente no jeito de caminhar.

4. Estar a caminho

Um dos frutos que mostra que estamos dando sentido à vida é estar a caminho e sentir-se caminhante.

"Caminhante, não há caminho, o caminho se faz ao caminhar." (Antônio Machado)

Antes de partir é preciso abandonar. Abandonar as crenças limitantes, moralismos baratos, falsas seguranças; abandonar os apegos, os desejos vazios de impressionar os outros; abandonar o medo e as resistências às mudanças; abandonar ou jogar para trás capas que pesam sobre nós; abandonar a mania de facilmente reclamar de tudo; abandonar o equívoco de pensar que se está sempre certo; abandonar a tentação de buscar aprovação nos outros.

O abandonar não é um mero exercício ascético, mas uma escolha para que o melhor possa ter espaço, para que a imaginação possa ser ativa e, a liberdade, plenamente livre. Trazemos em nossas digitais tudo aquilo que nos tocou ao longo da caminhada.

O escritor Fernando Pessoa aponta para um importante desafio: "Uma das qualidades que mais convém que o homem prático desenvolva é a de saber pensar à medida que age, a de ir construindo num caminho a própria direção do caminho. Isso tem a desvantagem de ser absurdo, e a vantagem de ser verdadeiro". O mais importante não são as conquistas, mas o prazer em conquistar, não é somente a vitória, mas o belo jogo que nos levou a isso e não é somente a chegada, mas o caminho feito que significou a chegada.

"O que dá o verdadeiro sentido ao encontro é a busca, e é preciso andar muito para se alcançar o que está perto." (José Saramago)

O prazer da vida e o que dá sentido ao viver não é saber a geografia dos lugares, as curvas e retas das estradas, as belezas da natureza, mas o fazer-se presente e sentir o peso de cada grama de prazer, apreciar a leveza de cada cor, sentir a dinâmica de cada movimento, percorrer cada degrau, cada estação e cada mergulho vivencial.

Muitas pessoas observam a chuva, outras, nela se molham, mas o bom mesmo é sentir a chuva fertilizando a terra e acariciando a pele e a nossa sensibilidade. O mesmo acontece em relação aos caminhos e aos caminhantes: alguns observam a estrada, outros, por ela caminham, porém, existem pessoas que fazem o seu caminho interior no jeito de caminhar. O poeta Jorge Luís Borges alerta e nos convida de forma provocativa quando diz que "todos os caminhos levam à morte. Perca-se". Concluo este capítulo com uma bela citação de Michel de Montaigne:

"Ninguém determina do princípio ao fim o caminho que pretende seguir na vida; só nos decidimos por trechos na medida em que vamos avançando."

5. Prática da cidadania

Inicio este capítulo com uma feliz citação do teólogo francês Jean-Yves Leloup: "Com frequência, tomamos nossa agitação por ação e nossa preocupação por amor, enquanto a preocupação e a agitação impedem a legitimidade e a beleza do ato". Já falamos sobre posturas que impedem a lucidez, a transparência e a beleza na vida com sentido. Uma vida é significativa quando lançamos um olhar *ad intra* e um olhar *ad extra*. Esses olhares sincronizados, unificados, podem apontar para uma mesma direção e um importante jeito de ser.

Não é possível fugir da prática da cidadania como um espaço importante que ajuda na busca e na vivência do sentido da vida. É na sociedade concreta que a existência é vivida. Esta sociedade é constituída por ruas e leis, governantes e líderes, cidadãos e educação, pessoas e grupos das mais variadas sensibilidades. Trata-se de uma sociedade na qual a ética deseja costurar valores e o bem comum atrai novos comportamentos.

Rousseau, pensador francês, aponta para uma característica importante em uma sociedade: "Uma sociedade só é democrática quando ninguém for tão rico que possa comprar alguém e ninguém for tão pobre que tenha de se vender a alguém". As pessoas e as sociedades ainda têm um longo caminho a percorrer.

Já em 1920, a filósofa e escritora russo-americana Ayn Rand apontava para uma realidade triste e sofrível. Nem parece que isso foi dito há tantos anos atrás. Ela nos faz abrir os olhos e alerta: "Quando você perceber que, para produzir, precisa obter a autorização de quem não produz nada; quando comprovar que o dinheiro flui para quem negocia não com bens, mas com favores; quando perceber que muitos ficam ricos pelo suborno e por influência, mais que pelo trabalho, e que as leis não nos protegem deles, mas, pelo contrário, são eles que estão protegidos de vocês; quando perceber que a corrupção é recompensada, e a honestidade se converte em autossacrifício; então, poderá afirmar, sem temor de errar, que sua sociedade está condenada".

Quando em uma sociedade acontece a desumanização do humano, é preciso acender a luz vermelha, é preciso reação.

"Você pode ignorar a realidade, mas não pode ignorar as consequências de ignorar a realidade." (Ayn Rand)

A mesma filósofa nos faz entender que "através dos séculos existiram homens que deram os primeiros passos por novas estradas, armados com nada além de sua própria visão". Ela acredita que os homens devem definir os seus valores e decidir suas ações à luz da razão.

Já o teólogo brasileiro e também filósofo João Batista Libânio afirma que "a prática da cidadania só adquire sentido se em seu horizonte estão os direitos de todos, a igualdade perante a lei, a defesa do bem comum". Libânio fala da prática da cidadania e não de teorias sobre cidadania, pois estas deveriam decorrer dessa práxis. Ele acena para a importância dos direitos de todos, independente de classe, credo ou cor, pois todos são iguais perante a lei. Não é possível uma justiça que seja injusta e que advogue apenas para interesses ou grupos. A referência deve ser o bem comum.

"O desenvolvimento humano só existirá se a sociedade civil afirmar cinco pontos fundamentais: igualdade, diversidade, participação, solidariedade e liberdade." (Betinho – Herbert de Souza)

Pode ser uma afirmação vazia dizer que somos todos iguais perante a lei. Isso não é suficiente e pode soar bem demagógico dependendo de quem expressa isso. A igualdade tem que ser garantida pela lei, mas tem que ser real nas ruas, casas, empresas, igrejas, grupos, bairros de todas as classes sociais, comunidades.

Estamos falando de uma igualdade que respeita as diferenças. Mujica, ex-presidente do Uruguai, ajuda a contextualizar um sentimento que pode ser real e que projeta luz sobre a realidade:

> "Nós temos que pensar como espécie e não como países. E isso engloba o mundo inteiro. Os pobres da África não são da África, são do mundo inteiro. Os homens que atravessam o Mediterrâneo são nossos. Todos são nossos conterrâneos. A liberdade não se vende, se ganha fazendo algo pelos demais."

Para além dos limites geográficos existem possibilidades e oportunidades humanas de solidariedade, de compaixão, de acolhida e de construção de uma nova civilização. Segundo Rui Barbosa "não há nada mais relevante para a vida social que a formação do sentimento da justiça".

Cai bem aqui a frase de Abraham Lincoln quando diz que "triste do povo que precisa mais de advogados do que de engenheiros!". A prática da cidadania ajuda a sonhar, projetar e significar a vida. Pois é na relação participativa, justa, livre e responsável em que a vida de todos pode adquirir sentido e valor.

> "Muita gente acha que política é uma coisa e cidadania é outra, como garfo e faca, e não é. Política e cidadania significam a mesma coisa." (Mário Sérgio Cortella)

Essa visão de unidade, essa sensibilidade abrangente, esse olhar social, esse comprometimento cidadão são importantes, necessários e urgentes, pois o homem é um ser social. Não é possível negar isso, e quem o faz está em uma lógica de profunda alienação.

A filha de Paulo Freire, Madalena Freire, assim contextualiza esta dimensão do homem como ser social, como ser em relação: "Eu não sou você. Você não é eu, mas sei muito de mim vivendo com você. E você, sabe muito de você vivendo comigo? (...) Mas foi vivendo minha solidão que conversei com você, e você conversou comigo na sua solidão ou fugiu dela, de mim e de você? (...) Mas sou mais eu, quando consigo lhe ver, porque você me reflete no que eu ainda sou, no que já sou, e no que quero vir a ser… (...) Mas somos um grupo, enquanto somos capazes de, diferenciadamente, eu ser eu, vivendo com você, e você ser você, vivendo comigo". A escritora Clarice Lispector faz uma reflexão filosófica: "Eu antes tinha querido ser os outros para conhecer o que não era eu. Entendi então que eu já tinha sido os outros e isso era fácil. Minha experiência maior seria ser o outro dos outros: e o outro dos outros era eu". E concluo este capítulo com uma citação de Demóstenes: "É do bom cidadão preferir as palavras que salvam às palavras que agradam".

SENTIDO DA VIDA E NOVOS HORIZONTES

1. Felicidade Interna Bruta

Neste capítulo, apresento, de forma concisa, uma experiência sugestiva que acontece no Butão, país espremido entre a China e a Índia. Trata-se de uma nação que assumiu a sua identidade a partir da sua realidade e do seu contexto. Vamos refletir sobre a FIB (Felicidade Interna Bruta), que no Butão é muito mais importante e mais valorizada do que o PIB (Produto Interno Bruto).

Thakur S. Powdyel nos apresenta a FIB: "A filosofia da Felicidade Interna Bruta (FIB) é a convicção de que o objetivo da vida não pode ser limitado à produção e consumo seguidos de mais produção e mais consumo, de que as necessidades humanas são mais do que materiais". Para muitos ocidentais o jeito de viver do povo de Butão parece ser algo inusitado ou até mesmo idealizado. Já os butaneses, por sua vez, estranham que o estilo de vida deles não sirva de base para os demais povos e nações.

O Butão é uma terra onde impera a satisfação e o prazer do viver. A tristeza não recebe visto de entrada. "Sabedoria é a parte principal da felicidade", já dizia Sófocles.

Vejamos seis caracterizações desse povo e desse modelo de viver. Vamos analisá-las dentro do nosso tema, isto é, no que podem projetar luz e força para o sentido da vida.

O poder público é comprometido e bem-intencionado. Existe uma real preocupação do governo com a felicidade de seus cidadãos. Não existe um vazio entre o que é dito ou prometido e o que é vivido na cotidianidade das pessoas do Butão. Essa consciência e coerência favorecem a vivência da felicidade. As instituições públicas são, de fato, voltadas para o público e não para interesses particulares ou de grupos. No Butão há igualdade de direitos entre homens e mulheres, liberdades políticas amplas, respeito às minorias. Se o poder público faz a sua parte, as pessoas correspondem e valorizam o que o Estado proporciona.

É um país democrático. Existe uma valorização e cuidado em relação à história com as suas tradições. Eles preservam valores antigos e aprendem novos. A saúde e a educação são gratuitas para todos. Não existem desníveis sociais grandes. O nível de violência é bem baixo. As diferenças entre classes não é acentuada e elas não vivem como grupos fechados. Pelo contrário, existe uma convivência normal entre pessoas de todas as classes, sobretudo no lazer, esporte e na vida social. Trata-se de um país economicamente pobre, porém organizado, seguro, sem poluição sonora, sem apelos consumistas, que cultiva a sua terra e a sensibilidade de seus cidadãos.

A dimensão mística é vivida e afirmada. O fator religioso exerce uma força importante. As pessoas buscam e vivem um equilíbrio na forma de conceber o mundo espiritual e as coisas práticas da vida. Buscam ser livres frente às coisas e fazem uso delas somente se ajudarem na construção da felicidade. A vivência da mística inspira calma e felicidade, estimula a prática do bem e as pessoas a serem boas. Na cultura butanesa, a morte, por exemplo, é vista como parte da vida, existe certa naturalidade na forma de encará-la.

A defesa das belezas naturais. A dimensão bucólica e poética desperta serenidade e proporciona paz interior. A localização geográfica com as suas belezas naturais desperta um olhar contemplativo que se traduz em sensação de bem-estar. O fator natureza exerce uma influência positiva sobre a vivência da felicidade. As florestas e os campos são cultivados, bem protegidos e cuidados. O meio ambiente e a proteção aos animais são prioritários. As montanhas, as florestas e as cores naturais fazem florescer a beleza íntima de cada pessoa.

A liberdade interior vivida como desapego. Outro fator importante é o desapego em relação às coisas e bens. As pessoas costumam renunciar à tentação de facilmente viverem conectados em redes sociais. Não se preocupam com postagens, curtidas e elogios. E isso, segundo eles, torna a vida mais leve, mais interessante e melhor. A citação dc Johann Goethe ajuda a entender este modo de ser e de proceder quando diz: "Na plenitude da felicidade, cada dia é uma vida inteira".

A qualidade como estilo de vida. Outro fator importante a ser sublinhado na vivência da felicidade é a qualidade e a quantidade do sono. Pesquisas revelam que mais de 70% da população dorme no mínimo oito horas por dia. Pessoas descansadas estabelecem relações humanas saudáveis, o trabalho não acontece no estresse e a relação com o próprio corpo é diferenciada. A qualidade de vida recebe uma ênfase muito especial. Existe um cuidado com o tipo de alimentação. O Butão é o primeiro país do mundo a banir a venda de cigarros.

Resumindo, podemos dizer que o conceito da FIB prega quatro diretrizes: desenvolvimento econômico sustentável, preservação da cultura, conservação do meio ambiente e "boa governança" como, por exemplo, em relação ao gerenciamento na produção de energia elétrica sem com isso agredir o meio ambiente. Esse sonho-realidade está ao alcance da humanidade.

O índice de Felicidade Interna Bruta (FIB) não é uma afirmação vazia e sem conteúdo. Pelo contrário, é uma realidade concreta, visível e palpável. A felicidade demostrada pelas pessoas nasce e se desenvolve a partir da garantia de seus direitos sociais, no envolvimento responsável das pessoas com essas políticas públicas de bem-estar social e fé religiosa. Portanto, não se trata apenas de uma satisfação subjetiva, mas realização pessoal levando em consideração as condições proporcionadas pelos pilares como a cultura, saúde, educação, religião, justiça social, entre outros.

A forma de viver das pessoas que fazem a história do Butão deveria nos desafiar e inspirar em relação ao que pode significar o viver. Ela é a afirmação real de que uma nação pode ser movida pela felicidade, e que este caminho não é uma fantasia ou ilusão, mas uma experiência em ação.

A relação de felicidade com o sentido da vida é muito clara e consistente. As condições criadas e vividas têm sentido e fazem sentido porque proporcionam um estado propício no qual é possível viver a felicidade tanto individual como coletivamente.

"Uma quantidade imensa de pessoas perdem a sua quota de felicidade não pelo fato de a felicidade não haver sido encontrada, e sim porque jamais foi reconhecida."

(William Feather)

2. Repensar para ser melhor

A nossa vida é plasmada por valores, crenças, conceitos, preconceitos, sonhos. Movem-se dentro de nós – consciente ou inconscientemente – e nos condicionam, positiva ou negativamente. A pretensão desse capítulo é refletir, ponderar e tentar lançar um novo olhar sobre certas situações condicionantes. O filósofo francês Voltaire diz que "um preconceito é uma opinião não submetida à razão". Vamos tentar compreender isso.

Ser ou ter

Prestemos atenção à linguagem que usamos diariamente. Vejamos como o correto uso dos verbos "ser" e "ter" pode mudar o jeito de olhar e encarar contextos de vida.

Constantemente escutamos ou reproduzimos expressões como: *"eu **sou** impaciente", "eu **sou** nervoso", "eu **sou** ansioso", "eu **sou** pavio curto", "eu **sou**..."*. É preciso repensar essas frases e o conteúdo delas que, geralmente, trazem atitudes precipitadas e equivocadas sobre nós mesmos e em relação aos outros.

Que tal trocar o verbo "ser" pelo verbo "ter"? Isso é, em vez de dizer que *"eu sou...", dizer "eu **tenho** momentos de nervosismo", "eu **tenho** momentos de ansiedade"*. Essa forma de compreender e de falar pode fazer uma grande diferença. Por exemplo, muitas vezes perdemos a paciência quando não existe motivo real para tanto.

De onde vem isso? Quando crianças, internalizamos valores, convicções, aprendizados, experiência e também crenças. Muitos exercem uma influência positiva e algumas têm grande força negativa.

A influência e os condicionamentos negativos vêm de afirmações que os nossos pais, professores, tios e amigos nos falavam quando éramos crianças. E como eles têm certa autoridade sobre nós, nós os levamos muito à sério e "compramos" essas ideias. Vejamos um exemplo: nós compramos o conceito quando os nossos pais diziam que "esse menino é muito nervoso" ou "é muito impaciente". Na verdade, era um jeito de reagir deles dentro de um determinado contexto. O problema foi a nossa internalização disso como sendo nosso.

O erro está em identificar no hoje da vida esse tipo de crença. Eu pergunto: ficar nervoso resolve o problema do arroz queimado? Impacientar-se com facilidade é ser justo com quem foi paciente com você ao longo de toda uma vida? Ficar exageradamente fora de si quando um pneu do carro fura resolve a situação? O nervosismo exagerado resolve a questão de um objeto que quebrou ou de algo que fugiu das nossas expectativas?

É extremamente valioso este novo olhar sobre a nossa prática diária e o tipo de linguagem que usamos para legitimá-la ou para compreendê-la e ultrapassá-la.

Outro exemplo dentro do uso correto dos verbos "ser" e "ter", porém de forma inversa, está na linguagem adotada em relação às amizades: mais importante que *ter* muitos amigos, é *ser* amigo de muitos. A questão não está no número de amigos, mas no tipo de relação que estabelecemos com as pessoas amigas.

Algo parecido acontece na busca de possíveis relações de amor. Muito homem diz que deseja "ter" uma mulher com estas qualidades, situação de vida, idade, formação, beleza, etc. Isso parece legítimo. Mas que tal mudar a ótica e inverter a formulação desse desejo? Não seria mais interessante perguntar-se sobre o tipo de homem que você deseja "ser" para uma mulher? Isso vale para todos os tipos de parceiros de vida que se deseja encontrar. Uma postura não anula a outra, mas convida para ter uma escala de valor e de responsabilidade no jeito de ser e de proceder.

São apenas dois verbos: ser e ter. Trazem consigo uma força de vida ou de não vida, conforme empregamos os mesmos. E o emprego equilibrado, correto e consequente pode trazer bons fluidos no que tange ao sentido da vida.

"A esperança não murcha, ela não cansa, também como ela não sucumbe à crença, vão-se sonhos nas asas da descrença, voltam sonhos nas asas da esperança."
(Augusto dos Anjos)

Expectativas e realismo

O filósofo Sêneca, do primeiro século da Era Cristã, buscou refletir um comportamento comum na vida de muitos: as irritações e as decepções. Segundo ele, estas nascem exatamente das exageradas expectativas em relação às pessoas, grupos, entidades e em relação a nós mesmos.

Quem muito espera corre o risco de muito se frustrar porque as pessoas não sentem, não veem e não sabem e nem podem fazer tudo o que delas costumamos esperar.

É importante perceber que as outras pessoas não usam as nossas lentes, não tem a nossa pele e nem calçam o nosso calçado, elas não sentem as nossas expectativas.

Existem exemplos na história de consequências absurdas e até trágicas só porque alguma expectativa não foi satisfeita. Vejamos alguns exemplos:

Intocável – Brigas ou discussões no trânsito porque alguém foi imprudente, fechou uma via ou tocou no carro. No coração de muitas pessoas o carro é um semideus e, portanto, intocável. O exagerado apego ao carro e à expectativa de que nada pode acontecer contra ele leva a esse tipo de reação desproporcional.

Inquebráveis – Discussões em família porque algum objeto foi quebrado. Na cabeça de muitos, as coisas são inquebráveis. Tem gente que prefere quebrar um bom ambiente familiar só porque algum objeto quebrou.

Inesperada – Irritação boba porque foi contrariado em um debate ou em uma roda de amigos. No horizonte de muitas pessoas, essa contraposição não é esperada. Por trás desse tipo de postura irritadiça e agressiva está um orgulho totalmente deslocado.

Improvável – Decepção exagerada diante de resultados de provas, concursos e competições. A aprovação que era tida como certa, mas não veio, ou o time que era favorito ao título, mas perdeu, são exemplos de situações fortes de expectativas não satisfeitas para as quais muitas pessoas não se preparam.

Inimaginável – Agressividade porque perdeu um cargo importante ou a promoção esperada não veio. No ego de muita gente, isso está fora de qualquer cogitação e a frustração mostra suas garras diante de perdas não admitidas.

Impossível – Tristeza porque algo inusitado aconteceu no trabalho ou a superação inesperada de quem era tido como incapaz, entre outros, retratam a frustração e irritação de muitos.

Inconcebível – Uma frustração diante de um "não" recebido em uma investida amorosa. Na perspectiva de certas pessoas um "não" quebra a espinha dorsal de uma expectativa, sendo mais forte de acordo com o seu grau de machismo.

Inadmissível – Sofrimento com uma amizade que não fez o que se esperava dela. Na crença de muita gente esse tipo de atitude não é admitida e dói mais porque dos amigos se costuma esperar demais.

Inacreditável – Nasce um mal-estar porque alguém foi promovido em seu ambiente de trabalho. Para muitas pessoas, isso frustra a expectativa de que a promoção fosse delas e, por isso, elas têm tremenda dificuldade em se alegrar com a alegria e sucesso alheios.

Inaceitável – Conflitos agressivos porque pessoas éticas não concordam com algo desonesto e denunciam essa prática. Na perspectiva artificial de muitos é inaceitável que os outros não queiram tirar proveito dessas práticas. Deve ser muito triste tentar desfazer pessoas éticas e honestas e sem medo de expor o quanto o seu abismo no caráter é desonesto.

Em nossa vida diária, quais situações costumam nos frustrar? Analisemos o que está por trás desse sentimento: provavelmente expectativas exageradas e falta de liberdade frente às pessoas, às coisas, aos acontecimentos, às surpresas.

Essa frustração pode ser em relação a nós mesmos, sobretudo quando carregamos um conceito exagerado sobre quem somos, ou quando nos colocamos em um patamar não plausível com a realidade, ou quando queremos as coisas na base de favores e não de conquista, ou quando não nos atualizamos em termos de formação. Um exemplo, dentro do mundo esportivo, é de alguém que joga bem, mas que relaxou na atividade física e nos treinamentos técnicos. A frustração é grande quando, na hora do jogo, as coisas não dão certo como gostaria. Ele costuma se irritar muito, sobretudo com os colegas que não têm nada a ver com seu relaxamento físico e técnico.

Diante desse quadro e do malefício que as exageradas expectativas provocam é bom cultivar uma dupla atitude: em relação a si mesmo – de entrega, disciplina, dedicação, generosidade e de treinamento em todos os níveis do viver – e em relação aos demais – um treinamento interno de pouco ou nada esperar deles. Dentro dessa perspectiva, tudo o que virá será visto como lucro e vivido com mais intensidade e com maior satisfação. Não é por acaso que o filósofo Platão já dizia, antes de Cristo, que a maior vitória é vencer-se a si mesmo.

É bem melhor não criar expectativas e ser surpreendido do que esperar muito e viver se decepcionando.

"Se eu me magoo e passo a odiar quem foi insensível comigo, esse problema é *meu*, não do outro. O outro apenas não correspondeu às minhas expectativas, não deu o colo que eu achava que merecia, não foi o amigo que eu queria que tivesse sido. Ele foi *ele*. *Eu* é que queria que ele tivesse agido diferente. Então *eu* sou o responsável pelo que sinto." (Léa Waider)

É preciso ser realista nos caminhos da vida que são perpassados pela confiança "pé no chão" e pela esperança realista e corajosa. Dentro desse quadro podemos lembrar do paraibano Ariano Suassuna que dizia: "O otimista é um tolo; o pessimista, um chato. Bom mesmo é ser um realista esperançoso".

A melhor expectativa está em sermos melhores hoje do que fomos ontem, e em darmos à vida uma leveza capaz de encher os espaços com a musicalidade da confiança, pois essas ações dependem de nós e não dos outros.

"Um pássaro não canta porque tem uma resposta, ele canta porque tem uma canção."
(Maya Angelou)

A confiança e o foco devem estar em nossa pessoa, fazendo parte do nosso potencial e da nossa liberdade. Um pássaro que pousa em uma árvore não teme que o seu galho quebre, porque a sua confiança não está no galho, mas nas suas próprias asas e na sua capacidade de voar.

O sentido da vida está nesta equilibrada postura de confiar em si, não esperar muito ou nada dos outros. E que o nosso realismo seja otimista e inundado pela confiança e pela esperança que não decepcionam, mas convidam a fazer a diferença.

Limite ou possibilidade

Outro conceito que facilmente compramos como verdadeiro ou facilmente internalizamos sem a suficiente reflexão é dizer que "minha liberdade vai até onde começa a liberdade do outro". Essa forma de compreensão é um equívoco pois, a liberdade, por definição, não tem limites, portanto, dizer que ela vai "até onde começa", é limitá-la. Podemos dizer, sim, que o meu respeito e o meu direito vão até onde começa o do outro. Podemos dizer que a minha tolerância vai até onde começa a sua dignidade, mas não podemos limitar a liberdade.

A liberdade não se deixa enclausurar entre paredes, não se deixa enquadrar em conceitos. Ela sempre transcende cercas, derruba muros e arrebenta correntes. Ela é ilimitada.

Entender a liberdade como possibilidade infinita desafia a nossa prática diária muito mais do que dizer que ela vai "até onde começa a liberdade do outro". E isso não significa invadir a vida do outro, o que também seria uma agressão à própria liberdade.

O que é importante sublinhar aqui é o fenômeno de que nós somos e nos realizamos como pessoas na relação livre e responsável com outras liberdades e neste mundo real.

Os limites e as possibilidades fazem parte do viver. Existem limites que limitam e outros que possibilitam. E existe o homem capaz de transformar os limites em possibilidades.

A imagem do farol de trânsito – chamado de sinaleiro em algumas regiões brasileiras – ajuda a entender esse paradoxo: quando a luz do farol está verde, seguimos e damos voz e vez à liberdade de seguir caminho. Quando o sinal está vermelho, paramos. Este *parar* parece limite, pois a nossa vontade é de seguir em frente. Mas não é limite porque é possibilidade para os outros que transitam e atravessam a nossa via. E viver socialmente é saber conviver com as luzes verdes, os alertas amarelos e os sinais vermelhos. O que limita os outros pode ser possibilidade para nós e o que parece limite para nós é possibilidade para os outros. E isso é inerente à vivência da liberdade.

Na liberdade existe um respeito e um reconhecimento tanto de possibilidade livre como também de necessidade. Eu preciso dos outros e eles precisam de mim. Essa relação de recíproca permissividade é uma dimensão importante do conviver.

O sentido da vida passa pela aceitação e convivência com as possibilidades e os limites, meus e dos outros. Aceitar o dom e o risco de ser livre, de poder viver livre e de saber-se livre faz todo sentido. Isso não é só um sentimento, mas um estilo de vida. Mergulhar nessa atmosfera que já nos é dada e que pode ser aprimorada, dignifica e desafia o viver.

Imaginário ou real

Muitas vezes, o sentido da vida fica atrofiado ou até mesmo engessado porque perdemos muito tempo com ilusões e fantasias e não percebemos que as sementes são semeadas, não nas nuvens, mas na terra fértil. Vamos diferenciar problema real e imaginário.

Um problema real é algo visível, perceptível, palpável e que tem solução. Já o imaginário está na nossa fantasia e pode trazer um forte poder de mobilização, perda de sono, desgaste e estresse.

Os problemas imaginários não têm solução, mas nós podemos colocá-los no seu devido lugar. Quantas pessoas sofrem por antecipação diante de uma situação que deveria ser apenas uma oportunidade, mas se torna uma grande questão! Quantas pessoas alimentam muito mais o medo – geralmente imaginário – em vez de regar a semente da coragem!

"Os verdadeiros valentes vencem a sua imaginação e fazem o que devem fazer."
(Charles Bukowski)

A nossa tarefa é desmascarar o que nos cansa, desgasta e não tem solução encaminhada. Saber diferenciar os dois tipos de problemas já é um bom começo, tomar consciência desses movimentos dentro de nós é outra forma de superação, verbalizar com pessoas de confiança tudo o que nos machuca, atrapalha, cansa, dói ou prende é outra maneira de superar-se.

"O pessimista queixa-se do vento, o otimista espera que ele mude e o realista ajusta as velas." (William Ward)

Ver ou percorrer

Com facilidade caímos em uma forma de pensar o nosso caminho como algo feito ou já traçado, sendo preciso apenas percorrê-lo. Por trás dessa visão pode estar uma forma de vida passiva, medrosa e de pouca imaginação criativa.

Seria bem melhor sincronizar o caminho geográfico – externo – com o nosso caminho interno. Não só percorrer quilômetros de estrada, mas também percorrer as nossas motivações e atravessar nossas razões de viver. Dessa forma, todos os dias acontecerá um novo caminho, mesmo passando pela mesma estrada.

O desafio lançado por Fernando Pessoa é digno de reflexão:

"Há um tempo em que é preciso abandonar as roupas usadas, que já têm a forma do nosso corpo, e esquecer os nossos caminhos, que nos levam sempre aos mesmos lugares. É tempo de travessia; e, se não ousarmos fazê-la, teremos ficado, para sempre, à margem de nós mesmos."

Vamos analisar, de forma concisa, algo da citação do poeta português:

"Há um tempo" – Sempre é tempo. Agora é tempo. Este é o tempo.

"Abandonar" – Deixar para trás. Jogar a capa pesada que não serve mais. É abandonar definitivamente o que já se esgotou em possibilidades.

"Esquecer os nossos caminhos" – É abrir espaço ao novo. Existem outros caminhos, talvez mais asfaltados, mais floridos, mais desafiantes.

"Aos mesmos lugares" – Se não tiver uma guinada, voltaremos ao velho, ao já traçado. Esses lugares já foram curtidos e internalizados. Nasce um novo tempo. Tempo de gerar a novidade.

"É tempo de travessia" – É tempo de sair, enfrentar, mergulhar, se molhar, nadar, acontecer na passagem. É tempo de vestir a pele da vida e o calçado da esperança e colocar-se a caminho. É tempo de vestir a camisa de novos sonhos e através deles acontecer. "Quem elegeu a busca não pode recusar a travessia" (Guimarães Rosa).

"Ousarmos" – A ousadia é generosidade dos corajosos, dos que caminham na direção de novos sonhos que já estão vibrando no presente.

“À margem de nós mesmos” – Seria triste demais viver sendo fotocópia das opiniões alheias, das expectativas dos outros e não arriscar nossos sonhos, assumir o nosso jeito de ver, falar, afirmar, ser, proceder, viver. Seria decepcionante chegar ao final da nossa vida e não nos reconhecermos. Ficarmos à margem de nós mesmos é não deixar fluir a vida que deseja irromper. É perder o melhor da vida com saudade das roupas usadas e velhas. O filósofo Tomás de Aquino diz que “se a meta principal de um capitão fosse preservar seu barco, ele o conservaria no porto para sempre”. Os barcos não foram feitos para permanecerem ancorados, nem as pessoas criadas para viverem presas.

O sentido da vida está na dinâmica de viver como peregrinos da esperança e com a história em nossas mãos. Viver como empreendedores que não têm medo das subidas, das curvas, das descidas, do sol, da chuva, das pedras, das flores e muito menos dos novos desafios. O verdadeiro peregrino descobre o seu caminho no jeito original e único de ser e de caminhar: “Seja você mesmo, todos os outros já existem”, nos desafia Oscar Wilde.

A grandeza da vida está nas pessoas corajosas que arriscam, está na imaginação criativa, na liberdade que decide e nos sonhos que dão o primeiro, o segundo, e todos os passos necessários para eles serem realidade.

Concluo este trecho citando uma frase atribuída a Francisco de Assis: “Comece fazendo o que é necessário, depois o que é possível e, de repente, você estará fazendo o impossível”.

Busca ou perfeição

Outra visão que pode atrapalhar a vivência e a busca do sentido em nossa vida diária é o grau elevado de perfeccionismo que perpassa o comportamento de muitas pessoas. As pessoas perfeccionistas costumam sofrer e fazer sofrer. Isso porque misturam facilmente a busca da perfeição com a própria perfeição.

Constatar que na vida existem problemas não é nenhuma novidade. Diariamente vemos e sentimos isso. O problema maior não é ter problemas, mas a forma como lidamos com eles: alguns enfrentam com entusiasmo e firmeza, outros ignoram, outros empurram com a barriga e procrastinam, outros delegam ao tempo. O perfeccionista costuma sofrer com eles. Já a pessoa que busca a perfeição tende a encará-los como oportunidades dentro de um processo de vida, de conhecimento e de crescimento.

Não é justo buscar a perfeição sem valorizar as sutilezas, as escolhas, os detalhes, o envolvimento afetivo com a própria caminhada.

Pessoas perfeccionistas costumam ver as coisas, sobretudo, a partir do resultado: como tudo deveria estar. Já as que buscam a perfeição buscam viver tudo como processo, no qual tudo o que acontece faz parte da busca pelo melhor.

Fazer uma comida, realizar uma faxina na casa ou fazer uma viagem podem ajudar a entender o que aqui sugiro. Uma pessoa perfeccionista costuma se imaginar no fim, isto é, com a comida pronta, a casa limpa e chegando ao endereço da viagem. Porém, isso não está feito. É preciso enfrentar e percorrer um caminho. O questionável nas pessoas perfeccionistas é atropelarem facilmente o processo que deveria ser prazeroso e ser parte integrante para atingir o objetivo final.

Já para a pessoa que busca a perfeição, tudo tende a ser vivido como oportunidade, como momentos dentro de um processo que se constrói. E isso faz parte do resultado que se deseja. Portanto, o prazer de fazer uma boa comida, de faxinar e de viajar é visto e curtido em todos os seus detalhes, movimentos e caminhada.

> "Pode-se ter saudades dos tempos bons, mas não se deve fugir do presente. A felicidade está em usufruir e não apenas em possuir. Quem deseja diminuir a sua ignorância deve, em primeiro lugar, confessá-la." (Michel de Montaigne)

O bom da vida é estar a caminho e sentir a direção. É fazer de cada detalhe, de cada escolha, e de cada conquista, um degrau a mais para aquilo que nos conduz ao que desejamos.

O sentido da vida está neste envolvimento afetivo e efetivo da busca do melhor, está no sonho que nos impulsiona a seguir. Não está somente na conquista de novas metas, mas no jeito de caminhar, curtir e alcançar o que se deseja.

Lama e estrelas

Outra dimensão importante a ser considerada é observar o tipo de lentes que usamos para olhar a realidade, os outros e a nós mesmos. Quando usamos lentes riscadas, a sensação que temos é a de um mundo arranhado e quando usamos lentes escuras, a claridade fica ofuscada. Porém, não é o mundo e nem a realidade que estão riscadas ou ofuscadas, mas as nossas lentes.

Além de prestar atenção ao tipo de lente que usamos para ver a vida, o ângulo a partir do qual a observamos também é importante. Tem gente que contempla o mundo a partir da janela de sua casa, tem outros que sobem montanhas para apreciar a imensidão do mundo e tem outros que olham a vida a partir do ódio, do preconceito e do egoísmo.

O poema "Não te amo mais", de autoria desconhecida, é um exemplo de como é possível ver uma mesma realidade em ângulos diferentes. Leia com atenção e se imagine declamando estas palavras para a pessoa que você mais ama:

"Não te amo mais
Estarei mentindo dizendo que
Ainda te quero como sempre quis
Tenho certeza que
Nada foi em vão
Sinto dentro de mim que
Você não significa nada
Não poderia dizer mais que
Alimento um grande amor
Sinto cada vez mais que

Já te esqueci!
E jamais usarei a frase
Eu te amo!
Sinto, mas tenho que dizer a verdade.
É tarde demais..."

Agora que você leu e tirou as suas conclusões, vamos reler o mesmo texto, porém a partir de um outro ângulo, isto é, de baixo para cima. Faça este exercício! Veja e sinta que o mesmo texto, com o mesmo número de caracteres e linhas pode ter um sentido totalmente diverso daquele que apareceu à primeira leitura.

Pois é, tem hora que é preciso mudar as nossas lentes e o nosso ângulo de visão. Tem hora que é bom olhar a vida pelo retrovisor. Ele pode nos proporcionar uma lente importante de leitura sobre o presente-futuro.

Muitas vezes o problema não está fora de nós, mas no jeito de ler, de reler e de enxergar essa mesma realidade. Para muitos, as dificuldades são obstáculos e, para outros, os mesmos problemas são oportunidades. Nós vemos e sentimos as coisas, a vida, as pessoas e as palavras conforme a nossa sensibilidade interna. Tem dias que uma borboleta tem o peso de um avião e tem dias que um navio tem o peso de pássaro. Existem dias em que reações fortes de pessoas ou barulhos externos ruidosos têm a leveza de uma pena. Por quê? Porque a nossa interioridade está forte, protegida e unificada. Mas existem dias em que qualquer sopro de ar parece um vendaval porque a nossa sensibilidade está à flor da pele.

"Tem dias que qualquer sussurro é um grito. Já em outros dias qualquer gentileza é uma declaração de amor." (Jeozadaque Martins)

Compreender isso pode fazer toda a diferença e pautar a nossa conduta de sabedoria: quando estamos demasiadamente sensíveis é prudente não se expor muito e nem perder-se em polêmicas e, muito menos, tomar decisões importantes. Isso porque as reações poderão ser desproporcionais devido a extrema sensibilidade interna. Nessas situações é recomendável deixar que a noite escura passe e que a luz do dia ilumine o que deseja ser visto com um novo olhar.

> "Pediu tintas e pincel ao carcereiro. Pintou o Sol em uma das paredes, o céu ao fundo dele, em outra fez o mar, tudo em tons muito vívidos. Isso feito, passou a contar os dias como se fossem feriados." (Edson Valente)

Que tipo de lâminas ou arquivos nós usamos para projetar o que somos? Santo Agostinho tem uma frase muito sugestiva para ilustrar a nossa reflexão: "Dois homens olharam através das grades da prisão: um viu a lama, o outro, as estrelas".

Dentro de uma mesma realidade, através das mesmas grades é possível ver situações diferentes. Onde está a diferença?

No "projetor interno", isto é, nos valores, feridas, sentimentos, confiança, história de vida, sonhos e esperança. "Antes vale andar descalço do que tropeçar com os sapatos dos outros" (Mia Couto).

No tipo de lentes que usamos para ver a realidade. Por exemplo: se uma mulher usa óculos rosa e o marido usa óculos azul, cada um verá o mundo em sua volta conforme a cor das lentes que usa, mesmo que a realidade externa tenha outra cor. Por isso é tão importante, de vez em quando, usar lentes da mesma cor da outra pessoa. Dessa forma será possível ver o mundo como ela o vê.

No movimento da cabeça e dos olhos. Este movimento – para o chão da lama ou para o céu estrelado – pode acontecer de forma automática pela situação em que cada um se encontra, mas pode também passar pelo crivo da decisão de "agir contra" ao que se sente e direcionar o olhar para o oposto.

Outro exemplo que pode iluminar a nossa reflexão é imaginar duas pessoas frente a frente diante de um número escrito sobre o chão. A pessoa do lado esquerdo do número está vendo o número 6 (seis) e a pessoa do lado direito está vendo o número 9 (nove). Ou seja, o mesmo número é visto por duas pessoas diferentes e não tem o mesmo significado. Não se trata de se acusarem mutuamente, mas aprenderem a se colocar no lugar do outro antes de desencadearem discussões sem sentido. O fato da pessoa do lado esquerdo ver 6 está certo, mas isso não quer dizer que a pessoa do lado direito esteja errada ao ver um 9. Eles apenas veem a realidade a partir de ângulos diferentes.

"Há pessoas que choram por saber que as rosas têm espinhos. Há outras que sorriem por saber que os espinhos têm rosas!" (Machado de Assis)

É comum observar pessoas fazendo julgamentos fáceis e críticas inconsistentes sem antes ter vestido a roupa ou ter calçado os sapatos da outra pessoa, entendendo os elementos que a fizeram chegar até onde ela se encontra hoje.

Essas reflexões têm relação direta com o sentido da vida. Elas nos convidam a observar o que se passa em nós e à nossa volta. Fazem ver o tipo de projetor, lentes e movimentos que adotamos diante de nós mesmos e do mundo externo. Porém, essas reflexões nos convidam a regar o terreno da sensibilidade. "Sabe o que eu quero de verdade? Jamais perder a sensibilidade, mesmo que às vezes ela arranhe um pouco a alma. Porque sem ela não poderia sentir a mim mesma" (Clarice Lispector).

Existir e viver

Oscar Wilde constata que "viver é a coisa mais rara do mundo. A maioria das pessoas apenas existe". É impossível ficar indiferente diante dessa afirmação. Ela ressoa forte em todas as pessoas que têm um coração sensível.

Vamos entender a diferença: existir é um presente e viver é uma missão, a existência nos é dada e a possibilidade de viver é decisão como resposta a esse amor primeiro e gratuito que quis a nossa existência.

Os homens têm a capacidade de dar sentido à existência através da forma e do jeito de viver. Viver é fazer a diferença neste mundo: é saber-se importante e não buscar ser notório ou famoso. Existem muito mais pessoas importantes do que pessoas famosas. Uma pessoa é importante quando se importa pelos outros, quando nos "importa" para dentro dela mesma e nos carrega em seu coração.

O número de pessoas que aparecem nas telas da televisão ou nos palcos da arte é bem pequeno. Entretanto, existem milhões de mães, pais, educadores, líderes e profissionais que são muito importantes mesmo que nunca apareçam nas telas.

"Não podemos entrar na modernidade com a vergonha de ser pobre e o culto das aparências; com a passividade perante a injustiça e a ideia de que, para sermos modernos, temos de imitar os outros." (Mia Couto)

3. Comunidades afetivas

O ser humano faz parte e tem consciência de pertencimento ao mundo, à raça humana, a um continente, país, estado, cidade, bairro, comunidade, grupos, família. Ele tem consciência de pertencimento a si mesmo, aos seus valores, comportamentos e sonhos.

Nós precisamos das pessoas e as pessoas necessitam de nós. Nascemos dependentes, necessitados e tivemos que aprender tudo: a andar, a falar, a equilibrar e, até mesmo, aprender a aprender.

As referências da reflexão desse capítulo são várias: é a constatação de que cada pessoa é comunitária, isto é, ela se encontra e se realiza nas relações com as outras pessoas; o homem não consegue viver sozinho; a fé também é essencialmente comunitária, pois o Deus dos cristãos é uma comunidade: Pai, Filho e Espírito Santo; cada pessoa traz consigo uma constelação de várias outras.

Do ponto de vista antropológico nós somos seres-com-os-outros no mundo. As comunidades afetivas autenticam a afirmação de que o homem se realiza na relação com as outras pessoas: que também caminham pelos mesmos espaços, estão mergulhadas na mesma dinâmica de vida, partilham riqueza cultural, ideias e ideais e fazem história.

As comunidades afetivas são verdadeiras experiências de acolhida, de proteção e de incentivo mútuos. Por exemplo, um grupo de cantores e músicos vivem celebrando a música e isso proporciona um prazer a ponto de sentirem um verdadeiro êxtase de vida. E esse tipo de grupo que se ama, que canta e produz músicas faz um bem tremendo!

São comunidades em constante construção cujo fundamento não são as regras, mas a própria vida que pede passagem e acontece. É um espaço de pessoas reais e situadas, cada uma com sua história, carga afetiva, sensibilidades e expectativas.

"Não há nada mais gratificante do que o afeto correspondido, nada mais perfeito do que a reciprocidade de gostos e a troca de atenções." (Marco Túlio Cícero)

Vejamos alguns espaços ou realidades onde o afeto deseja temperar as comunidades. Afinal, onde estão essas comunidades afetivas?

A família como comunidade afetiva

A família, com todas as crises e metamorfoses que já passou, continua sendo o espaço, por excelência, do amor em forma de acolhida, de respeito à liberdade e às diferenças, do perdão, da ajuda mútua e da vida em seu sentido pleno.

Nós conhecemos e sabemos das dores e desafios que enfrentam as pessoas que não têm famílias ou que perderam a sua família. A família é a comunidade afetiva por excelência e a grande referência de vida das pessoas.

A grande maioria das pessoas, quando são perguntadas sobre o que dá sentido à sua vida, responde que é a família. Sabemos da sua importância na formação de valores e na formatação do caráter. A família é o espaço da vivência e da vigilância.

"Quando sozinhos, vigiemos nossos pensamentos; em família, nosso gênio; e, em sociedade, nossa língua." (Madame de Staël)

O Papa Francisco aponta para a importância da família: "A família precisa ser lugar de vida e não de morte; território de cura e não de adoecimento; palco de perdão e não de culpa: o perdão traz alegria onde a mágoa produziu tristeza; cura, onde a mágoa causou doença". O mesmo Papa tenta definir a família quando diz: "Família é um grupo de pessoas cheias de defeitos que Deus reúne para que convivam com as diferenças e desenvolvam a tolerância, a benevolência, a caridade, o perdão, o respeito, a gratidão, a paciência, direito e dever, limites, enfim, que aprendam a amar: fazendo ao outro o que quer que o outro lhe faça. Sem exigir deles a perfeição". O poeta Mia Couto traz uma reflexão dentro de um duplo movimento: a família é importante para nós, mas cada um de nós é importante na dinamização da vida dentro dessa casa: "O importante não é a casa onde moramos, mas onde, em nós, a casa mora".

Porém, a experiência humana mostra que a vida em família não basta. Isso não é nenhum desmerecimento, apenas uma constatação, afinal, as relações humanas gostam, buscam e necessitam de outros espaços de encontro, espaços de vivência do bem-querer, da solidariedade e de afetividade. Já dizia Rui Barbosa: "A pátria é a família ampliada".

Outras comunidades

Se a família não basta, é importante afirmarmos outros espaços de encontro e de afeto. As pessoas buscam comunidades onde podem ser elas mesmas, ser acolhidas, respeitadas e amadas.

Por isso que tantas pessoas entram em grupos de dança, de expressões culturais, em faculdades, comunidades, trabalhos voluntários, exercem pastorais, academias, equipes esportivas, corais, grupos ligados à mística, entre tantos outros.

Nessas comunidades as pessoas são aceitas na sua individualidade e vivem uma das expressões mais lindas do afeto que é a solidariedade.

"Ótimo que tua mão ajude o voo, mas que ela jamais se atreva a tomar o lugar das asas." (Dom Hélder Câmara)

As comunidades de afeto dentro de nós

Inicio esta reflexão com uma citação que nos contextualiza bem: "Se nada de estranho te surpreendeu durante o dia, é porque não houve dia" (John Archibald). Já o poeta Rubem Alves nos questiona: "O que é que se encontra no início? O jardim ou o jardineiro? É o jardineiro. Havendo um jardineiro, mais cedo ou mais tarde um jardim aparecerá. Mas, havendo um jardim sem jardineiro, mais cedo ou mais tarde ele desaparecerá. O que é um jardineiro? Uma pessoa cujos sonhos estão cheios de jardins. O que faz um jardim são os sonhos do jardineiro".

Parafraseando essa citação, podemos dizer que as comunidades de afeto também estão dentro de nós, vivas na memória, podendo ser resgatadas e reinterpretadas.

Nós carregamos conosco as experiências vividas, a realidade acolhida e as esperanças sonhadas; convivem dentro de cada um de nós a razão do bom senso, a paixão do coração e a luz das intuições. Cada pessoa é o universo em miniatura. O mundo está em nós e nós estamos no mundo como jardineiros.

Um jardineiro do bem tem três missões importantes: (1) eliminar o joio, arrancar a erva daninha e, se preciso for, cavar fundo para tirar suas raízes que sempre desejam voltar; (2) preparar a terra para plantar as sementes do bem, regar a esperança do amanhã, cultivar a vida que cresce a cada dia que passa; (3) contemplar a beleza do jardim, deixar que o jardim externo e aquele que cultivamos dentro de nós encontrem conexão, sintonia e celebração.

Não podemos ser indiferentes ao que as mãos criaram, ao que o milagre da vida atualiza diariamente e ao que olhos têm o privilégio de contemplar.

Podemos perder a noção de espaço, mas não da vida; deixar escapar detalhes dos acontecimentos, mas não desconectar da história; perder pessoas amadas, mas não o amor por elas. Podemos perder o chão, mas não a coragem de voar; perder colegas, mas não os verdadeiros amigos; perder batalhas, mas jamais a fé. E mesmo que percamos muitas coisas, jamais podemos perder a esperança.

Cada um de nós é uma comunidade afetiva. É um belo desafio sabermos que somos únicos, plurais, que carregamos muitos outros dentro de nós.

O filósofo alemão Friedrich Nietzsche consegue situar bem esta questão quando se analisa: "Eu sou vários! Há multidões em mim. Na mesa de minha alma sentam-se muitos, e eu sou todos eles. Há um velho, uma criança, um sábio, um tolo. Você nunca saberá com quem está sentado ou quanto tempo permanecerá com cada um de mim".

Realização no tempo e no espaço

Uma grande parcela das pessoas ocupa muito bem o seu tempo. Existem outras pessoas que não conseguem fazer o mesmo. Sentem dificuldade, inclusive, com o tempo livre. Talvez isso revele uma dificuldade em lidar bem consigo mesmas. Mário Quintana diz que "o mais feroz dos animais domésticos é o relógio de parede; conheço um que já devorou três gerações da minha família".

A busca de espaços afetivos pode ser vista em um duplo movimento: tornar a vida menos vazia ou tornar a vida mais plena. Isso depende muito de pessoa para pessoa, das motivações que movem essas pessoas e dos contextos em que elas vivem.

A pessoa deseja fazer e sentir o que dá sabor ao viver. Ela gosta de compartilhar, aprender, dividir, enfim, gosta de estar com os outros.

> "O tempo é muito lento para os que esperam, muito rápido para os que têm medo, muito longo para os que lamentam, muito curto para os que festejam. Mas, para os que amam, o tempo é eternidade." (William Shakespeare)

As comunidades de afeto têm tudo a ver com a forma de viver e de se ocupar no tempo e na forma de curtir os espaços do viver.

O tempo e as escolhas feitas no tempo reconfiguram o viver. Eles fazem entender o que é essencial e fundamental. Eles fazem entender que certas feridas são curadas quando paramos de tocá-las. Aprendemos que as feridas deixam cicatrizes. As cicatrizes revelam onde já existiram dores as quais, hoje, descansam em paz. Elas testemunham superação e confiança. Cada cicatriz tem o formato de verdadeiro mapa. Indicam a direção a seguir e as melhores decisões a tomar. Apontam quais caminhos evitar e em quais horizontes se arriscar.

É uma pena que muitas vezes demoramos muito para perceber que é preciso pouco para ser feliz. Projetamos muito e realizamos pouco, esperamos muito e fazemos pouco, falamos muito e nos solidarizamos pouco.

> "O homem moderno pensa que perde alguma coisa – o tempo – quando não faz tudo muito rapidamente. Todavia, ele não sabe o que fazer com o tempo que ganha."
> (Erich Fromm)

Desafios em relação às comunidades afetivas

Uma questão importante que cada um de nós pode se colocar é a seguinte: o que eu mais amo fazer e em que tipo de grupo isso poderia encontrar ressonância e expressão? Vale a pena buscar esse grupo e, se ainda não existe, pensar se não é possível criá-lo.

É verdade que vivemos hoje em uma sociedade plural e conectada. Isso não pode ser visto como problemático, mas como desafio a ser enfrentado para o bem das pessoas e da coletividade. Em uma sociedade em rede nós devemos incentivar e fortalecer as diferentes comunidades de pertencimento, pessoais e virtuais, das quais fazemos parte.

É bom lembrar que é no coração das comunidades de pertencimento – como a família, escolas, faculdades, igrejas, clubes, grupos de esporte, grupos de conotação pastoral ou social, de amigos, colegas de trabalho, entre tantas outras – que vivemos as experiências que nos marcam, e nas quais a afetividade vai se constituindo.

"O homem não tem porto, o tempo não tem margem; ele corre e nós passamos."
(Alphonse de Lamartine)

Os amigos se reconhecem

O filósofo e humanista francês Etienne de la Boétie diz que somente as pessoas éticas têm bons amigos. Elas são movidas por um potencial positivo que pode resultar em boas amizades porque a verdade, a honestidade, a sinceridade, a doação recíproca, o perdão, a vivência de valores consistentes como o respeito, a tolerância, o bem-querer, o altruísmo, o senso de cidadania, entre outros, são dimensões da ética e de pessoas movidas por esse estilo de vida.

A ética conecta o verdadeiro e o que for verdadeiro é parceiro da ética. Os amigos verdadeiros são éticos e vivem relações afetivas na reciprocidade com ética.

Uma vida sem amizades é uma vida vazia, desperdiçada e sem graça. Vale lembrar que as pessoas não éticas têm apenas cúmplices. Os maus não têm amigos, não estabelecem boas e duradouras relações. Esses apenas se suportam, se respeitam até certo grau e se temem ou se atacam reciprocamente. Porém, os amigos são raros, escassos e por isso tão preciosos. "Amigo, você é o mais certo das horas incertas", canta Roberto Carlos.

O verdadeiro amigo não nos substitui, não pensa por nós, não nos empurra e nem nos puxa. Ele busca estar do nosso lado, faça chuva ou faça sol, de dia ou de noite, na alegria ou na dor. Amigo de verdade é aquele que não se afasta, mesmo quando todos se dispersam. E permanecer do nosso lado não significa concordar com os nossos erros, mas nos considerar mais importantes que esses erros.

Os amigos de verdade sabem escutar um ao outro. Repito: sabem se escutar reciprocamente; não escutam só o que desejam ouvir do outro, mas o que o outro quer compartilhar. A afirmação de boas amizades é uma antítese contra o individualismo um tanto quanto doentio dos nossos dias.

Amigos não tiram a liberdade, mas se plenificam reciprocamente. Esse transbordamento, provocado pela sincera amizade, é onde reside o DNA da completude.

Assim como a liberdade, o amor e Deus não cabem em conceitos, e o mesmo acontece em relação aos amigos. O francês Michel de Montaigne consegue situar lindamente esse tesouro que é um amigo. Disse que se o forçarem a dizer porque amava o seu amigo, a única resposta seria: "Porque era ele, porque era eu".

É isso: a amizade não é posse e nela cada um se plenifica na plenitude do ser do outro. Cada um desperta o melhor do outro e, juntos, vão se tornando, sempre mais, eles mesmos.

As amizades são a expressão e manifestação vivas de que a vida pode ser mais que mundos líquidos. Elas não se desmancham facilmente. Mesmo em um mundo intermediado pela tecnologia, a relação humana afetiva é possível. As amizades comprovam isso.

O que é relevante para nós é pensar sobre a beleza, a força e a importância de ser amigo e ter bons amigos. Isso tem tudo a ver com o sentido da vida. Fica difícil imaginar uma vida significativa sem boas e sinceras amizades fundamentadas na ética.

"A melhor coisa que posso fazer pelo meu amigo é simplesmente ser seu amigo."
(Henry Thoreau)

4. Setenta vezes sete

Não encontramos o verdadeiro sentido da vida se não vivermos reconciliados com nós mesmos, com os outros, com o tempo, com o passado, com Deus. Viver essa dinâmica tão humana e, ao mesmo tempo, tão divina do perdão ajuda a desobstruir veias, desbloquear caminhos muitas vezes fechados pela culpa, pelo ressentimento e por uma dor que não tem razão de ser perpetuada. Friedrich Von Schiller afirma, de forma contundente, que "a mais alta das vitórias é o perdão".

O perdão supõe uma grande dose de humildade, pois exige reconhecer que errar é da vida. Uma vida que não permite o erro, não é humana. O que não é justo não é o fato de falhar, mas a insistência orgulhosa em ficar no atoleiro do orgulho e da mágoa quando existe um caminho possível para recomeçar.

"As massas humanas mais perigosas são aquelas em cujas veias foi injetado o veneno do medo. Do medo da mudança." (Octavio Paz)

Decidir perdoar o outro supõe humildade e decisão, mas perdoar a si mesmo é muito mais delicado e supõe grandeza, humildade e decisão. Muitas pessoas até que perdoam falhas alheias, mas não conseguem ou não querem perdoar a si mesmas.

Por trás dessa resistência de não perdoar-se pode estar uma dose grande de orgulho e de vaidade, ou mesmo uma forte tentação de se fazer de vítima. Admitir, por exemplo, que foi você que errou ou que foi omisso, que você não levou a sério ou não fez o que deveria ter feito, que foi você que perdeu alguém ou algo por incompetência sua, supõe amor à verdade e supõe humildade.

Podemos ter muitas dificuldades em perdoar pessoas e a nós mesmos, porém um erro imperdoável é fugir da verdade, é pisotear a humildade e negar a verdade que deseja nascer através do gesto do perdão.

"Quando eu disse ao caroço de laranja que dentro dele dormia um laranjal inteirinho, ele me olhou estupidamente incrédulo." (Hermógenes)

Por que a experiência do perdão é tão importante no tocante ao sentido da vida?

Porque o perdão supõe decisão. O perdão acontece no tempo, na história, em relação às pessoas, experiências, coisas. O tempo está cheio de sabedoria e desejoso de reconciliação.

"O tempo não só cura, mas também reconcilia." (Victor Hugo)

As nossas decisões podem revelar o que queremos, mas revelam, sobretudo, quem somos. "Toda decisão que você toma – toda decisão – não é uma decisão sobre o que você faz. É uma decisão sobre *quem você é*. Quando você vê isso, quando você entende isso, tudo muda. Você começa a ver a vida de um modo novo. Todos os eventos, ocorrências, e situações se transformam em oportunidades para fazer o que você veio fazer aqui" (Neale Donald Walsch). O termo "quem você é" não é algo estático, nem finalizado. O homem nunca está terminado, está sempre em vias de transformação e ao encontro do novo.

Porque o perdão nos faz profundamente humanos. A experiência do perdão nos coloca no mesmo nível, na mesma plataforma e na mesma realidade das pessoas que acertam e que erram; resgata a vivência da reciprocidade entre pessoas que buscam o melhor; nos coloca no caminho da humildade que nos fortalece: "O fraco jamais perdoa, o perdão é característica do forte" (Mahatma Gandhi). E pedir perdão nem sempre significa que estamos errados e que a outra pessoa está certa. Às vezes significa que valorizamos a relação mais do que o nosso apego, mais do que as nossas manias, valorizamos o momento e a felicidade muito mais que criar polêmicas sem fundamento.

"Ser feliz não é ter uma vida perfeita, mas usar as lágrimas para irrigar a tolerância. Usar as perdas para refinar a paciência. Usar as falhas para refinar o prazer. Usar os obstáculos para abrir as janelas da inteligência." (Fernando Pessoa)

Porque o perdão instaura um novo jeito de ser, de ver e de viver no tempo com as pessoas. O perdão nos ensina que é mais importante ser verdadeiro do que ter razão. Ele tira pedras do nosso sapato e faz a caminhada agradável e menos sofrível em lamentações e reclamações.

"Que a vida ensine que tão ou mais difícil do que ter razão, é saber tê-la. Que o abraço abrace. Que o perdão perdoe." (Artur da Távola)

O perdão é uma iniciativa livre de quem sabe que tudo pode ser melhor. O gesto do perdão dissipa as noites escuras e abraça a luz de um novo amanhecer. Ele é parceiro da coragem, da liberdade e dos sonhos.

"O perdão liberta a alma, faz desaparecer o medo. Por isso o perdão é uma arma tão potente." (Nelson Mandela)

"Nada encoraja tanto o pecador quanto o perdão." (William Shakespeare)

Porque o perdão traz consigo uma missão. Diferentemente da culpa que nos projeta ao passado, o arrependimento e o perdão nos lançam para frente, para a vida e para o outro. Reza Francisco de Assis: "Senhor! Fazei de mim instrumento de vossa paz: onde há ódio, que eu leve o amor; onde há ofensas, que eu leve o perdão; onde há discórdias, que eu leve a união; onde há dúvida, que eu leve a fé; onde há erro, que eu leve a esperança, onde há desespero, que eu leve a verdade, onde há tristeza que eu leve a alegria, onde há trevas, que eu leve a luz". O amor, a união, a fé, a verdade e o perdão devem ser para nós mesmos na mesma proporção que são para os outros. As causas da impaciência, da agressividade e de muitas doenças têm sua raiz no perdão que não nos damos. Buscar e realizar a reconciliação vale muito. "Um único minuto de reconciliação vale mais do que toda uma vida de amizade", testemunha Gabriel García Márquez.

Porque traz a verdadeira paz. Sim, o perdão proporciona paz porque nasce do amor à verdade mesmo que esta seja o reconhecimento humilde da fragilidade, ou da limitação humana, ou mesmo da maldade. "A paz do coração é o paraíso dos homens", afirma Platão. A paz não é um sentimento solto, mas a experiência de quem é profundamente humano e, através do perdão, afirma que a humanidade nos coloca no lado correto da vida e dos humanos. Não podemos fugir da vida: "Não se acha a paz evitando a vida" (Virginia Woolf). Pode parecer forte e paradoxal, mas é compreensível que uma pessoa perdoe a outra porque a ama e possa se afastar dessa mesma pessoa porque se ama. Isso também é da vida.

Não dá para falar em sentido da vida sem essa consciência e sem essa forma de ser e de proceder no dia a dia. É lógico que o mais importante não é não cair, mas levantar todos os dias. A vida é uma escola onde "é proibido chorar sem aprender, levantar-se um dia sem saber o que fazer, ter medo de suas lembranças. É proibido não rir dos problemas, não lutar pelo que se quer, abandonar tudo por medo, não transformar sonhos em realidade. É proibido não demonstrar amor" (Pablo Neruda).

Jamais peça perdão por sonhar acordado, nem por ser amigo da verdade. Não peça perdão por ponderar antes de decidir, nem por pensar antes de responder. Não peça perdão por ser paciente na fragilidade, nem pela experiência adquirida ao longo das idades.

5. Ao mesmo tempo

Um texto que bem ilustra a temática do nosso livro é o seguinte, atribuído a Henfil:

"Por muito tempo eu pensei que a minha vida fosse se tornar uma vida de verdade. Mas sempre havia um obstáculo no caminho, algo a ser ultrapassado antes de começar a viver, um trabalho não terminado, uma conta a ser paga. Aí sim, a vida de verdade começaria. Por fim, cheguei à conclusão de que esses obstáculos eram a minha vida de verdade. Essa perspectiva tem me ajudado a ver que não existe um caminho para a felicidade. A felicidade é o caminho!
Assim, aproveite todos os momentos que você tem. E aproveite-os mais se você tem alguém especial para compartilhar. Especial o suficiente para passar seu tempo e lembre-se que o tempo não espera ninguém.
Portanto, pare de esperar até que você termine a faculdade; até que você volte para a faculdade; até que você perca 5 quilos; até que você ganhe 5 quilos; até que você tenha tido filhos; até que seus filhos tenham saído de casa; até que você se case; até que você se divorcie; até sexta à noite; até segunda de manhã; até que você tenha comprado um carro ou uma casa nova; até que seu carro ou sua casa tenham sido pagos; até o próximo verão, outono, inverno; até que você esteja aposentado; até que a sua música toque; até que você tenha terminado seu drink; até que você esteja sóbrio de novo; até que você morra.
E decida que não há hora melhor para ser feliz do que AGORA MESMO."

O texto nos faz pensar dentro de um novo paradigma, pois nosso pensamento está contagiado pela linearidade do tempo: o ontem, o hoje e o amanhã. Ele ajuda a compreender que eles estão unidos e se exigem reciprocamente. "Temos todas as idades ao mesmo tempo", completa Mário Quintana.

A escritora inglesa Virginia Woolf dizia que "é muito mais difícil matar um fantasma do que matar uma realidade", e traz uma reflexão importante sobre graus, mergulhos e formas de conceber a felicidade. "Eu me lembro que um dia acordei de manhã e havia uma sensação de possibilidade. Sabe esse sentimento? E eu me lembro de ter pensado: este é o início da felicidade. É aqui que ela começa. E, é claro, haverá muito mais. Nunca me ocorreu que não era o começo. Era a felicidade. Era o momento. Aquele exato momento". A sensação de envolvimento na possibilidade se dilui na vivência da própria felicidade. O olhar sobre a vida, o cultivo das motivações, o regar da nossa coragem podem predispor e impulsionar movimentos importantes e que fazem todo o sentido.

Um dos pontos centrais que nos convida a mergulhar no sentido da vida é ultrapassar a questão da linha do tempo e enfrentar a tentação racional do "antes" e do "depois", muito comum na linguagem cotidiana de muitas pessoas. Vejamos algumas perguntas comuns que trazem em seu bojo esta questão do antes e do depois: "Se você não se ama como conseguirá amar aos outros?"; "Se você não se aceita, como conseguirá aceitar aos demais?"; "Se você não se perdoa, como perdoará?"; entre outras.

É importante perceber a força desanimadora que está por trás desse tipo de questionamento. Na verdade, a vida acontece e se afirma em um único tempo chamado "ao mesmo tempo". Na medida em que você vive a dinâmica do amar, do aceitar, do perdoar os outros, ao mesmo tempo isso se tornará mais real, mais forte dentro de você. Portanto, não é depois ou no futuro, mas no coração da vivência. Na filosofia existe o conceito da dialética que acena exatamente para esta coincidência no tempo, nas suas contradições. A vida acontece muito mais no "durante" e no "ao mesmo tempo" do que no "antes" ou no "depois".

O místico espanhol Inácio de Loyola sistematiza de forma exemplar esse tipo de movimento da vida, onde o sentido da vida se deixa saborear: deveríamos "fazer tudo como se tudo dependesse de nós e, ao mesmo tempo, confiar como se tudo dependesse de Deus".

Portanto, a pessoa vai se amando sempre mais, quanto mais passos der em direção aos outros, vai se perdoando na medida em que tolera o diferente, que respeita as diferenças, que pede perdão e expressa a misericórdia. É no movimento da vida que a vida acontece. Dentro dessa perspectiva, amar e amar-se, perdoar e perdoar-se são duas faces de uma mesma moeda. São duas frentes de ação dentro de um mesmo caminho. O pedagogo Paulo Freire traz à realidade este movimento de unidade tão importante e, ao mesmo tempo, tão desafiante: "Ninguém nasce feito, é experimentando-nos no mundo que nós nos fazemos".

Viver com sentido exige decisão e mergulho, faz olhar nos olhos, colocar os pés na estrada e traçar o caminho na grandeza e no jeito de caminhar. Quando não é assim, somos espectadores da nossa vida. E isso é apenas existir e não viver. Dentro desse quadro, Friedrich Nietzsche alerta para algo perigoso, isto é, a tentação de "colonizar" a consciência. Diz o filósofo: "Quando adestramos a nossa consciência, ela beija-nos ao mesmo tempo em que nos morde". Sim, o beijo e a mordida revelam uma ambiguidade em relação ao viver com sentido, a qual não nos faz radicalizar o que deve ser verticalizado.

Concluo estas linhas com Fernão Capelo Gaivota: "Supere o espaço e tudo o que nos sobra é o *aqui*. Supere o tempo e tudo o que nos resta é o *agora*".

SENTIDO DA VIDA E SITUAÇÕES DA VIDA

1. Devia ter vivido mais

As reflexões deste capítulo nasceram ao pesquisar uma fonte um tanto quanto inusitada, mas que faz todo o sentido dentro da nossa reflexão: algumas frases – epitáfios – que aparecem em túmulos de pessoas de diferentes nacionalidades. Através delas é possível refletir aspectos importantes no que tange ao sentido da vida.

> "Ossos estão dentro por mais que deem formas à superfície. Não os vemos a não ser nas fraturas expostas que nos tiram do prumo... Ossos são caixas que guardam o que em solo sagrado sobrevive em silêncio." (Edson Valente)

Mas, antes de refletir epitáfios, permita-me fazer uma pergunta: o que você gostaria que constasse no seu epitáfio após a sua morte? Que frase faria jus ao que você foi, desejou e realizou em sua passagem pela história humana? Que frase resumiria a sua vida desde o berço até túmulo? Com essas questões em mente, vejamos agora alguns epitáfios:

1. "Tentou ser, não conseguiu; tentou possuir, não possuiu; tentou continuar, não prosseguiu; e nessa vida de expectativas frustradas tentou até amar... Pois bem, não conseguiu, e aqui está." (Dom Casmurro)
2. "Um túmulo basta para quem não bastava o mundo inteiro." (Alexandre, o Grande)
3. "Eu amei tanto a vida que parece impossível que eu esteja morto." (Nilo da Silva Moraes)
4. "Aqui jaz um grande poeta. Nada deixou escrito. Este silêncio, acredito, são suas obras completas." (Paulo Leminski)
5. "O epitáfio é a última vaidade do homem." (Axel Oxenstiern)

6. “Amei e fui amado.” (Alphonse de Lamartine)
7. “Desculpem-me pela poeira.” (Dorothy Parker)
8. “Desculpe que não me levante.” (Groucho Marx)
9. “Voltarei e serei milhões.” (Evita Perón)
10. “Estou aqui no último escalão de minha vida.” (Marlene Dietrich)
11. “Só peço a Deus que tenha piedade com a alma deste ateu.” (Miguel de Unamuno)
12. “Me tirem daqui, eu estava brincando.” (Rodrigo Rebelo)
13. “A vida é um epitáfio.” (Danielli Rodrigues)
14. “Chega uma hora que todos temos que engavetar as ideias.” (André Saut)
15. “Não sou nada... Tenho em mim todos os sonhos do mundo.” (Fernando Pessoa)
16. “Aqui jaz uma pessoa feliz que sempre comeu o que quis.” (Anônimo)
17. “Não precisa chorar sobre meu túmulo. Prefiro que nunca se aproxime da viúva!” (Horlando Halergia)
18. “O caminho do berço ao túmulo é bem mais curto do que se imagina.” (Philipe Azevedo)
19. “Um amigo e eu apostamos quem aguentava mais tempo debaixo da água. Eu ganhei...” (Anônimo)
20. “Aqui jaz Pancrazio Juvenales: bom esposo, bom pai, e um péssimo eletricista caseiro.”
21. “Se queres os maiores elogios, morre.” (Enrique Jardiel Poncela)
22. “É preciso saber esquecer as dores, ou cavamos um túmulo.” (Balzac)
23. “Aqui jaz Molière, o rei dos atores. Neste momento, se faz de morto e, de verdade, o faz muito bem para si mesmo.”
24. “Tudo o que nele havia de mortal, está enterrado sob este túmulo.” (Alberto Durero)

É interessante compreender o que perpassa o conjunto dessas frases. Vejo que é possível perceber uma boa dose de humor, uma atmosfera de esperança e de confiança, uma liberdade frente às coisas e frente à própria morte, brincadeiras sobre etiquetas de boa educação, frases sobre o real valor das decisões, a consciência da velocidade e da finitude do viver, a manifestação de desejos infinitos...

O poeta Mário Quintana quis que seu epitáfio fosse o seguinte: "Aqui jaz quem não está aqui". Onde estaria ele senão no túmulo em que foi enterrado? O lugar do poeta e da poesia transcende dois metros quadrados de um cemitério. Ele continua vivo na memória, nas relações que construiu, na obra que escreveu.

O conteúdo dos epitáfios pode projetar luz sobre a nossa vida enquanto sujeitos da nossa vida. Eles testemunham que a vida não é complicada e não deveríamos complicá-la.

> "Curta coisas simples. Ria sempre, muito e alto. Ria até perder o fôlego. Lágrimas acontecem. Aguente, sofra e siga em frente. A única pessoa que acompanha você a vida toda é você mesmo. Esteja vivo enquanto você viver! Diga a quem você ama que você realmente os ama, em todas as oportunidades. E lembre-se sempre que a vida não é medida pelo número de vezes que você respirou, mas pelos momentos em que você perdeu o fôlego: de tanto rir... de surpresa... de êxtase... de felicidade..." (Pablo Picasso)

É na vida, nos corações e nas lutas de muitas pessoas que continuamos vivos. Este é o lugar onde nós podemos estar. Nestes lugares nós somos eternos e imortais.

2. Cobertor de pobre

O filósofo francês Jean Paul Sartre afirma que "viver é ficar se equilibrando o tempo todo entre as escolhas e as consequências". Buscar e encontrar o equilíbrio é uma das artes mais nobres na escola da vida. Vejamos algumas situações em que o discernimento nos ajuda a buscar e encontrar o equilíbrio tão necessário.

Entre o falar e o escutar – Um provérbio persa diz que "duas coisas indicam fraqueza: calar-se quando é preciso falar, e falar quando é preciso calar-se". Existe uma força transformadora em cada palavra bem empregada e existe uma energia impressionante no silêncio que escuta. Onde está o meio termo e o equilíbrio?

Entre o permitido e o que convém – Na Bíblia, o apóstolo Paulo, um homem de seu tempo, perseguidor que se converteu, nos desafia sobre onde encontrar o equilíbrio em relação ao sentido do viver. Ele diz: "tudo nos é permitido, mas nem tudo nos convém" (*1 Coríntios* 10,23). Onde se situa a linha tênue entre o lícito e o proveitoso, entre o legal e o moral?

Entre a ternura e a seriedade – Uma de nossas buscas diárias é encontrar o equilíbrio entre a afetividade e a racionalidade, entre a ternura e o compromisso, entre o esperar e o interferir, entre o esperar e o desafiar... É preciso encontrar o equilíbrio de uma afetividade que tenha elementos de racionalidade e de uma racionalidade afetiva.

Entre o agir e o reagir – Outro sinal de equilíbrio prudente é perceber a força presente neste provérbio chinês: "No meio de uma grande alegria não prometa nada a ninguém. No meio de uma grande fúria, não responda a carta de ninguém". O que é ser prudente e equilibrado? O equilíbrio pode estar em compreender que o silêncio jamais nos trai. Já as palavras, sobretudo reações em variados extremos, podem ter consequências não agradáveis.

O ciclista nos ensina que o equilíbrio é aprendido no movimento. As crianças nascem dependentes e precisam aprender tudo, inclusive a equilibrar-se. "Queria voltar a ser criança porque os joelhos ralados curam bem mais rápido que os corações partidos" (Clarice Lispector).

No fundo é esta busca diária e persistente que nos coloca no sentido da vida. Afirma Leila Pinheiro que "tudo é uma questão de manter a mente quieta, a espinha ereta e o coração tranquilo: a toda hora, a todo momento, de dentro pra fora, de fora pra dentro".

Todos os extremos são perigosos e deveriam ser acolhidos como balizas na busca de um equilíbrio realista.

A imagem de um cobertor de pobre – geralmente curto e estreito – ajuda a entender como é importante o equilíbrio em relação aos diferentes e a tudo que faz parte do nosso dia a dia: trabalho e lazer, família e amigos, vida pessoal e vida social, cultivo pessoal e prática da cidadania, entre outros.

"Ousar é perder o equilíbrio momentaneamente. Não ousar é perder-se."
(Søren Kierkegaard)

O cobertor, quando puxado para uma extremidade, descobre outras que também são importantes. O desequilíbrio acontece quando vivemos como absoluta uma dimensão em detrimento de outras, também importantes. Por exemplo, quando alguém vive exageradamente em função do trabalho, ele pode comprometer a sua vida em família. O ideal é aprender a se equilibrar debaixo do céu e, de forma transversal, debaixo do cobertor. O grande risco na vida é considerar como absoluto o que é relativo e relativizar o que é absoluto.

3. A reta intenção

Existe algo extremamente simples e, ao mesmo tempo, complexo: ter reta intenção na vida. Sim, orientar sadia, ética e verdadeiramente as motivações em nossas ações.

E o que isso tem a ver com sentido na vida? Tudo. Pois, quando existe essa intencionalidade bem orientada as coisas fluem, a água corre solta e fertiliza sonhos, os obstáculos dão lugar à passagem, o caminho se abre mesmo por entre as pedras, as correntes são rompidas e a liberdade abre as suas asas.

Um carro com o freio de mão puxado não consegue ser conduzido como deveria. Existe algo que segura, que queima e atrasa a chegada ao objetivo. As rodas de um carro precisam estar balanceadas, caso contrário, gastam mais combustível que o normal e comprometem os pneus. Um trem ou os vagões do metrô quando não estão corretamente alinhados sobre os trilhos gastam muita energia e andam com dificuldade. Tudo o que anda atravessado ou não sincronizado na vida costuma frear o movimento natural das coisas.

O filósofo Platão já dizia que "quem comete uma injustiça é sempre mais infeliz que o injustiçado" porque é sujeito ativo de uma ação mal-intencionada e injusta.

Nas relações amorosas a reta intenção é fundamental. As pessoas podem ter muitas limitações, serem frágeis e com lacunas na vida, mas se a motivação for bem orientada, tudo adquire sentido. A reta intenção tem a ver com liberdade e responsabilidade, com consciência e essência, com teoria e prática, com simplicidade e honestidade, com humildade e coragem.

Ela faz conexão direta com o caráter, não como algo dado, nem finalizado, mas como algo em constante busca e construção.

"O caráter não é esculpido em mármore, não é algo sólido e inalterável. É algo vivo e mutável, e pode tornar-se doente, como se torna doente o nosso corpo."
(George Eliot)

Faz parte da reta intenção compreender e afirmar que as pessoas foram criadas para serem amadas e as coisas para serem usadas. Não se pode proporcionar sentido à vida usando as pessoas e amando as coisas, pois, assim, a ordem está invertida, provocando desconforto, mal-estar, confusão, tensões e desvios de rota.

Uma semente de feijão traz consigo a reta intenção de produzir vagens de feijão. A reta intenção de uma semente de trigo não é produzir joio. A lapidar frase de Henfil nos faz aprofundar a nossa temática:

"Se não houver frutos, valeu a beleza das flores.
Se não houver flores, valeu a sombra das folhas.
Se não houver folhas, valeu a intenção da semente."

A reta intenção não só diz respeito à dimensão pessoal. Ela precisa ser uma voz determinante nos negócios, na lealdade dos casais, na ética, na política, na verdade dos meios de comunicação social, na ação de grupos, no bom senso nos condomínios, no trânsito, no esporte, no respeito para com as pessoas no mundo do trabalho.

O lado certo de uma democracia deve ser movido pela ética que constrói cidadania, que inclui e não exclui e acolhe a todas as pessoas como importantes e como sujeitos da história humana.

"O que destrói o ser humano? Política sem princípios, prazer sem compromisso, riqueza sem trabalho, sabedoria sem caráter, negócios sem moral, ciência sem humanidade e oração sem caridade." (Mahatma Gandhi)

Vejamos algumas outras provocações sugeridas nas reflexões que seguem. Elas desejam nos ajudar a orientar as motivações e ajustar nossa direção.

Injustiça é privatizar lucros e socializar prejuízos. Passividade é não fazer de cada chegada o recomeço de uma nova caminhada. Situação conflitante é valorizar mais o peso do bolso que a leveza do coração. Desonestidade é buscar afirmação pessoal usando ou desfazendo dos outros. Sem noção é culpar quem grita de raiva em vez de desmascarar quem destila o veneno em silêncio.

Engano é gastar tempo com a reputação em vez de investir valores no caráter. Ilusão é pensar que o poder muda as pessoas quando apenas revela quem elas são. Esquisito é esconder defeitos verdadeiros e aparentar qualidades falsas. Estranho é desejar melhores resultados sem mudar o entusiasmo e os métodos. Equívoco é buscar enterrar sonhos e ser surpreendido porque eles eram sementes.

Este texto é uma tentativa de questionar certas posturas que podem obstruir a reta intenção, podem murar os horizontes que desejam ser atravessados, podem rasgar as telas que sonham ser pintadas.

Faz parte da reta intenção não justificar os nossos erros a partir dos erros dos outros. Já o acerto dos outros pode incentivar o nosso comportamento. O sentido da vida está na conexão honesta entre o que é permitido e o que convém, entre o que deve ser e o que a liberdade escolhe. Quando as motivações são bem orientadas, é possível sentir leveza e serenidade. A reta intenção no jeito de ser e de proceder pode significar ir contra correntes ideológicas, contra interesses e até mesmo enfrentar pessoas mal-intencionadas.

4. Árvores e nuvens

A sabedoria indiana nos ensina que deveríamos fazer uso das palavras somente se elas forem melhores que o nosso silêncio. Da mesma forma, podemos dizer que nunca deveríamos emitir qualquer juízo sobre as pessoas sem antes ter compreendido o fio condutor de sua história e sem antes ter andado em seus calçados. Guimarães Rosa coloca o dedo na ferida no que tange aos julgamentos, dizendo que "julgamento é sempre defeituoso, porque a gente julga o passado".

Colocar-se na pele e na realidade do outro é a condição indispensável para compreender. É esse tipo de compaixão, de empatia, que nos habilita a dizer algo. Essa forma de proceder faz com que conheçamos, de fato, as pessoas e conheçamos melhor a nós mesmos.

Cada pessoa tem uma história, carrega sonhos e cicatrizes, presenças e saudades, abraços e dores, esperanças e incompreensões... E tudo isso configura o seu coração e caráter. Não é justo olhar apenas o resultado, mas sim ver o caminho andado, não só ver o que enxergamos, mas o que foi vivido no íntimo de cada pessoa.

Certa vez, um jovem de mais de vinte anos, olhando pela janela de um trem, disse:

— Pai, olhe as árvores andando para trás!

O pai sorriu e um casal que estava sentado próximo a eles olhou para o comportamento um tanto quanto infantil do rapaz. De repente, o rapaz novamente exclamou:

— Pai, veja as nuvens correndo com a gente!

O casal não resistiu. Eles pensaram que o rapaz era mentalmente deficiente e disseram para o pai:

— Por que você não o leva a um bom médico?

O pai sorriu e disse:

— Eu fiz isto e acabamos de sair do hospital. Meu filho era cego de nascença e acabou de ganhar estes olhos.

A facilidade de julgar, de criticar ou de falar da vida alheia é uma tentação forte na vida de muita gente, sobretudo no dia a dia de quem não está dignamente ocupado ou comprometido com boas atividades.

Segundo o poeta e escritor Mário Quintana, existe uma sequência cronológica, mesmo que não seja uma postura racional: "Sentir primeiro, pensar depois. Perdoar primeiro, julgar depois. Amar primeiro, educar depois. Esquecer primeiro, aprender depois. Libertar primeiro, ensinar depois. Navegar primeiro, aportar depois". Essa forma pedagógica de apresentar importantes dimensões do viver, além de nos desafiar, mostra atitudes que devem preceder outras. Ou seja, sentir, perdoar, amar, esquecer, libertar e navegar são mais importantes do que pensar, julgar, educar, aprender, ensinar e aportar, respectivamente.

Com Nelson Rodrigues podemos entender e desmascarar uma forma crítica de agir de muita gente, sobretudo de críticas sem compromisso. Ele denuncia dizendo que: "A facilidade em criticar os outros é uma forma desonesta de se elogiar". Essa afirmação deveria nos questionar profundamente para sentir o quanto ela é verdadeira, sobretudo quando a crítica está desprovida de um comprometimento e de solidariedade.

A história acima do filho encantado porque começou a enxergar é um alerta para quem tem mania de julgar e criticar, e para quem simplesmente reage sem ao menos compreender o que está acontecendo.

O jovem era cego e adquiriu a visão, começou a ver os movimentos e a vida na dinâmica da viagem, feita de estação em estação, como é próprio do viver. Na verdade, muitas pessoas têm os olhos perfeitos, mas são cegos para essas belezas, para o novo, para o encanto, para a compaixão, para o amor e para um novo olhar.

5. Possibilitação recíproca

Um dos segredos que dá sentido à vida está no movimento da reciprocidade, isto é, na possibilitação recíproca de tudo o que pode proporcionar a verdadeira vida. Costuma acontecer na relação de duas partes que se enriquecem, dois lados que se completam, duas pessoas que se plenificam.

No fundo, a reciprocidade acontece porque nela aprendemos a cuidar do outro que também mora em nós. É cuidar do nosso coração que também pulsa nos corações dos outros. "O outro é o que dá e outro é aquele que recebe" (Paul Ricoeur). Ou como nos alerta o poeta inglês John Donne: "A morte de cada homem diminui-me, pois faço parte da humanidade; eis porque nunca me pergunto por quem dobram os sinos: é por mim".

É verdade que a beleza encanta e a alegria contagia, que os valores aproximam e as atitudes conquistam, mas é na possibilitação da reciprocidade em que se constrói a comunhão.

Vejamos alguns exemplos onde a vida pode encontrar sentido, ou onde os olhares conectam e facilitam o encontro com o sentido. São dimensões que se exigem, se complementam e se completam quando bem vividos e bem orientados.

Adequação entre subjetividade e objetividade

Existe uma crença presente em muitos livros, em palestras e em cursos mundo afora que prega a ideia de que o sucesso e o sentido da vida são decorrentes unicamente do pensamento positivo. Temos que ter cuidado e prudência ao usarmos tais afirmações. Elas são falsas e costumam ser insinuações perigosas. Não se duvida da força e da importância do cultivo de pensamentos positivos e de atitudes assertivas e prospectivas em relação ao viver, mas reduzir o sucesso, o bem-estar, a felicidade a esta força de vontade é, no mínimo, injusto.

Essa crença traz consigo uma força alienante. Se fosse assim, os pobres não seriam pobres, pois muitos deles têm pensamentos positivos e desejam, sinceramente, uma vida mais digna. A vida de sucesso nos ensina a subir escada degrau por degrau, na persistência contínua, porém, dentro de contextos mais amplos que a simples faculdade volitiva.

É claro que o sucesso e o sentido da vida têm a ver com uma atitude positiva e realista. Ambos têm a ver com o contexto de vida, com valores e tipo de educação; têm a ver com a saúde, com condições de trabalho e com sorte; têm a ver com a motivação, conhecimento e oportunidades. Portanto, são importantes as atitudes internas frente a tudo, como também são importantes as condições externas capazes de facilitar o que o pensamento deseja. E se as condições externas ainda não existem, elas podem ser criadas, mas tem que haver condições para que elas possam ser reais.

O fundamento dessa reflexão está na visão de homem que carregamos conosco. A minha está presente em todas as páginas deste livro. Neste capítulo faço questão de sublinhar que o homem é, ao mesmo tempo, subjetividade e objetividade. Ele é paixão, vontade por alguma coisa, tem um dinamismo interior que quer se realizar, mas essa realização só é possível na objetividade, no mundo, por uma causa objetiva.

Nem sempre existe uma ponte entre o que se deseja e as condições externas capazes de tornar real o que se quer. Quando não acontece uma adequação razoável, ou quando o homem não configura ou não lida bem com os limites, ele entra em crise e este tipo de crise não se resolve apenas com pensamentos positivos, nem só com força de vontade, ainda que eles sejam profundamente importantes.

Onde está a beleza do sentido? Quando a subjetividade encontra espaço de realização no mundo objetivo e, quando a construção externa for retrato de sonhos desejados internamente. Exemplos: uma pessoa sempre amou e deseja cultivar uma horta, mas, no momento, ela vive em um apartamento que não possibilita a realização desse desejo. Mesmo quando o dinamismo interno não encontrar espaço nem ressonância no mundo externo, mesmo neste contexto o homem é capaz de se posicionar frente ao que não é possível no momento.

O sentido da vida está na realização entre o que se deseja e o que é possível fazer. Está na aceitação de tudo o que ainda não é possível ou nunca mais será. Isso é tarefa da liberdade do homem.

Aproximação: teoria e prática, e vice-versa

É comum encontrarmos pessoas que pensam e falam muito, e que não traduzem as suas teorias em práticas de vida. Isso não é bom e lhes tira confiança e credibilidade.

Existem outras pessoas que são exageradamente "mão na massa" e com um senso extremamente prático. Não param, leem pouco e refletem menos ainda. Não costumam interpretar e revisar a sua prática de vida. É uma postura que vai cansando e desmotivando o viver.

"O homem superior é aquele que começa por pôr em prática as suas palavras e em seguida fala de acordo com as suas ações." (Confúcio)

Tanto a teoria como a prática são importantes, mas não isolada nem alienadamente. Entre elas deve haver uma ponte que conecta e possibilita ambas. Cada uma deveria abastecer, enriquecer e projetar luz sobre a outra.

É verdade que é a prática que faz a vida ser relevante e não a teoria, é o fazer que nos liberta e não o saber, é o mergulho na beleza que nos faz sábios e não apenas o que vemos, ouvimos e falamos. É na terra onde se planta o futuro bosque e não nas nuvens. Mas é das nuvens que vem a chuva que fertiliza a terra e é do alto que podemos ver a totalidade do bosque na terra.

O ideal desse casamento entre teoria e prática está na frase de Paulo Freire: "é fundamental diminuir a distância entre o que se diz e o que se faz, de tal forma que, num dado momento, a tua fala seja a tua prática". Isso parece ideal demais, mas pode ser real porque não é impossível e é desejável.

E o que dá sentido à vida é aceitar que esta aproximação entre teoria e prática não só é possível, mas necessária. As duas podem se diluir uma na outra e se tornarem uma realidade de recíproca possibilitação. É fundamental estreitar o envolvimento afetivo e efetivo na busca dessa *comum-união*. É na aproximação coerente e no encontro buscado entre teoria e prática em que o sentido da vida se concretiza. Existe um provérbio chinês que diz que "somente os tolos exigem perfeição; os sábios se contentam com a coerência".

Integração: individual e coletivo na história

Não tem como separar a dimensão individual da coletiva. O homem nasce, cresce e vive em relação com pessoas, realidades e contextos que o constituem e plasmam o seu caráter e formatam o seu comportamento.

O fenômeno fundamental da experiência humana é que nos encontramos no meio de uma realidade complexa: no meio das coisas e dos homens com os quais entramos em contato. Sempre nos encontramos em uma rede ilimitada de relações e estruturas que nos situam aqui e agora, e que nos condicionam ou determinam, que permitem que nos compreendamos e nos realizemos.

Nascemos no coração de uma realidade efetiva e estrutural já feita, bem ou mal, na qual estamos inseridos e com a qual nos defrontamos.

"Respeito e tolerância: duas palavrinhas que quando bem vividas em relação ao próximo fazem um bem danado e são ótimas maneiras de manter bons relacionamentos." (Samir França)

Tanto o homem condiciona o mundo como também pode ser condicionado por ele. O homem é capaz de introduzir e realizar as suas metas e projetos, através da sua decisão livre e consequente, no coração do mundo.

"Eu sou um intelectual que não tem medo de ser amoroso. Amo as gentes e amo o mundo. E é porque amo as pessoas e amo o mundo que eu brigo para que a justiça social se implante antes da caridade." (Paulo Freire)

Exigência recíproca entre fé e vida

"Quando você chega ao limite de toda luz que você conhece, e está a ponto de dar um passo na escuridão, fé é saber que uma dessas coisas vai acontecer: vai haver chão, ou você vai ser ensinado a voar." (Richard Bach)

A fé faz confiar que existe chão, mas que é preciso seguir e confiar! As alturas e a terra são espaços da vivência da fé. Quando observamos um pássaro que repousa numa árvore, percebemos que ele não teme que o galho quebre, porque a sua confiança não está no galho, mas nas suas próprias asas.

Segundo a tradição bíblica, o homem foi criado à imagem e semelhança do seu Criador. Ele traz consigo o mesmo sopro de vida que deu origem à vida e faz viver com sentido.

O problema que se coloca aqui é um tipo de alienação que algumas pessoas vivem no tocante à vivência da fé, isto é, quando não há uma exigência recíproca entre fé e vida, entre amor e justiça, entre graça e solidariedade, entre dimensão pessoal e social.

A fé é mais que um sentimento, mais que certas práticas religiosas, mais que as crenças. É mais porque é adesão ao Deus da vida, ao Deus vivo, atuante na história. Este Deus quer continuar vivo e atuante através dos atos humanos no coração da história.

> "Descanso não é uma emoção que nos vem num culto na igreja; é o repouso de um coração profundamente assentado em Deus." (Carlos Drummond de Andrade)

A imagem que temos de Deus, da vida e da fé é que nos faz mais livres ou mais medrosos, nos faz mais afetivos ou mais reservados. Teresa d'Ávila define muito bem onde Deus se deixa encontrar: "O nosso Deus é tão próximo que caminha por entre as panelas".

Compreender o Deus que se revela é sentir que ele está na dinâmica da nossa vida, está nos detalhes, está em tudo o que pinta, tece e realiza a vida.

Não é possível amar o Deus da vida sem amar as pessoas. Não é justo dizer que amamos um Deus invisível e esse amor não se manifestar em obras para com as pessoas que são visíveis ao nosso redor. Não é possível confessar uma fé ao Deus da vida e da história sem construir situações que defendam o direito à vida de todos.

Portanto, dizer que ama o Deus da vida é ajudar a criar condições de vida, em todos os âmbitos, para que todos tenham vida e que ela seja plena. Isso se chama comprometimento com o que é inerente à vivência da fé. Não é exagero dizer que enquanto tiver uma pessoa inferiorizada, faminta, dominada, injustiçada, excluída e não amada, a nossa comunhão com Deus é incompleta.

> "Eu temo pela minha espécie quando penso que Deus é justo." (Thomas Jefferson)

De forma lúcida, Dom Hélder Câmara desmascara certas pessoas sem senso de justiça e bom senso: "quando dou comida aos pobres, me chamam de santo. Quando pergunto porque eles são pobres, chamam-me de comunista". É o que acontece, sobretudo, com pessoas presas a interesses egoístas, sufocadas em ideologias dominantes e atormentadas por preconceitos infundados.

Essa facilidade alienante de atacar com chavões para legitimar os seus próprios interesses não é um fenômeno recente. Também não é atual a falsa visão em que estão separadas fé e vida.

Vejamos algumas situações que iluminam esta unidade tão necessária e libertadora.

Tríplice missão – A tradição dos profetas no Antigo Testamento é perpassada por uma tríplice missão: (1) falar "**em nome de Deus**", o que exige que ele escute a Deus e escute os apelos do povo de seu tempo; (2) **anunciar** os desígnios e afirmação da vida-justiça de Deus na história dos homens e; (3) **denunciar** o que agride os desejos de Deus. O profeta une fé e vida quando testemunha, com sua própria existência, essa trilogia profética.

Prudência e mansidão – A vida de Jesus, feita pregação, une e costura fé e vida com uma opção preferencial pelos pobres e excluídos da sociedade. Esse Jesus que expulsou os vendilhões do templo é o mesmo que envia os seus discípulos em missão para que sejam como ovelhas no meio de lobos, que sejam mansos como as pombas e prudentes como as serpentes. Ser manso não é ser submisso e muito menos aceitar injustiças.

Não te pertence – Já no primeiro século da era cristã, São Basílio, na "Homilia Contra a Avareza", denuncia profeticamente a falta de justiça e de distribuição dos bens. Dizia ele: "Como não chamar de ladrão a quem desnuda o pobre? Haverá que dar outro nome a quem não veste o esfarrapado quando pode fazê-lo? Do faminto é o pão que tu reténs; do esfarrapado é o manto que guardas em teus armários, do descalço é o sapato que apodrece em tua casa".

Saciar a forme – No século V, só para ilustrar a nossa reflexão de unidade entre fé e vida, um dos expoentes é São João Crisóstomo. Ele diz em uma de suas homilias: "Aprendamos, pois, a honrar a Cristo como ele quer ser honrado. Cristo não tem necessidade de cálices de ouro, mas de almas de ouro. Que importa ao Senhor que sua mesa esteja cheia de objetos de ouro se ele se consome de fome? Sacia primeiro sua fome e se sobra, adornai sua mesa. Ou vais fazer um cálice de ouro e depois negar-lhe um copo de água? Cristo anda sem casa e sem pátria".

Fé-Justiça-Amor – O número interminável de mártires, pessoas do bem e comprometidas que deram sua vida são exemplos dessa unidade entre vida e fé. Eles internalizaram e profetizaram a experiência divina na qual a fé grita justiça e a justiça exige amor.

"Rasgue a exclusão. Rasgue a discriminação. Rasgue o racismo. Rasgue o preconceito. Temos o direito de ser iguais quando a diferença nos inferioriza. Temos o direito de ser diferentes quando a igualdade nos descaracteriza." (Heduardo Kiesse)

Chavões são apenas chavões – No século XIX, Antoine Frédéric Ozanam exortava: "Sacerdotes, não vos assusteis quando os ricos, irritados por vossas palavras e atitudes, vos tratarem de comunistas" (*Carta às Pessoas de Bem).*

Unidade entre fé e justiça – A Teologia da Libertação, movimento teológico, eclesial e apostólico forte, sobretudo na América Latina, veio para denunciar este vazio e esta negação histórica entre fé e vida. Essa teologia veio para afirmar a dimensão comunitária e social da fé no Deus vivo e da história. Claro que isso provocaria reações de todos os tipos.

O Papa Francisco e a unidade entre fé e vida – Quem acompanha as manifestações, escritos e reflexões do Papa Francisco, sabe muito bem que não existe abismo entre acreditar no Deus da vida e a vida entre as pessoas. "A distribuição justa dos frutos da terra e do trabalho humano não é mera filantropia. É um dever moral. Para os cristãos, a tarefa é ainda mais forte: é um mandamento. Trata-se de devolver aos pobres e aos povos o que lhes pertence". A postura profética do Papa põe o dedo na ferida e traz à luz a causa da construção de tantos muros em vez de pontes.

São apenas algumas citações em forma de lembranças históricas para percebermos a relação inseparável entre fé e vida.

A miséria não pode ser vista e muito menos ser classificada como mero fenômeno social ou como destino. Se existe gente que passa fome, existem causadores e responsáveis. A miséria aumenta proporcionalmente com a irresponsabilidade de certos governantes que tentam "privatizar" o Estado para agradar os interesses de um pequeno grupo elitista, o qual não consegue entender que o Estado é um tipo de guarda-chuva que deve dar abrigo a todos e não somente a alguns privilegiados. A finalidade do dinheiro é servir, não governar. "Não fazer os pobres participar dos próprios bens é roubá-los e tirar-lhes a vida" (São João Crisóstomo).

Não é possível falar dos pobres e da pobreza sem apontar para o sistema gerador desse tipo de exclusão. O mundo tem riquezas para saciar a todos e em todas as suas necessidades, mas não tem bens suficientes para saciar a ganância injusta de muitos.

Não esqueçamos e não relativizemos uma verdade contundente: a justiça divina é que todos sejamos irmãos e que todos possam sentar à mesa e levarem uma vida digna. A opção pelos desfavorecidos da sociedade não é contra uma determinada classe social, mas a favor da justiça e de todas as consequências que ela pode realizar.

O Papa Francisco nos lembra que a base sobre a qual seremos julgados são as palavras de *Mateus* 25,31-46. Essa base é colocada pelo próprio Jesus, e nesse texto fica claro que Deus está nas pessoas indefesas, injustiçadas, excluídas e na grande maioria dos governos, não contempladas por políticas justas e inclusivas. Nenhum chavão resolve os grandes problemas da humanidade. O que resolve é um conjunto de solidariedade e leis justas, é a união e a inclusão social, são as mãos que se entrelaçam no sonho realizado em mutirão.

> "A atenção pelos pobres está no Evangelho e na tradição da Igreja, não é uma invenção do comunismo e não devemos fazer dela uma ideologia." (Papa Francisco)

Chega a ser cruel a facilidade com que muitas pessoas e grupos classificam certas realidades. Eles concebem a pobreza, o sofrimento alheio, as injustiças sociais muito mais como uma questão conceitual, um tipo de gênero literário do que uma realidade que grita socorro. O desvio de conduta está exatamente no simplismo em enquadrar realidades em conceitos, não para compreendê-los e solucioná-los, mas para atacar, para criticar e justificar a própria omissão. Enquanto isso, a dor continua, a fome grita, a injustiça anda solta e as pessoas não são contempladas em projetos de vida que façam sentido.

O Papa Francisco tenta levar as pessoas à raiz do espírito do *Evangelho*, dizendo: "se sairmos de nós próprios encontraremos os pobres. Não podemos ser cristãos que falam de assuntos espirituais enquanto tomamos chá sossegadinhos. Não! Temos de ser cristãos corajosos e ir ao encontro daqueles que são a carne de Cristo". Segundo o Papa, tocar na carne de Cristo é assumir em nós o sofrimento dos descartados. Isso torna o cristão naturalmente subversivo diante daquilo que o Papa Pio XI chamou de *imperialismo internacional do dinheiro*.

A nossa fé clama por justiça e as obras de justiça na história são o DNA de uma fé comprometida.

Não esqueçamos que Deus quis construir a sua tenda no meio da humanidade. A transcendência se fez verbo e habitou entre nós. Ele assumiu a humanidade. Por isso que não dá para separar transcendência e imanência, isto é, Deus agindo na história e a história encontrando sentido em Deus. "Cuidado com o homem cujo Deus está no céu", alerta George Bernard Shaw.

Nós não podemos projetar em Deus a nossa maneira de vê-lo e muito menos usar o seu nome para legitimar os nossos interesses. Uma fé encarnada deve crer no Deus que criou os homens, e não o contrário. Por isso que a leitura dos textos sagrados, as análises de conjuntura, a celebração da fé e a relação afetiva com o Deus da vida podem mostrar o rosto paterno e o coração materno do nosso Deus. Mais do que isso: esta dupla escuta e este duplo olhar, isto é, de Deus e dos anseios das pessoas criadas à sua imagem e semelhança, vão nos dando orientação na missão que integra fé e vida.

No movimento do fazer e do compreender

A vida ama ser parceira dos verbos *fazer* e *compreender*. O homem tem esse privilégio, sendo responsável por conjugar esses verbos com envolvimento e sabedoria. Porém, a ausência de compreensão ou a omissão na interpretação de tudo o que se passa na vida costuma gerar crises de sentido.

Existe uma crise de sentido que se apresenta quando o homem não é mais capaz de compreender, de pensar e de exprimir as coisas que ele é capaz de fazer. O alerta é maior quando há uma primazia do fazer em detrimento do compreender.

Não é a vida que está acelerada, mas as pessoas, que vivem correndo, atropelando, estressadas e nem sempre têm consciência do que querem nem para que direção se dirigem. São as pessoas que fabricam e ligam as máquinas, que correm pelas ruas, que aceleram motores, que tentam fazer várias coisas ao mesmo tempo.

A tese central deste capítulo é compreender que o homem é homem, no sentido pleno da palavra, quando interpreta o que faz e quando dá sentido ao que faz. Quando não é assim, há uma mutilação do homem. O sentido da vida passa por esse duplo movimento em nossas vidas: fazer e interpretar, e compreender para fazer melhor.

Essas duas atitudes – como duas pernas que nos fazem andar e nos equilibram – são fundamentais no que tange à uma existência que faça sentido. Elas se complementam nos seguintes aspectos:

> **Da vivência**, isto é, mergulhar na dinâmica da vida, render-se a ela, sentir e perder-se para encontrar-se melhor. Não basta contemplar o mar, é preciso mergulhar; não basta admirar belas frutas, mas degustar; não basta desejar sucesso, mas trabalhar; não basta admirar a verdade, mas decidir ser verdadeiro.

> **Da compreensão**, isto é, compreender tudo o que faz parte do viver. Essa busca supõe esforço, concentração, leitura, reflexão. Grande número de pessoas ficam no fazer e raramente se questionam em busca de algo que poderia ser diferente, melhor e até menos trabalhoso. A arte da compreensão nos faz rever para ser melhor, nos faz revisar para amar melhor, nos faz projetar para realizar melhor.

Essas duas dimensões são como as duas asas de uma ave. Se ela bater uma só fica girando em sua volta e não levanta voo. Se uma dessas asas estiver quebrada, não tem voo. E se as duas asas estiverem inteiras, mas a ave engaiolada, não haverá voo. Agora, quando as duas asas batem ao mesmo tempo, em sintonia, o voo acontece.

Pessoas que mergulham em uma prática que amam e buscam compreendê-la costumam ser mais livres e mais verdadeiras. Afinal, "a verdade é uma armadilha: não há como capturá-la sem ser por ela capturado" (Søren Kierkegaard).

O mergulho na dimensão vivencial é tão importante quanto a capacidade de indagar-se sobre o que significa o viver. O filósofo Platão diz que "uma vida não questionada não merece ser vivida". Questionar-se não significa chatear a vida com infindáveis questionamentos, mas fazer uso dessa capacidade para que a vida seja melhor.

A tentação de planejar demasiadamente o futuro e perder o melhor no momento presente acontece com muitas pessoas. Da mesma forma, muitas pessoas dão excessiva importância ao que não é essencial e se iludem nas aparências tornando-se escravos de suas próprias ilusões e expectativas.

> "Se você for inteligente começará a viver ao invés de se preparar para viver. E você pode continuar se preparando. E o tempo de viver nunca virá. Se você for inteligente, não perderá o hoje pelo amanhã. Você não sacrificará este momento por outro momento. Você viverá este momento em sua totalidade. Você espremerá todo o suco deste momento." (Osho)

Nem tudo na vida é o que aparenta ser. Quem nunca emitiu um juízo sobre determinada coisa e depois viu que se equivocou? O mar, por exemplo, de longe é azul, de perto é verde e por dentro é transparente. As diferentes percepções das cores do mar nos ensinam a não julgar, mas a mergulhar na profundidade do amar. As aparências enganam e podem ser uma oportunidade para injustiças. E isso é mais forte nos desocupados de plantão, naqueles que vivem observando e criticando a vida dos outros em vez de viverem a sua.

Viver e discernir, mergulhar e interpretar: são duas posturas de pessoas lúcidas que têm o volante de suas vidas em suas mãos e no seu coração. O movimento simultâneo dessas duas asas é que permite transcender e voar na coragem da liberdade.

"O medo é que faz que não vejas, nem ouças, porque um dos efeitos do medo é turvar os sentidos e fazer que pareçam as coisas outras do que são!" (Dom Quixote)

O sentido da vida está na capacidade de realizar-se como pessoa na ação criativa e na grandeza de interpretar tudo o que constitui este privilégio e esta missão que é viver. Grande é o homem que não só vê as coisas acontecendo, mas consegue interpretar e perceber um fio condutor que deseja dar um novo significado ao viver.

Na coragem do "sim" e do "não"

É mundialmente conhecida a frase de Gabriel García Márquez: "o mais importante que aprendi a fazer depois dos 40 anos foi a dizer não quando é não". Não é vergonhoso expressar isso, mas buscar ser você mesmo tanto no *sim* quanto no *não*. Conheço muitas pessoas com mais de 60 anos de idade que ainda não conseguem dizer "não" quando é preciso.

Diariamente convivemos com possibilidades e limites. Nem tudo é possível fazer porque acontecemos no tempo e no espaço. É importante perceber a força da liberdade em sermos nós mesmos e dentro desse jeito de ser, poder dizer *sim* com convicção e *não* com naturalidade. Atrás de um *não* pode estar um *sim*: um *sim* à liberdade, um *sim* ao novo, um *sim* a você mesmo.

"É possível divergir sem ódio, discordar com respeito. Pode-se mesmo brigar com amizade." (Otto Lara Resende)

Tem hora que precisamos rever as motivações que estão por trás de certos comportamentos. Falo especificamente da grandeza em saber dizer "não" com liberdade. Não fomos criados para agradar ou desagradar, mas sermos nós mesmos, inteiros e verdadeiros.

"Às vezes só uma mudança de ponto de vista é suficiente para transformar uma obrigação cansativa numa interessante oportunidade." (Albert Flanders)

A vida de um taxista pode projetar luz sobre este duplo movimento de liberdade e de limites. Enquanto o taxista está sem passageiros ele é a pessoa mais livre, pois pode ir para onde bem deseja. Porém, no momento em que tiver um passageiro, ele é obrigado a obedecer aos desejos desse passageiro. Em questão de um minuto, ele passa de total liberdade para uma experiência de total dependência. Nós somos livres e dependentes ao mesmo tempo: podemos casar ou não, ter filhos ou não, ser sócios de um clube ou não. Mas, no momento em que decidimos por algo, temos que assumir as consequências dessa escolha. Para muitos essa escolha pode ser vista como limite e, para outros, um prolongamento da própria liberdade.

A vida tem seus momentos de mistério, outros de profunda perplexidade, outros de silêncio. Em todos eles, é o homem que está se movendo, vivendo e interpretando. Não é exagero dizer que existem desgraças que podem se tornar verdadeiras graças.

"Não se drogue por não ser capaz de suportar sua própria dor. Eu estive em todos os lugares e só me encontrei em mim mesmo." (John Lennon)

Conheço pessoas que foram diagnosticadas com doenças graves e depois de passar por elas, perceberam que foram oportunidades para despertar para o que é essencial na vida. Não foi só a doença que se tornou uma bênção, mas a forma de enfrentá-la e superá-la. A experiência da doença pode nos desafiar a sair de uma vida rasa, agitada e artificial para um jeito mais profundo de conviver.

Sentir na pele que a vida está por um fio não deixa ninguém indiferente. Para alguns, isso desperta raiva e revolta, enquanto que, para outros, acorda o lado verdadeiro, gentil, autêntico, misericordioso, amável de ser e seguir. Faz a pessoa mais inteira, mais verdadeira, mais compreensiva, mais leve e mais humana.

Não fazer uso da hermenêutica – da arte de interpretar – é correr o risco de apenas existir em vez de viver, é correr o risco de cair em todos os tipos de modismos em vez de ser sujeito, é correr o risco de passar pela vida sem que a vida tenha nos perpassado inteiramente.

SENTIDO DA VIDA E PISTAS PARA O VIVER

1. Tecnologia e discipulado

Um dos mestres do existencialismo, Søren Kierkegaard diz que "ser mestre não é resolver tudo com afirmações, nem dar lições para que os outros aprendam... Ser mestre é verdadeiramente ser discípulo". Somos aprendizes dentro de um contexto com um tremendo avanço da tecnologia e da ciência.

Ao mesmo tempo em que temos que fazer bom uso da internet e do acesso a tantos dados, é bom lembrar que esta facilidade é apenas um mecanismo. Ela nos oferece muitos dados e informações que podem se transformar, ou não, em conhecimento e aprendizado. A formação de uma pessoa e a sedimentação de um caráter com critérios de vida bem fundamentados supõem investimento, tempo, trabalho, reflexão e prática.

Não são as informações que produzem um motorista, um pai, um jardineiro, um professor, um literato. As informações são apenas a base. A formação é um processo árduo e desafiante. Não é a quantidade de jogos que vemos pela televisão que faz de nós atletas, nem é o apreço pela música que faz um pianista, mas a dedicação incansável, persistente, que atua na formação de um atleta ou de um músico. A vida não é mágica, mas é um processo que acontece quando mergulhamos no que lhe é inerente.

Eu sempre quero acreditar que o melhor está por vir. Está no caminho e ao nosso alcance.

Mesmo mergulhados em um mundo de valores que não recebem a sua consistência devida e em meio a relações tidas como líquidas e sem forma, é bom não perder o horizonte e a realidade nua e crua da vida cotidiana, a qual é feita com os pés no chão, nas ruas e avenidas, no campo e na cidade, nas casas e ambientes de trabalho e movida por decisões, trabalho, empenho, disciplina e amor. É esta realidade cuja força acaba se impondo.

Se é verdade que a humanidade se move como um pêndulo de relógio antigo, isto é, no movimento entre dois extremos, é verdade também que é possível buscar e encontrar um equilíbrio entre os dois. Dentro dessa perspectiva, as relações humanas podem encontrar o equilíbrio satisfatório. Vamos tentar entender alguns fenômenos que se fazem presentes em nossa vida e na sociedade.

> **Tempos do descartável** – Se muitas coisas são descartáveis, o mesmo não se deveria dizer das pessoas. Vale lembrar que as relações sempre podem ser aprimoradas e as máquinas podem ser consertadas. A tentação de facilmente excluir pessoas e trocar objetos soa estranho. Pode ser uma fuga de uma bela oportunidade de crescimento e de amadurecimento. É importante sublinhar que a fácil tentação de substituir o que não está bem pode provocar um estrago muito grande na vida. As coisas podem ser trocadas, mas não as pessoas. As crises de amizade, de namoro e outros desgastes deveriam ser interpretados e solucionados, e não apenas substituídos. A vaidade não pode ter mais força que a história e o respeito das pessoas que fazem história conosco. Afinal, existem dois espelhos que denunciariam qualquer tipo de injustiça que possamos cometer: o espelho de parede que nos faz ver e o espelho da consciência que nos faz sentir.
>
> **Sociedade narcisista** – Ser criticado ou contrariado não significa que temos que bloquear tal pessoa nas redes sociais. Quando uma relação de amor entra em crise, isso não quer dizer separação. Na verdade pode ser apenas um indicativo que deve ser interpretado. Uma forma que ajuda a superar essa visão narcisista de hoje é investir em leituras consistentes e fugir das curiosidades fugazes. Buscar resolver todos os conflitos por intermédio das redes sociais torna a vida ainda mais impessoal e artificial. Esse narcisismo pode ser transcendido: através de um olhar que não só se contempla em um espelho de vidro, mas que olha nos olhos das pessoas, que são os verdadeiros espelhos humanos; não só ler o que nos preenche, mas também o que nos dá uma espinha dorsal em termos de

pensamento e protagonismo; não só se aproximar de pessoas que pensam como nós, que nos acolhem afetivamente, mas também deixar-se interpelar pelo que é diferente e outro. É preciso quebrar o que bloqueia a abertura ao novo e ao diferente. A leitura é uma poderosa ferramenta de transformação, como também é um diálogo sincero com pessoas diferentes, culturas diferentes, religiões diferentes, sensibilidades diferentes e opções de vida diferentes. A leitura ajuda a criar um senso crítico diante da realidade e diante de nós mesmos. Já a televisão é o meio que menos trabalha a capacidade reflexiva e crítica do homem porque já traz tudo pronto em imagem e texto. As telas do narcisismo vendem a ideia de que é preciso ser feliz o tempo todo, a qualquer custo. Vale lembrar que a felicidade não é uma obrigação moral. Essa necessidade de tanto falarmos nela talvez seja porque ela nos escapa.

Nem melhor e nem pior, apenas diferente – Outro ponto importante a considerar é a tentação de comparar épocas históricas. Não vivemos em tempos melhores ou piores, mas diferentes. E é esta diferença que deveria ser compreendida e não apenas julgada ou usada como desculpa.

Novos paradigmas – Um dos paradigmas que mais mexe com as gerações diz respeito ao uso da técnica. Os jovens dominam mais o saber e a técnica que os mais velhos. Historicamente, esse poder era inerente aos mais velhos. Isso traz uma mudança no jeito de viver e de empreender. Os jovens nascem dominando a técnica. Eles estão dominando a técnica assim como também estão muito mais presentes em responsabilidades antes só de pessoas mais velhas. Hoje o que fala alto é a competência profissional e a coerência de vida, muito mais que passado e idade.

Novos paradoxos – Alguns historiadores e antropólogos acenam para os tempos novos que estamos vivendo, com pessoas e comportamentos paradoxais. Se os institutos de pesquisa apontam que a expectativa de vida aumentou, ao mesmo tempo escutamos com facilidade que não se pode ser velho. Outro paradoxo diz respeito ao conhecimento: temos mais informações em nossos dias, mas conhecimentos menos consistentes. O trabalho e dedicação exigentes do *homo sapiens* hoje estão mais para *homo videns* (a pessoa é fisgada pelo que vê) e *homo conectus,* que é outro fenômeno forte em nossos dias: viver conectado.

Gente sem alma – A história que segue é um pouco chocante, mas nem por isso deixa de ser relevante: "Lembro-me de um truque, particularmente cruel, que certa vez fiz com uma vespa. Ela estava sugando a geleia em meu prato, e eu a cortei no meio. Não prestou a menor atenção, mas simplesmente seguiu com sua refeição, enquanto um fino fluxo de geleia escorria de seu estômago partido. Somente quando tentou voar, deu-se conta do terrível fato que lhe tinha acontecido. O mesmo acontece com o homem moderno. Aquilo que lhe foi cortado é a sua alma" (George Orwell). O nosso corpo dificilmente está onde a cabeça está. Antigamente, o corpo estava onde a cabeça estava. Hoje se digita enquanto se dirige. A mensagem é mais urgente que o risco de perder a vida de todos que estão no carro.

Novo foco – Os jovens de hoje têm foco. Não escutam uma palestra de duas horas, mas são capazes de ficar cinco horas diante de uma tela de computador. Nem sempre eles estão onde os adultos gostariam que estivessem. Eles estão no computador. E isso deve nos fazer pensar e desafiar o novo que está desejando acontecer.

Sociedade da distração – Vivemos dentro de uma sociedade da distração. Tudo é feito ao mesmo tempo: assistir televisão, correr na esteira, ouvir música, conversar, comer. Sabemos que não é saudável fazer várias coisas ao mesmo tempo. O cérebro humano dá o devido foco ao que fazemos. Quando uma pessoa deseja assistir televisão, comer e beber algo, descansar no sofá e escutar música, acontece um "curto circuito" dentro dela com uma compreensão distraída ou equivocada das coisas. A energia direcionada aos diferentes afazeres é a mesma, mas ela será dividida entre os mesmos. Podemos fazer muitas coisas ao mesmo tempo, mas a quantidade de atenção será dividida e o grau de satisfação também é reduzido. Assim funciona o cérebro. Se fizer duas coisas ao mesmo tempo, uma costuma ser mais punida. Se nos ocupamos em duas coisas, o cérebro humano divide os 100% de possibilidade de concentração entre as duas.

Ócio criativo – Outra dimensão importante que poderia perpassar parte do nosso tempo é o ócio criativo. Não estamos falando do ócio como princípio de todos os vícios como diziam alguns antigos, nem como estado de preguiça ou de acomodação. O ócio criativo traz dinamismo, vibração e faz a pessoa sentir o fluir de novos ares. No fundo, a ociosidade é desapegar-se de compromissos fixos e confiar no cérebro para que ele possa produzir. Isso é perceptível em pessoas que escolhem ficar em meio à natureza e deixar-se levar pela musicalidade do próprio ambiente. É perceptível em quem deixa a imaginação fluir naquilo que escreve ou cria. Portanto, o ócio não é ausência do que fazer, mas possibilidade de escolher o que fazer.

O verdadeiro sentido da vida não está no jeito fragmentado de viver as responsabilidades, as relações humanas, o trabalho. O sentido da vida é uma realidade, um projeto e uma direção em constante construção. Ele se dá bem com a alteridade, na profundidade, com inteireza, com relações humanas sadias, com jeito inteiro de viver, com o ócio criativo e com a arte de viver como aprendiz. "O grande isolamento é cercar-se daqueles que pensam igual a você", diz Hannah Arendt.

A tecnologia deseja ser uma grande parceira de vida, seja na comunicação, no trabalho, ou nas relações humanas. Na verdade ela é um grande desafio ao homem de hoje. Ao mesmo tempo em que proporciona rapidez e eficiência, ela confunde a cabeça de muitas pessoas que embarcam na tentação de viver apressadamente.

O educador Mário Sérgio Cortella diz que existe uma grande diferença entre velocidade e pressa: "Eu quero velocidade para ser atendido por um médico, mas não quero pressa durante a consulta. Quero velocidade para ser atendido no restaurante, mas não quero comer apressadamente. Quero velocidade para encontrar quem eu amo, mas não quero pressa na convivência". Essas constatações retratam o lado egoísta de muita gente, isto é, pessoas voltadas sobre si mesmas, sobre os seus interesses e presos ao seu tempo.

Portanto, a tecnologia é, ao mesmo tempo, parceira que facilita o viver e é também um medidor do nosso egoísmo ou altruísmo.

A busca do equilíbrio em nossa vida sempre é bem-vinda. Não é justo, por exemplo, quebrar-se em pedaços para deixar os outros inteiros. Os problemas alheios não são meus e não podem destruir a vida dentro da minha casa. Posso ser solidário e amigo com as pessoas que sofrem, mas esses problemas, por mais que nos atinjam, não podem ser internalizados como sendo nossos. Não podem nos submeter, nem nos anular.

Será o amor a nós mesmos, cultivado diariamente, que nos dará a medida e o peso exatos neste tipo de relação com as dificuldades alheias.

É importante cuidar de nós: sintonizar nosso corpo, compreender a linguagem dos nossos sentimentos, fazer o que amamos, buscar sermos éticos, inteiros e verdadeiros. É importante purificar as nossas motivações. Elas são um movimento interno que leva a realizar ações externas. Essas ações podem ser movidas por valores ou por necessidades. Um objetivo interessante pode nos atrair, mas são as motivações que nos levam a agir em sua direção.

> "Se você quiser minha opinião final sobre o mistério da vida e tudo isso, posso resumi-la em poucas palavras. O universo é como um cofre para o qual existe uma combinação. Mas essa combinação está trancada dentro do cofre." (Peter de Vries)

A motivação vem de dentro, vem dos motivos que nos movem a escolher e a persistir na caminhada. Esta pode ser condicionada por estímulos externos como promoções, facilidades, responsabilidades e incentivos. Porém, são estímulos e não motivações, pois estas nos entusiasmam e movimentam de dentro para fora.

> "Aplica-te a todo o instante com toda a atenção... Para terminar o trabalho que tens nas tuas mãos... E liberta-te de todas as outras preocupações. Delas ficarás livre se executares cada ação da tua vida como se fosse a última."
> (Marco Aurélio)

2. Cultura do encontro

Eu sou de encontros, não de despedidas. Sou alegria e folia no que denominamos de travessia.

A nossa vida é costurada por um infindável número de encontros. Cora Coralina usa a imagem da colcha de retalhos para refletir esse desejo de sermos um bordado de nós mesmos e dos nossos *nós*: "Sou feita de retalhos. Pedacinhos coloridos de cada vida que passa pela minha vida e que vou costurando na alma. Nem sempre bonitos, nem sempre felizes, mas que me acrescentam e me fazem ser quem eu sou. Em cada encontro, em cada contato, vou ficando maior... Em cada retalho, uma vida, uma lição, um carinho, uma saudade... Que me tornam mais pessoa, mais humana, mais completa. E penso que é assim mesmo que a vida se faz: de pedaços de outras gentes que vão se tornando parte da gente também. E a melhor parte é que nunca estaremos prontos, finalizados... Haverá sempre um retalho novo para adicionar à alma". O homem está sempre a caminho e nunca é um ser acabado.

Um dos grandes desafios, em forma de vivência contínua, é buscarmos ser quem somos. Não só sermos peregrinos de nós mesmos, mas peregrinos que fazem história. Por isso é tão importante nutrirmos um amor incondicional por nós mesmos. Trata-se de um movimento diário, envolvente e interminável.

Quando o amor para conosco mesmos acontece livre de qualquer condição, percebemos que a liberdade se torna forte, os valores consistentes e as relações verdadeiras. Nessa dinâmica, os medos são dissipados e a beleza do viver encontra espaço, ressonância e musicalidade. O amor incondicional para conosco não vem separado do amor aos demais. Afinal, é nas relações sadias e responsáveis com as pessoas em que nos encontramos com a nossa verdade mais profunda.

O amor incondicional para conosco mesmos nos faz amar inteiramente as pessoas. Esse tipo de relação pode fazer exclamar: "não quero você para mim, mas desejo você comigo". É nessa reciprocidade que o amor conecta o amor do outro e faz voltar o coração para o horizonte onde os sonhos desejam ser pintados.

"Eu aprendi a não tentar convencer ninguém. O trabalho de convencer é uma falta de respeito, é uma tentativa de colonização do outro." (José Saramago)

A fácil tentação de "colonizar" os outros acontece mais do que imaginamos: acontece em conversações entre religiões diferentes, acontece na falta de liberdade em relação aos pensamentos dos outros, acontece nas relações amorosas, em casais, famílias, ambientes de trabalho, entre outros. O sentido de um diálogo de todos os tipos, não está no convencimento dos outros para que pensem como eu, mas para que ambos possam ser enriquecidos.

O que dá sentido à vida é estar envolvido e comprometido com o momento em que se costuram a cultura do encontro. Aí está o coração pulsante capaz de impulsionar o viver. É nos encontros que a vida adquire sentido, faz sentido e proporciona sentido. É o encontro que nos faz sair de nós mesmos. E isso supõe abertura, desejo e decisão.

"O mal não é tanto o mal que fazemos, mas todo o bem que não fazemos."
(Jean-Yves Leloup)

Na cultura do encontro existe a vivência de estar inteiramente presente com outras pessoas também inteiras. Os mais belos encontros conseguem tirar a feiura do mau humor e vestir uma nova roupagem, dissipar o desânimo e pintar tudo com uma nova cor; conseguem despertar o melhor de cada pessoa.

"Alguns vivem à procura do amor, outros, à procura da vida. Eu, à procura da música que me leva ao encontro do amor e me deixa cara a cara com a vida. Ou à procura da vida que me leva ao encontro da música que me deixa cara a cara com o amor. Ou à procura do amor que me leva ao encontro da vida que me deixa cara a cara com a música."
(Slim Rimografia)

Que o coração seja a fonte em que os sonhos e a realidade se encontrem, e a convivência seja horizonte em que as liberdades se reencontrem. E que os nossos pés nos levem aonde o nosso coração deseja estar.

São as pessoas que tornam os encontros especiais e são eles que podem tornar as pessoas especiais. O que fascina são as histórias e o encanto de estar com pessoas que amamos. Por isso que muitos encontros, eventos, comemorações, momentos, cursos e festas marcam tão profundamente a nossa vida.

Hoje não mais lembramos de todos os detalhes e de tudo o que foi vivido e captado pelos nossos sentidos, mas ficou o que tinha que ficar impregnado na alma. Este mergulho fez sentido e ajuda a entender o que pode dar sabor, projetar luz e desafiar outros encontros capazes de significar o viver.

"A vida não é uma vela curta para mim. É um tipo de tocha esplêndida, a qual estou segurado pelo momento e quero fazer com que ela queime tão brilhantemente quanto possível antes de passá-la para as próximas gerações." (George Bernard Shaw)

3. Solidarizar e servir

Como faz bem sentir-se útil e importante! Como é agradável viver prazerosamente! Como faz bem aos olhos ver pessoas altruístas! Como merecem aplausos as pessoas que dão do seu melhor para que outros possam ter uma vida melhor! Falar em solidariedade e serviço é acolher o dom da vida como tarefa.

"O preceito ético mais simples e curto é ser servido pelos outros o menos possível, e servir aos outros o máximo possível." (Tolstói)

Na mística cristã, Jesus deixa claro que Ele **veio para servir e não para ser servido.** Por isso não dá para imaginar Jesus frustrado, reclamando ou lamentado, pois não alimentava expectativas e nem queria ser servido. Em uma das canções mais populares do Padre Zezinho ("Amar como Jesus amou"), o mesmo responde a uma criança sobre o que é importante para ser feliz, e traz um resumo lúcido sobre o que significa seguir os passos do Mestre Jesus no mundo de hoje, movido pelo mesmo espírito que entusiasmava a missão do Mestre: "Amar como Jesus amou, sonhar como Jesus sonhou, pensar como Jesus pensou, viver com Jesus viveu. Sentir o que Jesus sentia, sorrir como Jesus sorria e ao chegar o fim do dia sei que eu dormiria muito mais feliz".

Novamente, percebemos que a felicidade não é uma ave solta e que tem que ser raptada, mas é um jeito de ser e de viver. Amar não é um sentimento sem raiz, mas um estilo de vida. A música coloca claramente a pessoa e o jeito de ser de Jesus Cristo como caminho para esta plena realização.

Lancemos um olhar sobre os verbos usados na música que nos colocam na perspectiva da solidariedade e do serviço: amar, sonhar, pensar, viver, sentir e sorrir. Esses verbos conjugados no dia a dia são os ingredientes de um belo projeto de vida. E o resultado disso, segundo a música, é a paz dentro do sono feliz.

Essa forma de amar "como" Jesus não traz consigo uma simples imitação, mas uma busca do espírito que movia Jesus em sua missão. Está aí o coração que pulsa e faz circular o sangue que dá vida e sentido. Sair de si sem se anular e voltar-se para aqueles que precisam, para aqueles que estão sem voz e sem vez, para aqueles que serão motivo para que a nossa vida tenha, sempre mais, sentido e realização.

Independente de religião, "a solidariedade é o sentimento que melhor expressa o respeito pela dignidade humana" (Franz Kafka). Somente quem mergulha neste movimento de solidariedade e de serviço consegue sentir o verdadeiro prazer de viver, pois sozinho é impossível ser feliz. Servir e ser solidário são duas faces de um mesmo amor feito estilo de vida, feito missão.

Servir não é um ato assistencialista, mas expressão de amor maior. Não é uma esmola que se dá, mas a pessoa que se dá na generosidade da solidariedade. Não são atitudes isoladas, mas um jeito criativo e organizado de resolver situações difíceis. Não é um privilégio, nem um peso, mas uma forma de agradecer o dom da vida que recebemos na mais pura gratuidade.

> "No dia da minha morte eu gostaria que alguém mencionasse que eu tentei dar minha vida a serviço dos outros, eu tentei amar alguém, eu tentei ser honesto e caminhar com o próximo; eu tentei visitar os que estavam na prisão eu tentei vestir um mendigo, eu tentei amar e servir a humanidade. Sim, se quiserem dizer algo digam que eu fui arauto: arauto da justiça, arauto da paz, arauto do direito. Todas as outras coisas triviais não têm importância." (Martin Luther King)

Ser solidário é viver a compaixão, isso é, colocar-se na pele do outro para compreendê-lo e assim ajudá-lo.

> "É um grande espetáculo ver um homem esforçado lutar contra a adversidade, mas há um ainda maior: ver outro homem correr em sua ajuda." (Oliver Goldsmith)

Essas reflexões aqui não insinuam que temos que ser missionários fora de nossos países, mas vivermos a humanidade em nossas relações, famílias, ambientes de trabalho, comunidades, grupos.

> "As mãos que ajudam são mais sagradas do que os lábios que rezam."
> (Teresa de Calcutá)

4. Uma ponte de fidelidades

Em contextos de traição e infidelidade parece estranho falar de fidelidade. Aqui não se trata de uma fidelidade formal ou fidelidade abstrata às normas e leis, nem só de uma fidelidade de casal, mas refletir a fidelidade que diz respeito a nós mesmos, isto é, refletir uma forma de sermos fiéis aos nossos sonhos, à nossa consciência, fiéis à verdade enquanto dinâmica e construção diárias. De forma positiva, "Seja fiel a você mesmo", afirma Polônio. E Valter da Rosa Borges conceitua a infidelidade: "A verdadeira infidelidade é ser fiel ao que não mais somos".

O rabino Nilton Bonder lança um olhar provocativo sobre a mesma questão quando diz que: "Há um olhar que reconhece os curtos caminhos longos e os longos caminhos curtos. Há um olhar que desnuda, que não hesita em afirmar que existem fidelidades perversas e traições de grande lealdade. Este olhar é o da alma". A alma retrata a mais pura e sincera autenticidade da pessoa.

Compreender o sentido da fidelidade é uma missão importante e com consequências corajosas. Por exemplo, o que é mais importante: a fidelidade a normas morais ou a fidelidade ao que nós sinceramente desejamos? Existe contradição ou complemento entre as formas de conceber o amor na concepção de dois expoentes da cultura brasileira: (a) "O amor é eterno enquanto dura" (Vinícius de Morais) ou (b) "Se o amor não for eterno, não é amor" (Nelson Rodrigues)?

Vejamos outra fonte que ajuda na compreensão da fidelidade. Falo de Polônio, que em *Hamlet* de Shakespeare fala da fidelidade a si mesmo como princípio da felicidade e da autoajuda. Polônio dá alguns conselhos ao seu filho Laertes antes dele se dirigir para Paris para fazer estudos. São oito orientações de uma grande sabedoria que o pai sugere ao seu filho:

1. Não expressar tudo o que se pensa.
2. Ouvir a todos, mas falar com poucos.
3. Ser amistoso, mas nunca ser vulgar.
4. Valorizar amigos testados, mas não oferecer amizade a qualquer um que aparecer à sua frente.
5. Evitar qualquer briga, mas se for obrigado a entrar numa, que seus amigos o temam.
6. Usar roupas de acordo com a sua renda sem nunca ser extravagante.
7. Não emprestar dinheiro aos amigos para não perder amigos e dinheiro.
8. Ser fiel a si mesmo e jamais serás falso com ninguém.

São conselhos simples e profundos, bastante lógicos e profundamente sábios. Carregam uma coerência e praticidade em relação a diferentes aspectos da vida. Vou comentar cada um deles dentro da perspectiva do presente livro.

1. ***Prudência***. No primeiro conselho – não expressar tudo o que pensa – está em jogo a prudência. O pai sabe que o silêncio e a prudência não costumam trair. Nem tudo o que se pensa precisa ser expresso. Sentir em voz alta pode ser perigoso, como também uma sinceridade imprudente. Quem fala tudo o que pensa pode ter que escutar coisas que não gostaria de ouvir. A prudência é uma virtude sempre atual e diariamente recomendada.
2. ***Discernimento e equilíbrio entre o escutar e o falar***. A sabedoria indiana ajuda a entender este segundo conselho quando diz: "Fale apenas quando as tuas palavras forem melhores que o teu silêncio". A prudência é um convite ao discernimento e ao equilíbrio que escuta, pondera, avalia e decide: falar ou silenciar. Palavras ditas não voltam atrás.

3. ***Elegância natural e discreta***. A boa educação nunca sai de moda. Ser natural, discreto e firme são modos de vida que despertam confiança. O que de bom um jeito vulgar poderia trazer? Por isso, é bom adotar um comportamento equilibrado.
4. ***Amizade para com quem é de sincera amizade***. É possível ter bons amigos. O conselho vai nesta linha de buscar e de deixar-se encontrar por pessoas testadas e que a escolha de cada amigo passe pelo crivo do discernimento. A escolha desses amigos tem tudo a ver com o objetivo dos estudos e com as metas no viver. Afinal, não existe presença neutra em nossa vida. Ou ajudam a viver melhor ou nos diminuem. Benjamim Franklin ajuda a entender este conselho quando diz: "Seja civilizado com todos, sociável com muitos e íntimo com poucos".
5. ***Atitudes de firmeza, mas não de agressividade***. Este quinto conselho também toca algo importante na arte de ser e de conviver. Ser firme não significa ser prepotente e muito menos agressivo. As pessoas amam pessoas firmes e decididas e detestam pessoas agressivas e autoritárias. Se for para "brigar" que seja por causas nobres e por sonhos importantes. Uma briga que sempre vale a pena é lutar contra a própria falta de saber.
6. ***Coerência dentro de seu contexto de vida***. O pai fala ao seu filho sobre o jeito de se vestir. Parece bobagem, mas não é, pois a roupa pode ser um retrato daquilo que se é por dentro. E como devemos ser prudentes, discretos, amigos, sóbrios e de discernimento, este alerta tem tudo a ver com a coerência de vida. A coerência costuma ser o melhor cartão de apresentação e de credibilidade.
7. ***Realismo e saber diferenciar situações***. Talvez esse conselho assuste algumas pessoas, mas merece reflexão. Afinal, diferenciar amizade e negócios é fundamental. O estrago pode acontecer porque há muitos amigos que querem favores. Isso constrange e põe em risco a própria amizade. É melhor não misturar os papéis, pois muitas pessoas não cultivam um conceito realista de amizade e nem uma compreensão exata e honesta nos negócios. A prudência, o bom senso e a clareza sobre o que é mais importante nesse contexto deveria conduzir esse tipo de encaminhamento.
8. ***Fidelidade fiel***. Este oitavo conselho é a chave de ouro de onde decorre a força dos demais. Existe uma relação íntima entre a fidelidade a si e a fidelidade ao outro. A fidelidade a si mesmo faz com que sejamos nós

mesmos e em nossa originalidade. Isso faz com que não sejamos mera aparência – a não ser que ela seja expressão daquilo que realmente somos – nem imitação de outras pessoas. E é isso que faz com que não sejamos falsos nem com nós mesmos e nem com os outros.

A fidelidade é um compromisso nosso para conosco, com a nossa verdade e com os nossos sentimentos mais profundos. Ela transborda e fertiliza a vida em todas as suas sinceras manifestações. A fidelidade ao outro, às normas e ao amor decorrem e são prolongamentos dessa lealdade a nós mesmos.

O que é bom não se compra, mas se dá. Um conselho sempre deveria ser avaliado e acolhido pelo seu conteúdo e pelos frutos que pode produzir no ouvinte.

A força dos conselhos de Polônio não está na sua forma, mas no seu conteúdo. Da mesma forma como o cerne da nossa vida não está na quantidade, mas na qualidade do viver; não está nas experiências, mas na vivência; não está na opinião dos outros, mas naquilo que somos, sentimos, desejamos e escolhemos.

Honoré de Balzac ironiza a forma artificial como muitos tendem a conceber a fidelidade: "É tão absurdo dizer que um homem não pode amar a mesma mulher toda a vida quanto dizer que um violinista precisa de diversos violinos para tocar a mesma música".

Nós não existimos sem estar em relação. Não podemos ser compreendidos isolados das demais pessoas. Somente é possível "alcançar um grande êxito quando nos mantemos fiéis a nós mesmos", afirma categoricamente Friedrich Nietzsche.

5. Dignidade e lições de vida

Navegando pelas águas da vida e peregrinando pelo frescor da sabedoria é possível dizer que existir é uma dádiva, viver é uma missão e envelhecer é da natureza. A diferença está na forma de lidar com essa tríplice realidade que se complementa e exerce uma força sobre o sentido da vida, pois sublinha a importância da gratidão, da responsabilidade e da serenidade.

"Nos olhos do jovem arde a chama. Nos do velho, brilha a luz." (Victor Hugo)

O que não é bom é envelhecer prematuramente. Um dos fatores que exerce esse tipo de estrago é pensar que o objetivo de cada fase na vida é a fase seguinte e com isso correr o risco de perder o melhor de cada uma delas. A criança, por exemplo, não deve viver para ser adolescente, nem o jovem para ser adulto. Pois cada fase deve ser vivida com toda a sua intensidade e profundidade e dentro de sua originalidade. E toda fase tem seus limites e suas possibilidades, suas perdas e ganhos, suas dores e prazeres. Por isso, não dá para dizer que existe melhor idade a não ser a idade em que você se encontra. E essa é a melhor porque você está nela.

"Conta a tua idade pelo número de amigos, e não pelo número de anos. Conta a tua vida pelos sorrisos, e não pelas lágrimas." (John Lennon)

O escritor Mário Lago nos faz encarar o tempo com naturalidade: "Fiz um acordo com o tempo. Nem ele me persegue, nem eu fujo dele. Qualquer dia a gente se encontra". Uma hora tem 60 minutos em todos os continentes, como também os dias têm 24 horas. A força e a beleza dessa frase podem ser usadas em todas as fases da vida: não fugir e nem se sentir perseguido. Trata-se de uma relação de liberdade mergulhado no que de melhor pode ser vivido em cada uma das fases, uma vez que "o tempo só anda de ida. A gente nasce, cresce, amadurece, envelhece e morre. Pra não morrer tem que amarrar o tempo no poste. Eis a ciência da poesia: amarrar o tempo no poste" (Manoel de Barros).

Nós não precisamos de mais tempo, mas de um tempo que seja nosso. Precisamos escolher o que nos realiza no tempo. E neste tempo que é nosso é importante encontrar intimidade com o que nos pertence.

Assim como a pessoa não morre quando deixa de respirar, mas quando mata o que de melhor carrega consigo, da mesma forma a pessoa não envelhece quando a pele enruga, mas quando os sonhos e a esperança enrugam o melhor da vida dentro delas. Uma bela velhice é um retrato vivo pintado com as cores escolhidas ao longo da vida. Envelhece bem e com dignidade quem consegue viver bem.

> "Em certa idade, quer pela astúcia, quer por amor próprio, as coisas que mais desejamos são as que fingimos não desejar." (Marcel Proust)

Vejamos alguns critérios que não aceleram a velhice e que nos colocam inteiramente no momento presente do viver. Adotá-los em nossas escolhas diárias pode fazer muito sentido.

Aprendiz e aberto às novidades – "Apesar de já ser mais velho, continuo a aprender com os meus discípulos" (Marco Túlio Cícero).
Uso da criatividade – "Jamais haverá ano novo se continuar a copiar os erros dos anos velhos" (Luís de Camões).
Viver de cabeça erguida – "A resignação é um suicídio cotidiano" (Honoré de Balzac).

Continuar sonhando com os olhos abertos – "Uma criatura só envelhece quando nela os lamentos substituem os sonhos" (M. Barrymore).

Viver com esperança – "Quando já não me indignar, terei começado a envelhecer" (André Gide).

Cultivar o entusiasmo – "Velho é aquele que perdeu o entusiasmo" (Henry Thoreau).

Encarar a vida de frente – "Cada idade tem o seu prazer e a sua dor, e é preciso que eles escorram por entre nós" (Victor Hugo).

Ser amigo da solidão – "O segredo de uma velhice agradável consiste apenas na assinatura de um honroso pacto com a solidão" (Gabriel García Márquez).

Mergulhar no presente – "Vive cada dia para que tua velhice venha a ser a coroação de tua juventude. A velhice de uma pessoa sábia, feliz e realizada, que viveu tudo o que podia, é como a melhor das primaveras!" (Augusto Branco).

Sonhar com os olhos abertos – "Uma criatura só envelhece quando nela os lamentos substituem os sonhos" (M. Barrymore).

Viver com paixão – "Como provar aos homens o quanto estão enganados ao pensar que deixam de se apaixonar quando envelhecem, sem saber que envelhecem, justamente, quando deixam de se apaixonar!" (Gabriel García Márquez).

Dentro dessa perspectiva apaixonante, compartilho uma experiência emocionante que vivi na Pontifícia Universidade Católica de São Paulo. Em um dos cursos sobre a importância do bem decidir, com o título "Não soluce, solucione", tive o privilégio de conhecer e conviver com um dos três alunos centenários que estudam nesta instituição em seus diversos grupos da maturidade. Um desses alunos, quando completou um século de vida, convidou seus colegas e amigos estudantes e professores para brindar aquele momento tão importante em sua vida.

O que mais me chamou a atenção foram quatro situações que têm estreita relação com as citações acima e que são um tipo de antídoto à tentação de envelhecer prematuramente.

A acolhida – Nunca vou esquecer a forma como fui acolhido por este aluno centenário, com muita humanidade e sinceridade. Senti que a forma de nos receber fazia jus ao que dizia Charles Chaplin: "Mais do que máquinas precisamos de humanidade. Mais do que inteligência precisamos de afeição e doçura". Acolher é muito mais do que um verbo. Trata-se de um estilo de vida. É a capacidade de olhar nos olhos, apertar a mão e conectar o coração do outro. Acolher bem é mais do que receber alguém. Receber pode ser apenas um ato formal. Já acolher tem a ver com delicadeza, afetividade, compreensão e calor humano. A doçura e a humanidade são ingredientes importantes que nos levam à beleza que faz sentir e valorizar o viver.

Ser aprendiz – Na recepção calorosa vi que o aluno – com um século de vida vibrando em seu coração – portava em uma de suas mãos a sua "Carteirinha de Estudante". Isso me impressionou, pois a primeira imagem que me veio à cabeça foi sobre a razão de ter um documento dessa natureza nesta idade. Logo fui compreender que o importante nem era o documento, nem os possíveis descontos que poderia ter, mas o que ele representava: o saber-se estudante e, como tal, eterno aprendiz. Essa atitude renova o viver e coloca o nosso corpo, diariamente, na posição de caminhante.

"Quero amigos sérios, daqueles que fazem da realidade sua fonte de aprendizagem, mas lutam para que a fantasia não desapareça." (Oscar Wilde)

No bom humor – Enquanto brindávamos estes 100 anos de vida e de muita história, senti um humor muito bom, contagiante, lúcido, sincero. Creio que este é outro ingrediente que dá elegância ao viver. As pessoas mal-humoradas costumam ser amargas para com elas mesmas e para com as demais. Dessa forma não atraem o melhor da vida. Ter bom humor ultrapassa a ingenuidade e tempera, lucidamente, o ambiente de convivência.

"O bom humor é a única qualidade divina do homem." (Arthur Schopenhauer)

Ter foco na vida – Outro aspecto que me chamou atenção na maneira de ser e de proceder desse aluno centenário foi o jeito original e focado de ser ele mesmo. Essa postura focada evita de a preguiça se instalar dentro de nós, faz com que as opiniões dos outros sejam escutadas e ponderadas, mas apenas como opiniões e não como verdades absolutas. Uma postura focada faz com que o caminhar seja prospectivo e o olhar para tudo o que dá sentido, saber e sabor ao viver.

"Ter saudades do passado é correr atrás do vento." (Provérbio oriental)

São quatro decisões, posturas e tesouros por mim apreciados e que podem ter espaço em nossa vida. Não é nada complicado pintar este quarteto com os nossos valores. Todos nós podemos escolher **acolher**, decidir **aprender**, contagiar com **bom humor** e dirigir a vida com **foco**.

"Às vezes as mãos resolvem um mistério com o qual o intelecto lutou em vão."
(Carl Jung)

SENTIDO DA VIDA E CAMINHOS PARA AMAR

1. Só o dia de hoje para amar

Projeto de vida

Uma realidade que tem me chamado atenção nos cursos que coordeno e nas palestras que faço é o número crescente de pessoas que têm seu projeto de vida por escrito. É verdade que o número ainda é pequeno, mas é um bom sinal. Isso é uma constatação importante porque revela que as pessoas estão sendo, sempre mais, protagonistas de suas decisões e sujeitos conscientes de suas vidas. Costumam ser pessoas que são motoristas de suas vidas e não andam de carona com ideologias, modismos, consumismo.

> "Apesar de todas as loucuras que fiz, era perfeitamente normal: eu escolhi fazer as coisas, não foram elas que me escolheram." (Charles Bukowski)

Isso não quer dizer que as coisas não desafiam a nossa liberdade, mas a palavra final e decisiva tem que ser da pessoa que escolhe.

O projeto de vida não é o caminho e nem o ponto de chegada. Ele é como uma bússola que nos orienta e nos dá o "norte" no caminhar.

Um projeto de vida nasce no momento em que somos capazes de fazer uma reunião conosco mesmos, isto é, quando paramos e escutamos os nossos desejos, organizamos a nossa prioridade, projetamos os nossos sonhos, escutamos desejos e perseguimos metas.

É importante fazer reuniões com nós mesmos tentando buscar uma orientação de vida e apontar direções. Um projeto de vida ajuda a dar unidade aos diferentes objetivos que nos constituem.

Essa reunião nos ajuda a criar ou rever o nosso projeto de vida: que eu priorize o que espero realizar e faça o que já foi sonhado. Que eu ignore o que precisa ser ignorado e atualize o que deseja ser abraçado. Que eu delete o que deve ser exterminado e plante o que sonha ser regado. Que eu aceite o que é impossível ser mudado e transforme o que deseja ser transfigurado. Que eu tenha lucidez entre o que deve ser realizado e sonhado, entre o que precisa ser ignorado ou abraçado, entre o que precisa ser eliminado e o que espera ser plantado e entre o que é possível mudar e o que é impossível transformar.

Não existe projeto de vida igual para todos. Aliás, todos são diferentes porque cada pessoa é diferente, é perpassada por sensibilidades diferentes. Machado de Assis diz que "cada qual sabe amar a seu modo; o modo pouco importa, o essencial é que saiba amar".

É preciso lembrar três posturas que deveriam nortear um bom projeto de vida: (1) que ele não seja muito idealista nem distante da vida, porque dificilmente encontrará espaço de realização e poderá causar frustrações; (2) que não seja mesquinho, isto é, um projeto sem desafios e objetivos que provoquem a própria coragem do viver. Um projeto mesquinho revelaria uma falta de generosidade para com a própria vida; (3) que ele seja realista e desafiador, isto é, que seja possível ser realizado: que tenha asas para voar e raízes com as quais se fixar. Os sonhos devem encontrar ressonância na realidade do dia a dia.

Vejamos cinco pontos que podem orientar a elaboração de um projeto de vida.

Criar um título – Sugestivo, criativo e provocativo. Ele pode ser colocado desde o começo da elaboração do projeto ou, como é o caso de muita gente, ser elaborado por último, uma vez que traz consigo a orientação do mesmo. Algumas pessoas colocam subtítulos que podem ser interessantes e reforçar, ainda mais, a ideia do título.

Objetivo geral – Este deve responder à seguinte questão: o que, de fato, eu desejo e quero? Deve ser um objetivo claro, conciso e que oriente. Deve ser uma referência dentro das prioridades que a pessoa deseja buscar, aprofundar e valorizar.

Objetivos específicos – Estes estão dentro do horizonte do objetivo geral, porém especificados de forma clara e com força prática. Eles podem ser divididos por áreas, como por exemplo, em relação ao trabalho, à saúde, lazer, família, formação, investimentos, vida afetiva, vida espiritual entre outras áreas relevantes do viver.

Meios – Outra dimensão muito importante dentro da lógica dos demais itens de um projeto de vida, tenta clarear o "como" alcançar os objetivos acima expostos. Os meios devem apontar caminhos concretos que ajudam alcançar o que se deseja. Vale lembrar que termos genéricos tentam dizer tudo e, na prática, dizem muito pouco. Novamente, quanto mais claro, direto e objetivo, maiores as possibilidades de bons resultados. Esses meios dizem respeito aos diferentes campos da vida apontados no item anterior.

Motivações – Este item não é necessário, mas pode ser de grande ajuda. Pessoas motivadas e que encontram razões para as suas ações possuem um jeito de viver bem mais empolgante. Estas motivações podem ser letras de músicas, ditos populares, frases poéticas ou bíblicas, lembranças de situações vencidas, colagem de fotos de pessoas ou de realidades, reflexões criadas pelo autor do projeto de vida. Essas motivações são "motores" que impulsionam e encorajam o que se busca e se deseja.

"Se você tem o seu 'porquê' na vida, você pode suportar quase qualquer 'como'."
(Friedrich Nietzsche)

Seria muito bom ter esse projeto de vida por escrito e exposto em um lugar visível para que seja frequentemente consultado, retomado e continuamente refeito. Tem gente que coloca ele na cabeceira da cama, outros na geladeira, outros na própria agenda, outros no celular, outros na tela do computador. O importante é que seja visível e passível de ser consultado constantemente. Além disso, nunca estará acabado. Ele recebeu a sistematização de seu conteúdo em forma de projeto, mas poderá ser refeito e enriquecido.

"Eu ainda preciso de mais descanso saudável para trabalhar no meu máximo. Minha saúde é meu capital principal e eu tenho e quero administrá-la inteligentemente."
(Ernest Hemingway)

Creio que a relação entre projeto de vida e sentido da vida está mais do que clara. Além do projeto de vida resgatar a autonomia e a originalidade de cada pessoa, a pessoa afirma o seu protagonismo através de uma "bússola" ou farol em alto mar, que ajudam a orientar o viver e a motivar o que dá sabor à vida.

2. Orientação do viver

Vamos aprofundar algumas sugestões práticas que ajudam na busca e no encontro do sentido da vida. São reflexões que ajudam a ter uma orientação fundamental no viver. Essa busca constante e esse dinamismo podem se tornar estilo de vida.

> **A busca do equilíbrio** passa pela compreensão de que a nossa vida é um todo. Tudo pode adquirir sentido dentro da valorização de tudo o que é particular, mas dentro do horizonte da totalidade. Existem diferentes dimensões e todas estão relacionadas.

O equilíbrio pode estar no tempo que damos a tudo o que é importante como também a dose de paixão e de amor que movem cada ação. Ter prioridade na vida é fundamental, pois em torno dela serão orientadas e vividas dimensões como: descanso, lazer, trabalho, família, amigos, formação, diversão, vida afetiva, cultivo da mística, viagens, entre outras.

"Você não pode mudar o vento, mas pode ajustar as velas do barco para chegar onde quer." (Confúcio)

O sentido está no ajustamento familiar, profissional, afetivo, social. Quando isso acontece, o sentido encontra terreno para florescer. Porém, isso não nos é dado, mas é busca, é tarefa diária, é dedicação.

O mais instigante para alguns e complicado para outros é a constatação dinâmica do viver: quando chegamos à luz ou pensamos que chegamos, a vida nos mostra que é preciso recomeçar. Mas é esta gratidão de ter chegado e este eterno recomeço onde estão os ingredientes que dão sabor ao viver. É saber-se caminhante e peregrino do sentido: sempre chegando e sempre recomeçando.

O sentido da vida é o que acontece quando mergulhamos nas transformações atuantes em cada estação. Tem muito a ver com o momento que estamos vivendo. A vida tem mais sabor e mais prazer quando encontra um razoável equilíbrio entre todos os diferentes que compõem a arte da existência.

As pessoas buscam a satisfação. É uma pena que estes momentos sejam tão rápidos. Na vida nada traz uma satisfação definitiva. A experiência de que nada é suficiente deve provocar novas buscas e não uma insatisfação. Deve nos levar à compreensão de que a busca e o encontro podem ser vividos com prazer, com satisfação e no equilíbrio.

> "Todo sonho é uma realidade que ainda não acordou." (Vaine Darde)

> **Fazer e confiar** – Outra orientação importante e que pode dar sentido ao viver são duas posturas interligadas, isto é: esforçar-se e fazer tudo como se tudo dependesse de nós e, ao mesmo tempo, confiar em Deus como se tudo dependesse dele. O desafio dessa afirmação está na ponte entre o fazer e o confiar, entre a ação humana e esperança em Deus.

Esse encontro se dá "ao mesmo tempo". Não se trata de anterioridade ou posterioridade, mas na confiança recíproca do homem que se esforça e de Deus que também deseja o bem. Podemos dizer que a confiança tem asas e raízes. Ela é, ao mesmo tempo, transcendente e imanente.

Essa forma de viver proporciona sentido à existência, pois ultrapassa crenças sem consistência e quebra dualismos que facilmente se manifestam em atitudes de pessoas que estão demasiadamente mergulhadas no verbo "fazer" ou passivamente flutuando na tentação do apenas "confiar".

"Se você pintar em sua mente uma imagem de confiança brilhante e feliz, você se coloca em uma condição favorável ao seu objetivo." (Norman Vincent Peale)

O escritor e estadista alemão Johann Goethe faz uma reflexão muito clara e encorajadora na dinâmica desse duplo movimento em nossas vidas: "No momento em que nos comprometemos, a providência divina também se põe em movimento. Todo um fluir de acontecimentos surge a nosso favor. Como resultado da atitude, seguem todas as formas imprevistas de coincidências, encontros e ajuda que nenhum ser humano jamais poderia ter sonhado encontrar. Qualquer coisa que você possa fazer ou sonhar você pode começar". E conclui dizendo: "A coragem contém em si mesma o poder, o gênio e a magia".

Vale ressaltar que é Deus que toma a iniciativa ao nos criar. Esse mesmo Deus nos dá a liberdade que pode servir como faca cortante de dois gumes: ser usada para destruir ou para abrir novas trilhas. Na citação de Goethe é importante sublinhar a primazia da iniciativa do homem: "no momento em que nos comprometemos", isto é, cabe a nós decidirmos entrar no movimento chamado viver porque Deus respeita a nossa liberdade.

A coragem, que é iniciativa e decisão, traz em seu âmago e em seu movimento "o poder, o gênio e a magia". Estes são perceptíveis não *a priori*, mas na dinâmica de quem decididamente está a caminho.

Existe a possibilidade de um dilema de compreensão em relação aos dois verbos aqui em questão: esforçar e confiar. Eles não se excluem, nem andam paralelamente. Vejamos alguns exemplos: quando temos algum problema de saúde, deveríamos nos esforçar e fazer tudo o que está ao nosso alcance para superar esse momento e, ao mesmo tempo, confiar que Deus cuidará de nós. O mesmo pode acontecer em relação à prática de esportes: deveríamos nos esforçar e nos preparar da melhor forma e, ao mesmo tempo, confiar que teremos as inspirações necessárias nos jogos. Portanto, existe uma relação de possibilidade recíproca e que se dá em tempos distintos, mas "ao mesmo tempo".

Deveríamos fazer tudo o que depende de nós para superar situações, atravessar desafios, vencer medos e, ao mesmo tempo, confiar que é o Deus da vida e da esperança que nos move e nos impulsiona a vencer.

"Arrisque-se! Toda vida é um risco. O homem que vai mais longe é geralmente aquele que está disposto a fazer e a ousar. O barco da segurança nunca vai muito além da margem." (Dale Carnegie)

Vivência da ética – Este jeito de ser e de proceder é importante para a convivência de pessoas livres. Pessoas sem ética, por exemplo, não têm amigos. Elas podem ter cúmplices, bajuladores, interesseiros, mas não amigos de verdade.

"Todo homem que se vende recebe muito mais do que vale." (Barão de Itararé)

Orientar as decisões e orientar a vida pelos valores éticos é estar do lado certo da história e da cidadania. Fora dessa perspectiva podem existir movimentos, caridades e iniciativas, mas sem este horizonte ético que norteia a vida, tudo se torna artificial e sem consistência. Portanto, viver na ética é o caminho que traz paz à consciência e leva à realização.

"É necessário cuidar da ética para não anestesiarmos a nossa consciência e começarmos a achar que tudo é normal." (Mário Sérgio Cortella)

No protagonismo – Na vida passamos por diferentes situações e fases, vivências e aprendizados. Um dos aprendizados mais importantes e determinantes é aprender a ser sujeito das decisões e protagonista do próprio viver. Isso significa aprender a dirigir, deixar de andar de carona.

"Eu não sou o que me aconteceu. Sou o que escolhi ser." (Carl Jung)

Ser protagonista não impede a busca de inspiração na vida de pessoas diferenciadas, não para imitá-las, mas para aprender e para aprofundar o nosso jeito original de ser. Ser protagonista é tomar a vida nas mãos, é decidir por conta própria e é assumir as consequências das nossas decisões.

Somos nós que decidimos a semente que plantamos, mas seremos escravos na colheita. Não se colhe melancia onde se plantou feijão, nem trigo onde se plantou joio.

Ser protagonista é não ser plateia da vida dos outros. É viver e acreditar que somos mais e podemos muito mais. Somos mais que o nosso currículo, mais que documentos, mais que o nome, mais que a empresa em que trabalhamos. Não somos o salário que ganhamos, nem o tipo de roupa que vestimos. Somos mais, sempre mais.

É importante ter essa consciência de que sempre somos mais. Somos mais porque eu sou mais. Sou o que vivi, amei e aprendi. Sou o que chorei, abracei e mergulhei. Sou o que conheci, compreendi e sorri. Sou os livros que li, as viagens que fiz e as histórias que curti. Sou os sonhos realizados, as realidades construídas e as lições de vida adquiridas. Sou as pessoas que conheço, os amigos que agradeço e a família que engrandeço. Eu sou o sujeito de uma bela história de vida e quero, no futuro, ter muitas histórias relevantes para contar.

"Se a vida é um filme, além de protagonista, eu faço questão de ser diretora e roteirista do meu." (Edna Frigato)

Viver agradecido – Uma das terapias mais saudáveis e libertadoras é a gratidão. Já escrevi isso aqui neste livro e temos que repetir isso até que a nossa vida seja uma prece de gratidão. As pessoas que vivem agradecidas são pessoas mais leves, mais focadas, mais autênticas, mais éticas, são pessoas de fácil convivência. A decisão e a atitude de agradecer dissipam dores, dão férias às reclamações, retiram nosso desânimo e nos fazem olhar a vida com lentes transparentes.

Viver agradecido ajuda em todos os campos da vida. O mesmo não pode ser dito sobre quem vive endividado. A dívida atrapalha o fluir da vida e atrapalha a própria paz.

"Qualquer coisa que custe a sua paz é muito cara." (Michael Conde)

A falta de gratidão é uma dívida que temos para com Deus. Uma dívida que Deus não cobra, mas exercitar o "muito obrigado" faz bem ao nosso coração.

"A gratidão é um fruto de grande cultura; não se encontra entre gente vulgar." (Samuel Johnson)

Não existe atitude neutra – Outra dimensão importante na busca de tudo o que possa significar o viver é compreendermos que não existe atitude neutra em nossa vida. Tudo o que fazemos ou deixamos de fazer, ou ajuda a construir um mundo melhor, ou contribui para um mundo pior. A omissão, a indiferença e as fugas contribuem para uma piora do mundo.

O destacado dramaturgo alemão Bertolt Brecht, há mais de cem anos, dizia que o pior analfabeto é o analfabeto político. Segundo ele, são pessoas que não participam da vida e, portanto, vivem alienadas da realidade tal qual ela acontece na crueza da vida diária, nos conchavos obscuros e na calada da noite.

Ele chega a dizer que "o analfabeto político é tão burro que se orgulha e estufa o peito dizendo que odeia a política. Não sabe o imbecil que, da sua ignorância política, nasce a prostituta, o menor abandonado, e o pior de todos os bandidos, que é o político vigarista, pilantra, corrupto e lacaio das empresas nacionais e internacionais". Mal sabem estas pessoas que tudo na vida, na concepção grega do termo, é político e tem conotação política. E aí nos deparamos com um erro terrível, que é a falta de conhecimento histórico. George Santayana alerta para o perigo que isso traz consigo: "Um povo que não conhece a sua história está condenado a repeti-la".

A própria afirmação de quem diz que não gosta de política é uma posição política. Toda ação humana é política. A omissão ou indiferença frente à política é tudo o que os malfeitores da vida pública apreciam, pois se sentem "autorizados" a fazerem o que bem entendem.

"O maior pecado para com os nossos semelhantes não é odiá-los, mas sim tratá-los com indiferença; é a essência da desumanidade." (George Bernard Shaw)

Mais uma vez nos defrontamos com uma verdade que muitas pessoas teimam em aceitar: que tudo o que se faz ou se deixa de fazer na vida ou ajuda a construir uma realidade melhor ou contribui para dias piores.

Tomar consciência de que tudo o que falamos ou silenciamos e tudo o que fazemos ou deixamos de fazer influencia na vida – familiar, no trabalho, na sociedade – deve nos alertar sobre a forma como usamos as oportunidades do dia a dia.

"O segredo da existência humana reside não só em viver, mas também em saber para que se vive." (Fiódor Dostoiévski)

O viver não tem sentido se não soubermos fazê-lo. Isso significa trabalho, dedicação e mergulho, mas não só. Supõe também arte, isto é, conhecimento, projeto de vida, escala de valores, prioridades, sabedoria nas escolhas e afirmação do protagonismo.

Sempre estamos escolhendo e sempre podemos ser escolhidos. A grandeza do homem está na sua possibilidade de escolher bem, em decidir pelo que lhe torna verdadeiro e, portanto, livre.

"A justiça não consiste em ser neutro entre o certo e o errado, mas em descobrir o certo e sustentá-lo, onde quer que ele se encontre, contra o errado." (Theodore Roosevelt)

Prevenir-se de quem puxa para baixo – Dentro da perspectiva anterior de decidir sempre e decidir bem, está a escolha de evitar o que desgasta sem razão, o que cansa sem paixão e o que estressa sem nenhuma motivação. Não são os amigos verdadeiros que nos desagastam, nem os trabalhos prazerosos e, muito menos, os sonhos instigantes que alimentamos. O que mais consome a nossa energia são pessoas negativas, pessoas que tomam limão e vinagre no café da manhã, pessoas negativas que se queixam, reclamam, julgam, falam mal o tempo todo.

Não é complicado perceber quais são as pessoas que ajudam e quais atrapalham o viver. Basta observar como procedem, o conteúdo do que falam e o jeito como se referem às outras pessoas. Para não se desgastar com este tipo de gente é bom desmascará-las, ou ignorá-las e se afastar delas. Nenhuma pessoa tem o direito de sugar nossas forças e muito menos nos contagiar negativamente sem o nosso consentimento. Dalai Lama faz um convite dentro desse contexto: "Deixe ir as pessoas que somente chegam para compartilhar queixas, problemas, histórias desastrosas, medo e julgamentos dos demais. Se alguém busca uma lixeira para deixar seu lixo, não deixe que seja a sua mente".

Em tudo amar e servir - Poderia ser um belo lema de vida que desafia a nossa missão no mundo. Não se trata de perder tempo com aqueles que não desejam viver profundamente, mas em priorizar entusiasmo na ação e generosidade na realização. A espiritualidade deseja em **tudo**, absolutamente **tudo**, amar e servir. Engana-se quem pensa que denunciar injustiças, corrupção, intolerância, desrespeito não sejam decorrentes de "em tudo amar e servir".

Portanto, são dois movimentos em uma mesma pessoa, isto é, a dimensão contemplativa (amar) e a ativa (servir). E não se trata de uma depois da outra, mas na recíproca possibilitação. No fundo, uma alimenta e impulsiona a outra. A nossa vida necessita desses dois modos de ser e de proceder: ação e contemplação.

Se olharmos atentamente para nós mesmos, esses dois movimentos acontecem o tempo todo: gostamos de sair de casa como também de retornar ao nosso cantinho; trabalhamos muito e também gostamos de descanso; fazemos muitas coisas e também agradecemos as realizações; falamos e também escutamos, entre outros. Em todos eles estão implícitos os movimentos de *servir/agir* e *amar/contemplar*.

O sentido da vida pode estar nessa conexão formidável de uma vida *ad extra* e *ad intra*, isto é, viver para os demais e para o encontro mais íntimo com nós mesmos. Dentro dessa dinâmica podemos afirmar com ternura e com firmeza que "tudo me provoca e nada me sufoca. Tudo me desafia e nada me tiraniza. Tudo me interessa e nada me estressa. Tudo me acontece e nada me empobrece. Tudo me sensibiliza e nada me neutraliza. Tudo me enobrece e nada me enfraquece" (Canísio Mayer).

> **Saber cuidar** – Ou nós aprendemos ou a vida nos ensina a arte do cuidado. Por exemplo, cuidar da saúde, das pessoas, dos amigos, do descanso, dos exercícios físicos, dos filhos, dos sentimentos, da(o) parceira(o), da comunidade, do planeta, do lazer, da vida de um modo geral. O nosso jeito de cuidar revela muito de nós a nós mesmos e nos dá uma importante orientação ao viver.

"Loucura não é cometer loucuras, e sim não conseguir escondê-las. Todos os homens erram, mas o sábio esconde os enganos que cometeu, enquanto o louco os torna públicos. A reputação depende mais do que se esconde do que daquilo que se mostra. Se você não pode ser bom, seja cuidadoso." (Baltasar Gracián)

Lembro a história de uma professora que pediu aos seus alunos que escrevessem um texto, tema livre. A professora recolheu as redações. Ao fim da tarde, já na sua casa, quando corrigia as redações, leu uma que a deixou muito emocionada. O marido, que nesse momento, acabava de entrar em casa, viu-a chorando e perguntou:

— O que é que aconteceu?

Ela respondeu:

— Lê isto.

Era a redação de um aluno que dizia:

"Senhor, nesta noite peço-te algo especial: transforma-me num televisor. Queria ocupar o lugar dele. Viver como vive a TV da minha casa. Ter um lugar especial e reunir a minha família em sua volta... Ser levado a sério quando falo... Queria ser escutado sem interrupções nem perguntas. Queria receber o mesmo cuidado especial que a TV recebe quando não funciona. E ter a companhia do meu pai quando ele chega em casa, mesmo quando está cansado. E que a minha mãe me procure quando estiver sozinha e aborrecida. Queria sentir que a minha família deixa tudo de lado, de vez em quando, para passar alguns momentos comigo. Senhor, não te peço muito... Só viver como vive qualquer televisor".

Naquele momento, o marido da professora disse:

— Meu Deus, coitado desse garoto! Que pais!

A mulher olhou para o marido e respondeu:

— Essa redação é do nosso filho!

A vida é um sopro. Se não cuidarmos do que mais amamos, pode ser tarde. Se protelarmos para amanhã o que hoje deseja ser abraçado, pode ser tarde. Se não cuidarmos das plantas frágeis, elas murcham e podem morrer.

Aprender e reaprender a cuidar daquilo que amamos. Não protelar o que deseja ser vivido hoje. É preciso valorizar e cuidar do que temos de mais sagrado em nossas vidas.

"Só é possível ensinar uma criança a amar, amando-a." (Johann Goethe)

Mergulhar no viver – A vida não nos foi dada para ser guardada ou observada, mas para ser vivida. Ela não acontece nas arquibancadas, mas no campo; não está no filme da vida que assistimos passivamente, mas na coragem de sermos os seus atores.

"No jogo da vida nem sequer um camarote me interessa. Eu vim jogar!"
(H. Jackson Brown)

Isso é viver! "Nossa dor não advém das coisas vividas, mas das coisas que foram sonhadas e não se cumpriram", diz Carlos Drummond de Andrade. E vai mais longe quando analisa os nossos sofrimentos:

"Sofremos porque automaticamente esquecemos o que foi desfrutado e passamos a sofrer pelas nossas projeções irrealizadas, por todas as cidades que gostaríamos de ter conhecido ao lado do nosso amor e não conhecemos, por todos os filhos que gostaríamos de ter tido e não tivemos, por todos os shows, livros e silêncios que gostaríamos de ter compartilhado e não compartilhamos. Por todos os beijos cancelados, pela eternidade. Sofremos não porque nosso trabalho é desgastante e paga pouco, mas por todas as horas livres que deixamos de ter para ir ao cinema, para conversar com um amigo, para nadar, para namorar. Sofremos não porque nossa mãe é impaciente conosco, mas por todos os momentos em que poderíamos estar confidenciando a ela nossas mais profundas angústias se ela estivesse interessada em nos compreender. Sofremos não porque nosso time perdeu, mas pela euforia sufocada. Sofremos não porque envelhecemos, mas porque o futuro está sendo confiscado de nós, impedindo assim que mil aventuras nos aconteçam, todas aquelas com as quais sonhamos e nunca chegamos a experimentar. Como aliviar a dor do que não foi vivido? A resposta é simples como um verso: se iludindo menos e vivendo mais! A cada dia que vivo mais me convenço de que o desperdício da vida está no amor que não damos, nas forças que não usamos, na prudência egoísta que nada arrisca e que, esquivando-se do sofrimento, perdemos também a felicidade. A dor é inevitável. O sofrimento é opcional."

A vida é feita de escolhas!

Viver em missão – Ter consciência que a nossa vida é um dom e uma tarefa. A melhor forma de agradecer esta dádiva é transformá-la em missão.

Já ouvi relatos de pessoas que sobreviveram a tragédias em alto mar, em acidentes de avião ou outros tipos de acidentes. A conclusão de todas sempre ia na mesma linha: "Deus me preservou a vida porque eu ainda tenho uma missão importante neste mundo". A graça de continuar vivo transforma as pessoas e as torna mais comprometidas.

Nós não precisamos correr risco de morte para despertar para esta forma de responder ao dom da vida, o qual nos é dado gratuitamente para que também façamos dele um presente. Nós não precisamos ouvir do médico que a saúde está comprometida para cuidar melhor dela. Não precisamos cair do cavalo para perceber que estávamos montando sobre pessoas e situações.

"Só há uma coisa neste mundo à qual vale a pena dedicar toda a sua vida. É a criação de mais amor entre os povos e a destruição das barreiras que existem entre eles."
(Leon Tolstói)

Todos nós temos uma missão. Isso não é uma obrigação, mas uma forma de responder ao dom da vida que nos é dado gratuitamente. Não só isso! É também o espaço da nossa mais sincera e profunda realização como pessoas. E isso constrói todo o sentido.

"Eis um teste para saber se você terminou sua missão na Terra: se você está vivo, não terminou." (Richard Bach)

3. Inteiros e presentes

O teólogo francês Jean-Yves Leloup constata uma grande lacuna no que tange à vivência do amor. E provavelmente seja um dos grandes vazios existenciais que muita gente vive hoje em dia.

> "Amamos tão pouco e tão mal, com uma metade ou até mesmo com um quarto de nós mesmos. E amamos, no outro, alguns pedaços escolhidos, os mais conhecidos, aqueles que nos causam menos medo. É tão raro amarmos alguém por inteiro, com aquilo que nos agrada e com aquilo que não nos agrada. É tão raro sermos amados por inteiro, com nossas cavidades de sombra, com nossos dorsos de luz."

É preciso ser por inteiro, amar por inteiro e viver por inteiro para estar inteiramente presente em cada momento. Não existe meio-amor, como também não existe meia-mentira nem meia-verdade.

> "Tanta gente abandonando a si mesmo, só para encontrar alguém. Tantas metades para não serem de ninguém." (Angelo Lemos)

Muitas pessoas vivem iludidas dentro de fantasias que criaram para si mesmas ou se renderam à ficção muito mais do que à vida do dia a dia e que acontece na história feita por pessoas.

Quando falamos sobre o sentido da vida naturalmente falamos de pessoas que se movem em diferentes realidades. Para as pessoas sábias, a beleza de muitas culturas ajuda a entender esta realidade expressa pelo poeta Neruda: "Vivo cada dia como se fosse cada dia. Nem o último, nem o primeiro, simplesmente o único".

Essa visão desafia os homens e as mulheres do nosso tempo. Ou mergulhamos inteiramente nas vibrações do viver, ou perdemos o seu melhor; ou somos os atores principais do filme da nossa vida, ou corremos o sério risco de ver nossa vida passar diante dos nossos olhos como se fosse um filme.

O convite de Ernest Hemingway faz todo o sentido: "Tente aprender a respirar profundamente, sentir de fato o gosto da comida em sua boca, e, ao dormir, realmente dormir. Tente sentir-se inteiramente vivo, em sua potência máxima. Quando rir, ria o mais alto que puder. Quando sentir raiva, solte os cachorros. Tente estar vivo, pois em breve você estará morto".

Faço minhas as provocações de Clarice Lispector, quando nos encoraja dizendo: "Não sei amar pela metade. Não sei viver de mentira. Não sei voar de pés no chão. Sou sempre eu mesma, mas com certeza não serei a mesma para sempre".

4. Superação: mania das mulheres

Ao longo desse livro refletimos sobre diferentes e variadas realidades que nos ajudam a mergulhar no sentido da vida. Falamos das crianças, dos desafios por trás das perguntas, de vários elementos da natureza, de epitáfios, entre tantos outros. Neste capítulo rendo a minha homenagem e gratidão às mulheres. Elas são um verdadeiro oásis nos jardins e desertos da existência. Elas costumam falar pouco e sentir muito, polemizar pouco e compreender muito, projetar pouco e realizar muito.

As mulheres são verdadeiras parábolas. "É próprio da mulher o sorriso que nada promete e permite tudo imaginar" (Carlos Drummond de Andrade). Elas são fonte e horizonte, elas são a afirmação e a referência viva do sentido da vida.

"No dia em que for possível à mulher amar em sua força e não em sua fraqueza, não para fugir de si mesma, mas para se encontrar, não para se renunciar, mas para se afirmar, nesse dia o amor tornar-se-á para ela, como para o homem, fonte de vida e não perigo mortal." (Simone de Beauvoir)

Nas frases e na poesia que seguem é possível escutar um silêncio revelador e o grito ensurdecedor de muitos corações. É possível compreender, por meio delas, porque a vida deseja ser significativa e pode ter sentido.

Deixemo-nos tocar pela força de cada palavra, pela sabedoria de cada frase e pela esperança de todos os sonhos que desejam ser reais:

"Do amor para com a mulher, nasceu tudo o que há de mais belo no mundo."
(Máximo Gorki)

"A maior covardia de um homem é despertar o amor de uma mulher sem ter a intenção de amá-la." (Augusto Branco)

"Somente a mulher sabe do que a mulher é capaz."
(William Somerset Maugham)

"No homem, o desejo gera o amor. Na mulher, o amor gera o desejo."
(Jonathan Swift)

"Minha mãe foi a mulher mais bela que jamais conheci. Tudo o que sou, devo à minha mãe. Atribuo todos meus sucessos nesta vida ao ensino moral, intelectual e físico que recebi dela." (George Washington)

"Como mulher eu não possuo país. Como mulher, meu país é o mundo todo."
(Virginia Woolf)

"Toda mulher leva um sorriso no rosto e mil segredos no coração."
(Clarice Lispector)

"Sou uma mulher polida vivendo uma vida lascada."
(Alice Ruiz)

Deixe com que estas frases poéticas invadam o seu coração e abram a sua boca à gratidão:

MULHERES

Mesmo desconfiadas, confiam. Mesmo limitadas, possibilitam.
Mesmo sozinhas, em comunhão. Mesmo inseguras, arriscam.
Mesmo alegres, choram. Mesmo sofrendo, participam.

Mesmo decepcionadas, esperam. Mesmo confusas, abraçam.
Mesmo sem luz, brilham. Mesmo sem direção, avançam.
Mesmo caindo, levantam. Mesmo perdidas, insistem.

Mesmo tímidas, comemoram. Mesmo apaixonadas, ignoram.
Mesmo caladas, comunicam. Mesmo sem ver, conectam.
Mesmo iguais, diferenciam. Mesmo tropeçando, são elegantes.

Mesmo com a razão, são finas. Mesmo contrariadas, não perdem a classe.
Mesmo ocupadas, têm tempo. Mesmo distantes, estão presentes.
Mesmo frágeis, são poderosas.

5. O melhor está por vir

Eu sempre penso que existe mais futuro pela frente
Que passado para trás.
Eu confio que a ternura respira mais gentileza que a firmeza e
Que as dúvidas provocam mais curiosidade que as cores da beleza.
Eu penso que a liberdade é mais corajosa que a agilidade e
Que a profundidade tem mais idade que a responsabilidade.

Eu confio que o bem é mais forte que a força da maldade e
Que a paz incomoda mais que uma consciência adestrada.

Eu penso que ser verdadeiro é mais importante que ter razão e
Que fazer-se compaixão é o que mais deseja o nosso coração.

Eu confio que existe muito mais alegria no compartilhar
Que prazeres na passividade de apenas olhar.

Eu penso que dentro do silêncio existem mais vozes envolvidas
Do que gritos calados em palavras compreendidas.

Eu penso que na solidão existem mais rostos e memória
Que acontecimentos descritos nos livros de história.

Eu sinto que o tipo da relação é mais importante que o amor e
Que são os tipos de relações que dão o verdadeiro conteúdo ao amor.

Eu acredito que o sorriso é muito mais potente que a força das armas e
Que o número de poesias ainda não feitas é bem maior que as já poetizadas.

Eu confio que um olhar conectado comunica mais música e esperança
Que várias caixas de som com música e com dança.

Eu sempre penso que o pior de cada pessoa já foi exteriorizado e
Que o seu melhor sempre está por vir.

(Canísio Mayer)

Bibliografia

ALVES, Rubem. *O Retorno e Terno*. São Paulo: Papirus, 1996.

ANDRADE, Carlos Drummond de. [illegible] Rio de Janeiro/São Paulo: Record, 2002.

ARAÚJO, Paulo de. [illegible] 1995.

______. [illegible]

[illegible] Paris: Cerf, 1999.

[illegible] 2004.

[illegible] 2006.

GALILEA, Segundo. [illegible] São Paulo: Paulinas, 1988.

GUTIÉRREZ, Gustavo. [illegible]

LOYOLA, Inácio de. [illegible] 1986.

MARTINI, Carlo Maria. *Maria, la Mujer de la Reconciliación*. [illegible] ES: Sal Terrae, 1988.

[illegible] *Pessoa e Profissional*. São Paulo: Paulus, 2016.

______. [illegible] São Paulo: Paulus, 2016.

Bibliografia

ALVES, Rubem. *O Retorno e Terno*. São Paulo: Papirus, 1996.

ANDRADE, Carlos Drummond de. *Antòlogia Poética*. Rio de Janeiro/ São Paulo: Record, 2002.

ARAÚJO, Paulo de. *A Dança do Tempo*. Petrópolis: Vozes, 1995.

______. *O Amor Não Pode Esperar*. Petrópolis: Vozes, 1995.

BEAUCHAMP, Paul. *La Loi de Dieu – D'une Montagne à l'Autre*. Paris: Seuil, 1999.

COUSINEAU, Phil. *A Jornada do Herói – Joseph Campbell – Vida e Obra.* São Paulo: Ágora, 2004.

FRANKLIN, Benjamin. *O Caminho para a Prosperidade*. Blumenau: Eko, 2006.

GALILEA, Segundo. *A Amizade de Deus – O Cristianismo como Amizade*. São Paulo: Paulinas, 1988.

GUTIÉRREZ, Gustavo. *Beber no Próprio Poço*. Petrópolis: Vozes, 1987.

LOYOLA, Inácio de. *Exercices Spirituels*. Paris: Desclée de Brouwer, 1986.

MARTINI, Carlo Maria. *Maria, La Mujer de la Reconciliación*. Bilbau, ES: Sal Terrae, 1988.

MAYER, Canísio. *Não Soluce, Solucione: a Força das Decisões na Vida Pessoal e Profissional.* São Paulo: Paulus, 2016.

______. *Poéticas de Varanda: Coletânea de Frases de Sabedoria de Vida.* São Paulo: Paulus, 2016.

MAYER, Canísio. *Só Por Hoje – 365 Desafios, Desejos, Dicas*. São Paulo: Paulus, 2016.

______. *Amor em Poesia*. Aparecida, SP: Santuário, 2015.

______. *A Educação em Poesia*. São Paulo: Paulus, 2014.

______. *100 Orações para os Melhores Momentos da Vida*. Aparecida, SP: Santuário, 2013.

______. *A Vida em Poesia*. Aparecida, SP: Santuário, 2013.

______. *Dinâmicas Criativas*. São Paulo: Vetor, 2012.

______. *Por uma Educação de Valor: Atividades e Dinâmicas para Viver com Ética*. São Paulo: Paulinas, 2012.

______. *Sabedoria Poética: para Dar Sentido e Cor ao Viver*. São Paulo: Paulus, 2010.

______. *Fragmentos do Cotidiano*. São Paulo: Paulus, 2009.

______. *Sonhos em Poesia*. São Paulo: Paulus, 2009.

______. *Dinâmicas Cinco Estrelas*. São Paulo: Paulus, 2008.

______. *Manual de Dinámicas: Dinámicas Creativas para Diferentes Momentos de la Vida*. Cidade do México: Palabra, 2008.

______. *Dinâmicas de Grupo e Textos Criativos*. Petrópolis: Vozes, 2007.

______. *Dinâmicas para Desenvolver o Crescimento Pessoal e Coletivo*. Petrópolis: Vozes, 2007.

______. *O Poder de Transformação – Dinâmicas de Grupo*. Campinas: Papirus, 2007.

______. *Heróis Solidários – Dinâmicas e Textos para Momentos Especiais*. Aparecida, SP: Ideias & Letras, 2006.

______. *Na Dança da Vida – Reflexões e Exercícios para Dinâmicas de Grupo*. Aparecida, SP: Ideias & Letras, 2006.

______. *Dinâmicas de Grupo: Ampliando a Capacidade de Interação*. Campinas: Papirus, 2005.

MAYER, Canísio. *Dinamizando a Vida – Dinâmicas de Grupos e Textos Sugestivos*. São Paulo: Celebris, 2005 [Livro indicado ao prêmio Jabuti em 2006].

______. *No Sotaque do Amar – Roteiros e Dinâmicas para Encontros*. Petrópolis: Vozes, 2005.

______. *Na Dinâmica da Vida – Dinâmicas Criativas para Diferentes Momentos da Vida*. Petrópolis: Vozes, 2004.

______. *Encontros que Marcam: Dinâmicas, Encontros, Exercícios, Mensagens, Reflexões*. São Paulo: Paulus, 2001.

______. *Viver e Conviver – Dinâmicas e Textos para Diferentes Momentos*. São Paulo: Paulus, 1998.

MELLO, Anthony de. *O Canto do Pássaro*. São Paulo: Loyola, 1982.

MENSIOR, Jean-Paul. *Chemins d'Humanisation: Essai d'Anthropologie Chrétienne*. Bruxelas: Lumen Vitae, 1998.

MESTERS, Carlos. *Com Jesus na Contramão*. São Paulo: Paulinas, 1995.

PROGOFF, Ira. *La Psicologia Profunda y el Hombre Moderno*. Buenos Aires: Psiqué, 1968.

RAVIER, André. *En Retraite Chez soi*. Les Plans sur Bex: Parole et Silence, 1998.

SOBRINO, Jon. *La Fé en Jesucristo*. Madri: Trotta, 1999.

VARILLON, François. *Viver o Evangelho*. Braga, PT: A.O., 1992.

Esta obra foi composta em CTcP
Capa: Supremo 250g – Miolo: Pólen Natural 70
Impressão e acabamento
Gráfica e Editora Santuário